MONTAIGNE

MORALISTE ET PÉDAGOGUE

MONTAIGNE

MORALISTE ET PÉDAGOGUE

PAR

Mme JULES FAVRE, née VELTEN

PARIS
LIBRAIRIE FISCHBACHER
SOCIÉTÉ ANONYME
33, RUE DE SEINE, 33
1887
Tous droits reservés.

PRÉFACE

Montaigne a dit : « On ne parle iamais de soy sans perte ; les propres condamnations sont tousiours accrues, les louanges mescrues. » Résigné d'avance à cette perte, il n'a pas cherché à l'atténuer dans le portrait qu'il a laissé « à ses parents et amis » ; mais il a voulu que ses défauts y parussent « au vif ». Ce n'est pas d'ordinaire ce désir qui prédomine dans les autobiographies : l'homme a un si grand besoin d'estime que lorsqu'il se montre à ses semblables, il leur expose tout naturellement son plus beau côté et voile, comme par instinct, ce qui lui serait défavorable. Mais il est des âmes sincères et droites qui redoutent plus de donner d'elles-mêmes une idée trop avantageuse que d'être jugées avec trop de sévérité par autrui. Elles croiraient mentir à leur conscience en ne se faisant pas connaître aux autres telles qu'elles se voient. La passion de la vérité et de la justice leur fait même exagérer le mal dont elles s'accusent, et les rend injustes par la crainte de n'être pas impartiales. Il semblerait que leur confession, dictée par le sens moral le plus délicat, dût rencontrer d'autant plus d'indulgence; mais, loin de leur savoir gré de leur généreuse franchise, on les accable en renchérissant encore sur leurs propres condamnations. Montaigne a été dignement vengé de tant d'injustice par sa fille d'adoption qui lui rend hommage de « tout ce qu'il y a de bon en elle ». Cette affection si élevée, si fidèle et si dévouée, et plus encore l'incomparable amitié de La Boétie, nous auraient attirée vers Montaigne si, tout d'abord, nous n'avions été subjuguée par son irrésistible bonne foi, sans parler du charme pénétrant de sa bonhomie malicieuse et de sa persistante originalité. Au lieu de juger cet auteur inimitable d'après quelques morceaux partout cités, nous avons voulu l'étudier à fond. Et ce que nous avons trouvé dans cette étude de force et d'élévation morales, nous voudrions le communiquer à toutes les âmes qui travaillent à se perfectionner. C'est payer une dette de gratitude que de recueillir les textes qui nous ont particulièrement impressionnée en nous rappelant, avec des accents tout personnels, les plus belles pages des grands philosophes de l'antiquité.

Est-il besoin de dire qu'en les choisissant nous avons songé surtout à nos chères élèves de Sèvres avec lesquelles tant de fois nous avons lu et commenté ces textes ? Elles retrouveront dans ce souvenir de nos lectures et de nos causeries intimes, de précieux encouragements à poursuivre l'idéal moral dans l'éducation de soi et celle d'autrui.

Sèvres, le 11 novembre 1886.

Vve Jules FAVRE, née VELTEN.

MONTAIGNE MORALISTE

CHAPITRE PREMIER

CONNAISSANCE DE SOI

La connaissance de soi est le fondement de la vie morale. Tant que l'âme n'a pas conscience d'elle-même, qu'elle ignore sa nature, ses aptitudes, ce qu'elle peut et ce qu'elle doit, elle est incapable de se soumettre librement à la loi morale pour y conformer, non seulement ses actes extérieurs, mais aussi ses actes intimes, c'est-à-dire ses sentiments, ses intentions, ses pensées, ce qui, en un mot, constitue sa vie. Dans cet état d'enfance dont la durée ne dépend pas du nombre des années, l'âme peut, sous l'influence de son milieu et de l'éducation plus ou moins extérieure qu'elle reçoit, contracter, presque mécaniquement, des habitudes morales, et les suivre presque à son insu. Mais ces habitudes, toutes superficielles, ne forment pas une individualité morale : elles peuvent suffire à maintenir l'âme à un certain niveau extérieur qui dépend plus ou moins des fluctuations de son milieu, mais où elle serait bientôt submergée s'il s'y produisait des courants contraires. Peut-être un grand nombre d'âmes n'atteignent-elles jamais l'âge d'adultes, étant toujours

menées çà et là par la volonté d'autrui ou par le hasard, et n'ayant d'autre moralité que celle de convention. Ce qui, dans la vie morale, distingue l'enfant de l'homme fait, c'est la connaissance de soi ; et cette connaissance est d'autant plus difficile à acquérir, que « chascun », comme nous le dit Montaigne, « se veoid si résolu et satisfaict, chascun y pense être suffisamment entendu, parce que chascun n'y entend rien du tout. » Il faut être déjà bien avancé dans l'étude de soi pour comprendre l'importance de cette science qui résume toute la sagesse des âges. Et ce qui nous la rend particulièrement difficile, c'est que tout semble se réunir pour nous en détourner. C'est d'abord et surtout notre moi lui-même, « cet objet plein de mescontentement, dans lequel nous ne voyons que misère et vanité ». Ou nous nous regardons à travers cette vanité qui nous pare de toutes sortes de beautés plus ou moins illusoires ; ou bien nous nous voyons tels que nous sommes, et la vue de nos faiblesses, de nos infirmités et de nos laideurs, nous décourage et nous remplit d'horreur. Aussi Montaigne dit-il : « Pour ne nous descon-
« forter, nature a rejecté bien à propos l'action de
« notre veue au deshors. Nous allons en avant à
« vau l'eau ; mais de rebrousser vers nous nostre
« course c'est un mouvement pénible : la mer se
« brouille et s'empesche ainsi, quand elle est re-
« poulsée à soy. » Avec quelle fine ironie Montaigne nous rappelle le commandement du dieu de

Delphes, après nous avoir signalé tout ce qui nous distrait de nous-mêmes, ce qui se passe dans le ciel et sur la terre, en haut ou en bas, à côté de nous, devant ou derrière nous, les phénomènes de la nature, les événements qui réjouissent ou qui troublent la vie de nos semblables! Avec quelle véhémence aussi il réveille en nous le sentiment des devoirs qu'implique notre haute destinée! C'est dans la bouche du dieu qu'il met ces paroles pleines de force qui retentissent comme un cri d'alarme : « Regardez dans vous, recognoissez-« vous, tenez-vous à vous, vostre esprit et vostre « volonté qui se consomme ailleurs, ramenez-la en « soy; vous vous escoulez, vous vous respandez ; « appelez-vous, soubstenez-vous ; on vous trahit, « on vous dissipe, on vous desrobbe à vous. »

« Cette opinion et usance commune, de regarder « ailleurs qu'à nous, a bien pourveu à nostre af-« faire ; c'est un obiect plein de mescontentement; « nous n'y voyons que misères et vanités : pour ne « nous desconforter, nature a reiecté bien à propos « l'action de nostre veue au dehors. Nous allons à « vau l'eau; mais de rebrousser vers nous nostre « course, c'est un mouvement penible; la mer se « brouille et s'empesche ainsi, quand elle est re-« poulsée à soy. Regardez, dict chacun, les branles « du ciel; regardez au public, à la querelle de cet-« tuy-là, au pouls d'un tel, au testament de cet « aultre; somme, regardez tousiours, hault ou bas,

Connaissance de soi.

« ou à costé, ou devant, ou derrière vous. C'estoit
« un commandement paradoxe que nous faisoit an-
« ciennement ce dieu à Delphes. Regardez dans
« vous; recognoissez-vous; tenez-vous à vous;
« vostre esprit et vostre volonté qui se consomme
« ailleurs, ramenez la en soy; vous vous escoulez,
« vous vous respandez; appelez-vous, soubstenez-
« vous; on vous trahit, on vous dissipe, on vous
« desrobbe à vous. Veois-tu pas que le monde tient
« toutes ses vues contrainctes au dedans, et ses
« yeulx ouverts à contempler soy-mesme? C'est
« tousiours vanité pour toy, dedans et dehors, mais
« elle est moins vanité, quand elle est moins esten-
« due. Sauf toy, ô homme, disoit ce dieu, chasque
« chose s'estudie la première et a, selon son be-
« soing, des limites à ses travaulx et désirs. Il n'en
« est une seule si vuide et nécessiteuse que toy,
« qui embrasses l'univers. Tu es le scrutateur sans
« cognoissance; le magistrat sans iuridiction; et,
« après tout le badin de la farce. » (*De la Vanité*,
t. IV, p. 577 et 578.)

§

Moyens de se connaître.

Dans une éloquente page, extraite de la « Théologie naturelle de Raymond Sebon, » Montaigne nous enseigne la marche à suivre pour arriver à la connaissance de nous-mêmes. Cette marche serait toute simple si l'homme n'était pas « hors
« de soy, esloigné de soy d'une extrême distance,

« absent de sa maison propre, qu'il ne vit oncques,
« ignorant sa valeur, mescognoissant soy-mesme,
« s'eschangeant pour chose de néant, pour une
« courte ioye, pour un léger plaisir, pour le péché. »
Quel prédicateur sacré a mieux peint l'état de
l'homme, séparé de Dieu par l'amour du monde
qui dégrade son âme et lui fait oublier son origine
et sa vocation ! Oui, l'homme est « hors de soy »
lorsqu'il renonce à sa dignité propre pour s'enrichir
de choses vaines. Il « ignore sa valeur » s'il croit
s'élever dans sa propre estime et celle d'autrui par
les valeurs fausses qu'il emprunte çà et là, au lieu
d'accroître les richesses de son âme par la culture
de son intelligence et de son cœur. C'est par
l'étude de l'univers que Raymond Sebon propose
de ramener l'homme à lui-même, et de lui faire
« recognoistre son ancien pris, sa nature, sa
beauté première, » et cette étude doit commencer
par les choses inférieures qu'il connaît, pour s'élever jusqu'à lui-même et, de sa propre nature « qui
est la plus excellente et la plus digne chose de ce
monde », jusqu'à son Créateur immortel. La
science que recommande Raymond Sebon, n'est
pas celle que Montaigne méprise, parce qu'elle
enfle l'âme sans la remplir ; c'est la science de
Socrate dont Montaigne est le disciple, en n'estimant d'autre connaissance que celle qui rend
l'homme plus sage et meilleur.

« L'homme et sa nature doivent servir de
« moyen, d'argument et de témoisgnage, pour

« prouver toute chose de l'homme, pour prouver
« tout ce qui concerne son salut, son heur, son
« mal-heur, son mal et son bien : autrement il
« n'en sera iamais certain. Qu'il commence donc
« à se cognoistre soy-mesme et sa nature, s'il veut
« vérifier quelque chose de soy. Mais il est hors de
« soy, esloigné de soy d'une extrême distance,
« absent de sa maison propre, qu'il ne vid onc-
« ques, ignorant sa valeur, mescognoissant soy-
« mesme ; s'eschangeant pour chose de neant, pour
« une courte ioye, pour un legier plaisir, pour le
« peché. S'il se veut donc recognoistre, son ancien
« pris, sa nature, sa beauté première, qu'il revienne
« à soy et rentre chez soy ; et pour ce faire, veu
« qu'il a oublié son domicile, il est nécessaire que,
« par le moyen d'autres choses, on le ramène et
« reconduise chez luy. Il luy fault une échelle pour
« l'aider à se remonter à soy et à se ravoir. Les pas
« qu'il fera, les eschellons qu'il enjambera, ce se-
« ront autant de notices qu'il acquerra de sa na-
« ture. Toute cognoissance se prend par argument
« des choses que nous sçavons premièrement et
« le mieulx, à celles qui nous sont incogneües, et
« par ce qui nous est évidemment notoire, nous
« montons à l'intelligence de ce que nous igno-
« rons. Aussi nous entendons premièrement les
« choses plus petites et plus basses, et aprez les
« plus grandes et les plus eslevées : d'où il advient
« que l'homme, comme estant la plus excellente
« et la plus digne chose de ce monde, cognoist

L'homme est reconduit à lui-même par le moyen des choses. Il arrive à lui-même par l'échelle des choses, et de lui à Dieu.

« toutes autres choses, avant qu'il se cognoisse soy-
« mesme. Or, afin qu'ainsi hors de luy comme il
« est, et s'ignorant, il puisse estre ramené à soy et
« instruict de sa nature, on luy présente ceste belle
« université des choses et des créatures, comme une
« droicte voye et ferme eschelle, ayant des mar-
« ches très assurees, par où il puisse arriver à son
« naturel domicile, et se remonter à la vraie co-
« gnoissance de sa nature. Pour cest effect, tout y
« est diversifié par un bel ordre de rengs et de très
« iustes proportions. Les choses sont, les unes
« basses, les autres hautes, celles-ci parfaites, celles-
« là imparfaites ; quelques-unes y sont extrême-
« ment viles, et quelques aultres d'un pris inesti-
« mable, pour accommoder ses pas et l'acheminer
« contremont iusques à soy, de degré en degré à la
« mode d'une eschelle de laquelle, s'il veut se ser-
« vir, voicy comme il luy en convient user : voicy
« le train qu'il luy fault tenir pour parvenir à sa
« cognoissance. Premièrement, qu'il considère la
« valeur de chaque chose en soy ; et puis la géné-
« rale police de cest univers, distribuée en diffé-
« rentes dignitez et divers rengs de créatures. Cela
« faict, il luy faudra comparer l'homme, qui en est
« la plus noble et la premiere partie, à toutes les
« autres, et les comparer en double façon. Tantost
« regardant en quoy il convient, tantost en quoy
« il diffère d'avec elles. De ceste ressemblance ou
« dissemblable s'engendrera en luy l'intelligence
« qu'il cherche de soy, et, qui plus est, celle de

« Dieu son Créateur immortel ; car, par la voye des
« choses inférieures, il s'acheminera iusques à
« Dieu. Il est impossible d'arriver par ailleurs à
« ceste double cognoissance. Ce sont deux mon-
« tées et deux traictes à faire ; l'une par les choses,
« qui sont au-dessoubs de l'homme iusques à luy,
« et la seconde de luy iusques à son Créateur.
« Quant à la première, il y a une grande diversité
« et distinction de degrez és choses de ce monde,
« desquels, fermes et immobiles comme ils sont,
« est bastie l'eschelle de nature. » (*Extrait de
Raymond Sebon*, t. V, p. 309-311.)

§

Connaître son devoir et le faire.

Raymond Sebon, ou son prétendu traducteur, semble confondre dans cette page, la connaissance et la moralité, et croire qu'il suffit de connaître le bien pour le faire, ainsi que Socrate qui attribue les fautes de l'homme à son ignorance. Mais dans une autre page qui complète celle-ci, et diminue le rôle excessif qu'il paraît tout d'abord assigner à l'intelligence, il nous dit que « c'est bien autre chose
« sçavoir et entendre son devoir, que de le mettre
« à exécution ; car iournellement nous sçavons
« assez ce que nous avons à faire, et si n'en fai-
« sons rien pourtant. » Et, plus loin, il parle du « libéral arbitre » et nous montre le rôle immense que joue la volonté, conjointement avec l'intelligence : « Et d'autant que toutes les forces et

« moyens qu'il a comme homme pour acquérir de
« la perfection, dignité et noblesse, consistent en
« son intelligence et volonté, il se doit prendre
« garde à les bien employer et à s'en aider pour
« l'homme, non contre l'homme. » Ainsi toute
connaissance doit aboutir à nous faire mieux entendre notre devoir, et à gagner notre volonté pour nous déterminer à le faire. C'est aussi l'avis de Montaigne qui n'ambitionne d'autre sagesse que celle de connaître et de pratiquer le bien : « Qui
« en sçait les debvoirs et les exerce, il est vraiement du cabinet des Muses ; il a attainct le sommet de la sagesse humaine et de nostre bonheur. »

Devoir.

« Puisque nous avons bien le soin de nous
« prouveoir des sciences qui nous apprennent à lire
« et escrire, combien plus iustement devons-nous
« travailler à acquérir celle qui nous apprend à
« croire ou à mescroire les choses desquelles dépend nostre entière félicité ou misère. J'entreprens donc de monstrer ce qu'il est tenu de
« croire si evidemment, que celuy mesme qui
« n'en fera rien, verra toutesfois qu'il estoit obligé
« par raison et par droict de nature à le faire. Et
« c'est bien autre chose sçavoir et entendre son
« devoir, que de le mettre à exécution ; car iournellement nous sçavons assez ce que nous avons
« à faire, et si n'en faisons rien pourtant, semblablement ie pourray bien apprendre à l'homme
« ce qu'il doit croire par nécessité naturelle ; et si

Connaître son devoir et le faire sont deux.

« par adventure il n'en croira rien. De vray,
« toutesfois et quantes que nous donnons des
« préceptes pour les actions humaines, et que
« nous entreprenons de régler les opérations qui
« appartiennent à l'homme, nous ne pouvons le
« forcer à nous croire autrement que par raison.

Contraindre au devoir, c'est priver du libre arbitre.

« Et si nous pouvions y adiouster la contrainte,
« et l'obliger par nécessité à faire son devoir, nous
« luy osterions la liberté de faire au contraire, et
« le priverions du chois et de son libéral arbitre.

« Ainsi l'homme seroit desvoyé du train ordi-
« naire de l'univers, s'il employoit ses facultez à sa
« ruine, mal et dommage. Et il s'en suit par né-
« cessité, veu qu'outre les autres animaux, il a
« l'entendement et la volonté, et que ces pièces
« là le font homme, qu'il est tenu naturellement
« d'en user à son proufit et advantage ; c'est-à-
« dire, pour s'acquérir le plus qu'il peut de ioye,
« de liesse, d'espérance, de consolation, de paix,
« de repos et de confiance ; et pour en combattre
« la tristesse, le malheur, le désespoir et toutes

Le bonheur et la perfection de l'homme dépendent de l'emploi de son intelligence et de sa volonté.

« autres choses contraires à son bien. Et d'autant
« que toutes les forces et moyens, qu'il a comme
« homme pour acquérir de la perfection, dignité et
« noblesse, consistent en son intelligence et vo-
« lonté, il se doit prendre garde à les bien em-
« ployer et à s'en aider pour l'homme, non contre
« l'homme. » (*Extrait de la Théologie naturelle de Raymond Sebon*, p. 320-322.)

§

Montaigne procède à l'étude de lui-même avec toute la puissance d'observation d'un esprit ferme et droit et avec l'infaillible pénétration d'un cœur sincère. Sa modestie ne lui permet pas de nous dire s'il a puisé dans cette étude une fidélité plus scrupuleuse dans l'accomplissement de ses devoirs, mais à coup sûr, elle lui a fait sentir son ignorance et sa faiblesse, et n'est-ce pas là le premier pas vers la sagesse, telle que nous l'admirons dans Socrate que l'oracle proclame le plus sage des hommes, parce qu'il n'est pas sage à ses propres yeux ? « A ma faiblesse si souvent recogneue, dit Montaigne, ie doibs l'inclination que i'ay à la modestie. » Cette expérience est celle de toutes les âmes sincères et vaillantes qui osent écarter les voiles dont la vanité se plaît à couvrir leurs imperfections, pour se voir telles qu'elles sont, et apprendre à se défier de leurs mauvaises inclinations et à supporter avec indulgence celles d'autrui. Montaigne doit encore à la connaissance de lui-même « la haine de cette arrogance importune et querelleuse se croyant et fiant toute à soy, ennemie capitale de discipline et de verité. » En effet, cette arrogance ne saurait subsister avec le sentiment de notre ignorance et de notre faiblesse qui doit produire le respect des opinions opposées aux nôtres et une sage défiance de nos propres opinions. Montaigne nous dit encore : « Cette

La connaissance de soi produit l'humilité.

longue attention que i'emploie à me considerer me dresse à iuger aussi, passablement, des aultres. » Un moraliste plus moderne (1) a exprimé la même pensée et peut-être avec moins de bonhomie : « Nous découvrons dans nous-mesmes ce que les autres nous cachent. » Sans doute il y a des traits communs qui se retrouvent plus ou moins accentués dans toutes les individualités humaines. Mais ainsi que nous le fera comprendre Montaigne plus loin, nous serions bien présomptueux et souvent bien peu charitables, de juger trop absolument les autres d'après nous-mêmes, de chercher dans notre propre cœur la mesure de leur valeur morale, et de leur prêter nos motifs et nos intentions.

La connaissance de soi produit la modestie.

« Ainsin en cette cy : « De se cognoistre soy-
« mesme, » ce que chascun se veoid si résolu et
« satisfaict, ce que chascun y pense estre suffisam-
« ment entendu, signifie que chascun n'y entend
« rien du tout ; comme Socrate apprend à Euthy-
« dème, en Xenophon. Moy, qui ne fois aultre
« profession, y treuve une profondeur et variété
« si infinie, que mon apprentissage n'a aultre fruict
« que de me faire sentir combien il me reste à ap-
« prendre. A ma faiblesse si souvent recogneue ie
« doibs l'inclination que i'ay à la modestie, à l'o-
« beissance des creances qui me sont prescriptes,
« à une constante froideur et moderation d'opi-
« nions, et la haine de cette arrogance importune

---

(1) Vauvenargues.

« et querelleuse se croyant et fiant toute à soy,
« ennemie capitale de discipline et de verité. »
(*De l'expérience*, p. 144 et 145, t. V.)

« Cette longue attention que i'emploie à me *Se connaître*
« considerer, me dresse à iuger aussi, passable- *soi-même c'est*
« ment, des aultres ; et est peu de choses de quoy *autres.*
« ie parle plus heureusement et excusablement. Il
« m'advient souvent de voir et distinguer plus
« exactement les conditions de mes amis, qu'ils ne
« font eulx-mesmes ; i'en ay estonné quelqu'un
« par la pertinence de ma description, et l'ay
« adverty de soy. Pour m'estre, dez mon enfance,
« dressé à mirer ma vie dans celle d'aultruy, i'ay
« acquis une complexion studieuse en cela ; et,
« quand i'y pense, ie laisse eschapper autour de
« moy peu de choses qui y servent, contenances,
« humeurs, discours. I'estudie tout : ce qu'il me
« faut fuyr, ce qu'il me faut suyvre. Ainsin à mes
« amis, ie descouvre, par leurs productions, leurs
« inclinations internes ; non pour renger cette
« infinie varieté d'actions, si diverses et si decou-
« pees à certains genres et chapitres, et distribuer
« distinctement mes partages et divisions, en clas-
« ses et régions cogneues. (*Idem*, p. 146 et 147.)

« Non seulement ie treuve malaysé d'attacher
« nos actions les unes aux aultres, mais, chascun
« à part soy, ie treuve malaysé de les designer
« proprement par quelque qualité principale ; tant

« elles sont doubles et bigarrées, à divers lustres. »
(*Idem*, p. 148.)

§

L'inconstance humaine. Les traits généraux par lesquels tous les hommes se ressemblent sont l'imperfection, inhérente à tout ce qui est humain, l'inconstance, effet naturel de la faiblesse et qui entraîne aussi l'irrésolution dans l'action et l'instabilité dans les opinions et les mœurs. C'est en s'étudiant lui-même que Montaigne a reconnu ces traits ; c'est en éprouvant religieusement ses actes, qu'il a senti « que sa meilleure bonté avait quelque teincture vicieuse, » et qu'il en a conclu que, même dans les hommes les plus parfaits, dans Platon lui-même, il y a encore « quelque ton gauche de mixtion humaine. » Tout a été dit sur la langue originale et éminemment personnelle de Montaigne ; mais ce qui nous frappe tout particulièrement dans cette étude psychologique, c'est le rapport parfait entre les pensées et les mots qui font sentir les nuances les plus fines et les plus délicates de notre être « ondoyant et divers. » Plus on l'étudie, plus on s'étonne que Pascal ait pu dire : « Le sot projet qu'il a de se peindre ! » car nul ne s'est plus assimilé les pensées de Montaigne que le sublime solitaire de Port-Royal.

Et combien toute âme sérieuse et sincère, sans avoir le génie de Pascal, avance dans la connaissance de soi en appliquant à sa vie intime la psychologie de Montaigne! « Qui ne vit aulcunement à aultruy, nous dit-il, ne vit gueres à soy : *qui sibi amicus est, scito hunc amicum omnibus esse.* La principale charge que nous ayons, c'est à chascun sa conduicte ; et est-ce pour quoy nous sommes icy. »

En nous communiquant le résultat de ses réflexions et de ses expériences, il nous apprend à regarder en nous-mêmes, à y reconnaître non seulement les traits que nous avons en commun, mais aussi « ce ton obscur et sensible seulement à soy. » Ce que l'on pourrait peut-être reprocher à Montaigne dans certains passages, et en particulier dans celui qui termine ses réflexions sur l'imperfection humaine, c'est de prendre trop aisément son parti de cette imperfection, et d'en rechercher même l'utilité dans le gouvernement des affaires humaines. Ce serait, à nos yeux, un malheur que la vie fût « tenebreuse et terrestre » au point que « les opinions de la philosophie eslevees et exquises se treuvent ineptes à l'exercice. » Et le devoir des individus est de s'éprouver et de s'amender, afin de travailler ainsi au perfectionnement du commerce public et des affaires humaines.

L'homme serait parfait si sa faiblesse ne le rendait incapable d'être constant ; et Montaigne semble croire, ainsi que les stoïciens, que l'homme, par la constance, surpasserait la Divinité même, « d'autant que c'est plus de se rendre impassible, de soy, que d'estre tel, de sa condition originelle ; et iusques à pouvoir ioindre à l'imbecillité de l'homme une resolution et asseurance de Dieu. » Mais il trouve, « par expérience, qu'il y a bien à dire entre les boutees et saillies de l'âme ou une resolue et constante habitude. » Il voit dans la vie des héros du temps passé « des traicts miraculeux qui semblent de bien loing surpasser nos forces naturelles ; mais ce sont traicts, à la vérité ; et est dur à croire que, de ces conditions ainsin eslevees, on en puisse teindre et abbruver l'ame en manière qu'elles luy deviennent ordinaires et comme naturelles. » Il admet aussi que nous « qui ne sommes qu'avortons d'hommes, » nous sommes capables parfois de ces traits qui nous élèvent au-dessus de nous-mêmes ; mais il les attribue à l'inspiration passagère de beaux exemples ou d'une grande passion. Il doute que ce soit là autre chose que des élans, après lesquels l'âme se retrouve aussi faible et petite qu'auparavant. Si l'on ne peut appeler héros que les hommes qui se signalent par des actions éclatantes, accomplies sous les yeux d'un public transporté d'admiration, nous croyons avec Montaigne qu'il y a bien peu de héros, car les grandes occasions pour de grandes vertus sont rares. Mais quel nom faut-il donner à ces hommes si parfaitement maîtres d'eux-mêmes qu'ils ne se laissent pas troubler par les mille accidents d'une vie cachée et vulgaire ? Je ne crois pas que Montaigne doute qu'il y ait de ces obscurs héros, ni qu'ils soient plus grands que les autres, puisqu'il dit que « pour iuger bien à poinct d'un homme, il fault principalement contrerooller ses actions communes, et le surprendre en son à touts les iours. » « Sauf l'ordre, la modération et la constance, dit-il ailleurs, i'estime que toutes choses soient faisables par un homme bien manque et defaillant en gros. » « Ie crois, des hommes, plus malayseement la constance, que toute aultre chose, et rien plus aysement que l'inconstance. » Il rapporte le mot d'un ancien « qui embrasse en une toutes les regles de notre vie. » « C'est vouloir, et ne vouloir pas, tousiours même chose : ie ne daignerais adiouster, pourveu que la volonté soit iuste ; car, si elle n'est iuste, il est impossible qu'elle soit tousiours une. » Et la parole de Démosthènes, savoir « que le commencement de toute vertu, c'est consultation et deliberation ; et la fin est perfection, constance. » Nous voyons, par ces heureuses citations, qui semblent s'enchaîner tout naturellement aux pensées de Montaigne, que, par ses méditations, et, aussi, nous aimons à le croire, par la pratique, il en a fait sa propre substance ; et grâce à ses écrits, elle devient le patrimoine commun de tous ses lecteurs. Nourrie de tout ce que l'antiquité nous présente de plus excellent en fait de doctrines et d'exemples, son âme s'est élevée à la plus pure notion de la perfection. Il devait donc sentir profondément les inévitables et incessantes contradictions entre la loi parfaite qui s'impose à la conscience, et les inclinations si diverses et si complexes du cœur qui se laisse gouverner par mille désirs contraires à cette volonté toujours juste. La peinture qu'il nous fait de cette lutte continuelle, plus ou moins poignante pour tous, nous rappelle les paroles de l'apôtre : « J'ai bien la volonté de faire ce qui est bon ; mais je ne trouve pas le moyen de l'accomplir. Car je ne fais pas le bien que je voudrais faire ; mais je fais le mal que je ne voudrais pas faire.... Je trouve donc cette loi en moi : c'est que quand je veux faire le bien, le mal est attaché à moi. Car je prends plaisir à la loi de Dieu, selon l'homme intérieur ; mais je vois une autre loi dans mes membres, qui combat contre la loi de mon esprit, et qui me rend captif sous la loi du péché qui est dans mes membres. » (*Épître aux Romains*, chap. VII, v. 19-23.)

Je ne suppose pas que jamais personne ait songé à en vouloir à l'apôtre de ce tableau si navrant des contradictions qui le travaillent. Ceux qui le blâmeraient d'avoir initié toute la race humaine aux douloureux combats de son âme, ne seraient pas à coup sûr tous ces vaillants blessés qui, malgré leurs défaites cruelles, ne craignent pas d'engager de nouveau la lutte, encouragés par l'exemple et la parole des plus forts champions qui les ont précédés sur le champ de bataille. Confesser sa faiblesse, ce n'est donc pas s'y résigner lâchement, ni entraîner les autres à se consoler de leurs chutes sans faire des efforts pour se relever. De tels aveux ne peuvent éveiller dans une âme droite et sincère qu'un plus profond sentiment de son imperfection et lui donner une plus puissante impulsion vers le bien.

« Quand je me confesse à moy religieusement, « je treuve que la meilleure bonté que j'aye a quel- « que teincture vicieuse ; et crains que Platon, en « sa plus verte vertu (moy qui en suis autant sin- « cere et loyal estimateur, et des vertus de sem- « blable marque, qu'aultre puisse estre), s'il y eust « escouté de prez, comme sans doubte il faisoit, y « eust senty quelque ton gauche de mixtion hu- « maine, mais ton obscur et sensible seulement à « soy. L'homme, en tout et partout, n'est que ra- « piecement et bigarrure. Les loix mesmes de la « justice ne peuvent subsister sans quelque mes- « lange d'injustice ; et, dict Platon, que ceulx là « entreprennent de couper la teste de l'Hydra, qui « prétendent oster des loix toutes incommoditez « et inconvenients. *Omne magnum exemplum habet « aliquid ex iniquo, quod contra singulos, utilitate « publicâ, rependitur* (1), dict Tacitus. Il est pareil- « lement vray que, pour l'usage de la vie, et ser- « vice du commerce publicque, il y peult avoir

Imperfection de l'homme.

La vertu humaine la plus parfaite est mêlée.

(1) Dans toute punition sévère, il y a quelque injustice qui atteint les particuliers, mais qui se trouve réparée par l'utilité publique.

« de l'excez en la pureté et perspicacité de nos es-
« prits ; cette clarté penetrante a trop de subtilité
« et de curiosité : il les fault appesantir et esmous-
« ser pour les rendre plus obeïssants à l'exemple
« et à la practique, et les espessir et obscurcir
« pour les proportionner à cette vie tenebreuse et
« terrestre : pourtant se treuvent les esprits com-
« muns et moins tendus, plus propres et plus heu-
« reux à conduire affaires ; et les opinions de la
« philosophie eslevees et exquises se treuvent
« ineptes à l'exercice. (*Nous ne goustons rien de pur*,
t. IV, p. 492 et 493.)

<small>Inconstance de l'homme.</small>

« Je treuve, par expérience, qu'il y a bien à
« dire entre les boutées et saillies de l'ame, ou une
« resolue et constante habitude : et veois bien
« qu'il n'est rien que nous ne puissions, voire ius-
« ques à surpasser la Divinité mesme, dict quel-
« qu'un, d'autant que c'est plus de se rendre im-
« passible, de soy, que d'estre tel, de sa condition
« originelle ; et iusques à pouvoir ioindre à l'imbe-
« cillité de l'homme une resolution et asseurance
« de Dieu, mais c'est par secousses : et ez vies
« de ces héros du temps passé, il y a quelquesfois

<small>Il y a de beaux traits dans la vie humaine mais peu de vertus constantes.</small>

« des traicts miraculeux, et qui semblent de bien
« loing surpasser nos forces naturelles ; mais ce
« sont traicts, à la vérité ; il est dur à croire que
« de ces conditions ainsin eslevees, on en puisse
« teindre et abbruver l'ame en maniere qu'elles
« luy deviennent ordinaires et comme naturelles.

« Il nous escheoit à nous mesmes, qui ne som-
« mes qu'avortons d'hommes, d'eslancer par fois
« nostre ame, esveillee par les discours ou exem-
« ples d'aultruy, bien loing au deià de son ordi-
« naire : mais c'est une espece de passion, qui la
« poulse et agite, et qui la ravit aulcunement hors
« de soy; car, ce tourbillon franchi, nous veoyons
« que, sans y penser, elle se desbande et relasche
« d'elle-mesme, sinon iusques à la derniere touche,
« au moins iusques à n'estre plus celle-là; de façon
« que lors, à toute occasion, pour un oyseau perdu,
« ou un verre cassé, nous nous laissons esmouvoir
« à peu prez comme l'un du vulgaire. Sauf l'ordre,
« la moderation et la constance, i'estime que tou-
« tes choses soient faisables par un homme bien
« manque et defaillant en gros. A cette cause, di-
« sent les sages, il fault, pour iuger bien à poinct
« d'un homme, principalement contrerooller ses
« actions communes, et le surprendre en son à
« touts les iours. (*De la vertu,* t. III, p. 547 et
548.)

« La plus reglee ame du monde et la plus par-
« faicte n'a que trop à faire à se tenir en pieds, et
« à se garder de s'emporter par terre de sa propre
« foiblesse : de mille, il n'en est pas une qui soit
« droicte et rassise un instant de sa vie; et se
« pourroit mettre en doubte si, selon sa naturelle
« condition, elle y peult iamais estre : mais d'y
« ioindre la constance, c'est sa dernière perfec-

Inconstance. Instabilité de l'homme.

« tion; ie dis quand rien ne la chocqueroit, ce que
« mille accidents peuvent faire. (*De l'ivrognerie,*
t. II, p. 231.)

« Ceulx qui s'exercent à contrerooller les actions
« humaines, ne se treuvent en aulcune partie si
« empeschez, qu'à les rapiecer et mettre à mesme
« lustre; car elles se contredisent communément
« de si estrange façon, qu'il semble impossible
« qu'elles soyent parties de mesme boutique...

L'instabilité des mœurs et des opinions des hommes empêche de les bien juger.

« L'irrésolution me semble le plus commun et
« apparent vice de nostre nature, tesmoing ce fa-
« meux verset de Publius le farceur :

Malum consilium est, quod mutari non potest (1).

« Il y a quelque apparence de faire iugement
« d'un homme par les plus communs traicts de
« sa vie; mais veu la naturelle instabilite de nos
« mœurs et opinions, il m'a semble souvent que
« les bons aucteurs mesmes ont tort de s'opinias-
« trer à former de nous une constante et solide
« contexture : ils choisissent un air universel, et,
« suyvant cette image, vont rengeant et interpre-
« tant toutes les actions d'un personnage; et, s'ils
« ne les peuvent assez tordre, les renvoyent à la
« dissimulation. Auguste leur est eschappé, car il
« se treuve en cet homme une varieté d'actions
« si apparente, soubdaine et continuelle, tout le

(1) C'est un mauvais dessein que celui qu'on ne peut changer.

« cours de sa vie, qu'il s'est faict lascher entier et
« indecis, aux plus hardis iuges. Je crois, des hom-
« mes, plus malaysement la constance que toute
« aultre chose, et rien plus aysement que l'incons-
« tance. Qui en iugerait en detail et distinctement,
« piece à piece, rencontreroit plus souvent à dire
« vray. En toute l'antiquite, il est malaysé de choi-
« sir une douzaine d'hommes qui ayent dressé leur
« vie à un certain et asseuré train, qui est le prin-
« cipal but de la sagesse ; car, pour la comprendre
« toute en un mot, dict un ancien, et pour em-
« brasser en une toutes les resgles de notre vie,
« c'est vouloir, et ne vouloir pas, tousiours même
« chose ; ie ne daignerois, dict-il, adiouster, pour-
« veu que la volonté soit iuste ; car, si elle n'est
« iuste, il est impossible qu'elle soit touiours une.
« De vray, i'ay aultrefois apprins que le vice n'est
« que desreglement et faulte de mesure ; et par
« consequent, il est impossible d'y attacher la *Contradic-*
« constance. C'est un mot de Demosthenes, dict- *tions qui font*
« on, que le commencement de toute vertu, c'est *supposer que*
« consultation et deliberation ; et la fin est perfec- *deux âmes ou*
« tion, constance. *qu'il y a en*
lui deux puis-
sances.

« Cette variation et contradiction qui se veoid
« en nous, si souple, a faict que aulcuns songent
« que nous ayons deux âmes, d'aultres deux puis-
« sances, qui nous accompaignent et agitent chas-
« cune à sa mode, vers le bien l'une, l'aultre vers
« le mal ; une si brusque diversité ne se pouvant
« bien assortir à un subiect simple.

« Non-seulement le vent des accidents me remue, « selon son inclination, mais en oultre ie me re-« mue et trouble moy mesme par l'instabilite de « ma posture ; et qui y regarde primement, ne se « treuve gueres deux fois en mesme estat. Je donne « à mon âme tantost un visage, tantost un aultre, « selon le costé où ie la couche.

« Si ie parle diversement de moy, c'est que ie me « regarde diversement ; toutes les contrarietez s'y « treuvent selon quelque tour et en quelque façon : « honteux, insolent ; chaste, luxurieux ; bavard, ta-« citurne ; laborieux, delicat ; ingenieux, hebeté ; « chagrin, debonnaire ; menteur, veritable ; sça-« vant, ignorant ; et liberal, et avare, et prodigue ; « tout cela ie le vois en moy aulcunement, selon « que ie me vire ; et quiconque s'estudie bien at-« tentifvement, treuve en soy, voire et en son « iugement mesme, cette volubilite et discordance.

C'est l'habitude du bien qui constitue la vertu, non des actes isolés.

« Ie n'ay rien à dire de moi entierement, simple-« ment et solidement, sans confusion et sans mes-« lange, ny en un mot. *Distinguo* est le plus uni-« versel membre de ma logique. Encore que ie sois « tousiours d'advis de dire du bien le bien, et « d'interpreter plustost en bonne part les choses « qui le peuvent estre, si est ce que l'estrangeté de « nostre condition porte que nous soyons souvent, « par le vice mesme, poulsez à bien faire ; si le « bien faire ne se iugeoit par la seule intention : « par quoy un faict courageux ne doibt pas con-« clure un homme vaillant ; celuy qui le seroit

« bien à poinct, il le seroit tousiours et à toutes
« occasions. Si c'estoit une habitude de vertu,
« et non une saillie, elle rendroit un homme pa-
« reillement resolu à touts accidents ; tel seul,
« qu'en compaignie; tel en camp clos, qu'en une
« battaille; car, quoy qu'on die, il n'y a pas aultre
« vaillance sur le pavé, et aultre au camp; aussi
« courageusement porteroit-il une maladie en son
« lict qu'une bleceure au camp, et ne craindroit
« non plus la mort en sa maison, qu'en un assaut ;
« nous ne verrions pas un même homme donner
« dans la breche d'une brave asseurance, et se tor-
« menter aprez, comme une femme, de la perte
« d'un procez ou d'un fils : quand estant lasche à
« l'infamie, il est ferme à la pauvreté; quand, es-
« tant mol contre les razoirs des barbiers, il se
« trouve roide contre les espees des adversaires ;
« l'action est louable, non pas l'homme. (*De l'inconstance de nos actions*, p. 213, t. II).

« Ce n'est pas merveille, dict un ancien, que le
« hazard puisse tant sur nous, puisque nous vivons
« par hazard. A qui n'a dressé en gros sa vie à une
« certaine fin, il est impossible de disposer les ac-
« tions particulieres; il est impossible de renger
« les pieces à qui n'a pas forme du total en sa teste :
« à quoy faire la provision des couleurs, à qui ne
« sçait ce qu'il a à peindre ? Aulcun ne faict cer-
« tain desseing de sa vie, et n'en deliberons qu'à
« parcelles. L'archer doibt premièrement sçavoir

2.

« où il vise, et puis y accommoder la main, l'arc,
« la chorde, la flesche et les mouvements ; nos
« conseils fourvoyent, parce qu'ils n'ont pas d'a-
« dresse et de but ; nul vent ne faict, pour celuy
« qui n'a point de port destiné... (*Idem*, 216.)

« Nous sommes touts de lopins, et d'une con-
« texture si informe et diverse, que chasque piece,
« chasque moment, faict son ieu ; et ie treuve au-
« tant de différence de nous à nous-mesmes, que
« de nous à aultruy : *Magnam rem puta unum ho-*
« *minem agere*. (Sénèque (1). » (*De l'inconstance
de nos actions*, p. 208, t. II).

A ceux qui lui reprocheraient la vanterie, Montaigne dit : « Quand il seroit vray que ce feust necessairement presomption d'entretenir le peuple de soy, ie ne doibs pas, suyvant mon general desseing, refuser une action qui publie cette maladifve qualité, puisqu'elle est en moy ; et ne doibs cacher cette faulte, que j'ay non-seulement en usage, mais en profession. » Il rappelle que les saints, les philosophes et les théologiens parlent d'eux-mêmes et qu'il le fait aussi, bien qu'il soit « aussi peu l'un que l'autre » ; que Socrate amène ses disciples à parler, « non pas de la leçon de leur livre, mais de l'estre et bransle de leur âme. » Il ajoute : « Nous nous disons religieuse-

---

(1) Soyez persuadé qu'il est bien difficile d'être toujours le même homme.

ment à Dieu et à notre confesseur, comme nos voisins à tout le peuple. — Mais nous n'en disons, me respondra-on, que les accusations. Nous disons donc tout; car notre vertu mesme est faultive et repentable. Mon mestier et mon art, c'est vivre; qui me deffend d'en parler selon mon sens, expérience et usage, qu'il ordonne à l'architecte de parler des bastiments, non selon soy, mais selon son voisin, selon la science d'un aultre, non selon la sienne. » Et avec le coup-d'œil sûr et profond d'une conscience droite qui a l'habitude de s'éprouver et de se juger elle-même, il découvre que « l'orgueil gist en la pensée ; que la langue n'y peult avoir qu'une bien legiere part.» Il croit qu'on ne peut se plaire en soi et se trop chérir que si l'on « se taste superficiellement. » « Parce que Socrate avait seul mordu à certes un précepte de son dieu « de se cognoistre », et par cet estude estoit arrivé à se mespriser, il feut estimé seul digne du nom de *sage*. Qui se cognoistra ainsi, qu'il se donne hardiment à cognoistre par sa bouche. »

§

Celui qui a dit que « notre vertu mesme est repentable », savait ce qu'est le véritable repentir. Il nous en a parlé d'ailleurs dans des termes qui ne nous permettent pas de douter qu'il ne l'ait connu par expérience. Comment une si profonde

Repentir.

connaissance des infirmités inhérentes à la nature humaine en général, et de celles qui tenaient à son individualité, n'aurait-elle pas produit en lui cette tristesse salutaire dont l'apôtre dit « qu'on ne s'en repent jamais », parce qu'elle conduit à l'amendement ? Par quelles saisissantes paroles Montaigne nous peint le sentiment cuisant qu'éveille en nous la vue de nos imperfections, de nos laideurs morales, et le souvenir de nos défaillances et de nos chutes ! « Je ne connois pas de repentance superficielle, moyenne et de cérimonie ; il fault qu'elle me touche de toutes parts, avant que ie la nomme ainsin, et qu'elle pince mes entrailles et les afflige, autant profondement que Dieu me veoid et autant universellement. » De quel respect on se sent rempli pour une âme qui ressent si vivement la douleur d'avoir transgressé la loi morale ! Et de quel amour sincère du bien cette douleur est l'indice ! Plus on désire la perfection, plus, en effet, on s'attriste d'en être éloigné ; plus on est pénétré de la beauté de l'idéal moral, plus aussi l'âme « s'esgratigne et tousiours s'ensanglante elle-mesme » en sentant qu'elle le réalise si mal dans sa vie. Mais cette peine que la raison engendre et renouvelle sans cesse, nous maintient dans une sage défiance qui nous met en garde contre nous-mêmes.

« Si n'est-ce pas guarison, si on ne se des-
« charge du mal ; si la repentance poisoit sur le
« plat de la balance, elle emporteroit le peché.

« Ie ne treuve aulcune qualite si aysee à contre-
« faire que la dévotion, si on n'y conforme les
« mœurs et la vie ; son essence est abstruse et
« occulte ; les apparences, faciles et pompeuses.
(*Du repentir*, tome IV, p. 198).

« Je ne connois pas de repentance superfi-
« cielle, moyenne et de cerimonie : il fault qu'elle
« me touche de toutes parts, avant que ie la
« nomme ainsin, et qu'elle pince mes entrailles et
« les afflige, autant profondement que Dieu me
« veoid et autant universellement. (*Idem* 199).

« Le vice laisse, comme un ulcere en la chair,
« une repentance en l'âme, qui tousiours s'esgra-
« tigne, et s'ensanglante elle-mesme ; car la rai-
« son efface les aultres tristesses et douleurs, mais
« elle engendre celle de la repentance, qui est
« plus griefve, d'autant qu'elle naist au dedans,
« comme le froid et le chaud des fiebvres est plus
« poignant que celuy qui vient du dehors. » *(Idem*,
184.

§

Faibles et enclins au mal, nous ne pouvons *Vigilance.*
éviter le mal que par la vigilance et la lutte. Montaigne nous la recommande avec l'expérience d'une
âme qui a pratiqué à la fois les préceptes du plus
sage des hommes et les enseignements de l'Ecri-

ture Sainte. En nous rappelant les conseils de Socrate, qui exhorte ses disciples à fuir la tentation, et la prière que Jésus nous a enseignée lui-même « *ne nos inducas in tentationem* », il nous permet de constater une fois de plus que la voix intérieure à laquelle obéissait Socrate, n'était autre chose que Dieu en lui. C'est en suivant cette voix que Socrate est parvenu à maîtriser les penchants d'une nature mauvaise, et à faire de son âme « la plus reglee et la plus parfaicte du monde. » Nous ne savons pas jusqu'à quel point Montaigne, épris d'un si beau modèle, a rendu son âme « droicte et assise »; mais notre raison reconnaît l'excellence des moyens qu'il nous indique pour devenir maîtres de nous-mêmes et atteindre à la vertu constante : c'est « d'arrester le premier bransle de nos émotions et d'abandonner le subiect qui nous commence à poiser, avant qu'il nous emporte. » « Qui n'arreste le parler, dit-il, n'a garde d'arrester la course; qui ne sçait leur fermer la porte, ne les chassera pas, entrees : qui ne peult venir à bout du commencement, ne viendra pas à bout de la fin; ny n'en soubstiendra la cheute, qui n'en a peu soubstenir l'esbranlement. »

Défiance de soi. Vigilance.

« Socrates ne dict point : « Ne vous rendez « pas aux attraicts de la beauté; soustenez-la, « efforcez-vous au contraire. » « Fuyez-la, faict-« il, courez hors de sa veue et de son rencontre, « comme d'une poison puissante, qui s'eslance et

« frappe de loing. » Et son bon disciple, feignant « ou recitant, mais, à mon advis, recitant plustost « que feignant, les rares perfections de ce grand « Cyrus, le faict desfiant de ses forces à porter les « attraicts de la divine beauté de cette illustre Pan- « thee, sa captive, et en commettant la visite et « garde à un aultre qui eust moins de liberté que « luy. Et le sainct Esprit, de mesme, *ne nos indu-* « *cas in tentationem* : nous ne prions pas que nostre « raison ne soit combattue et surmontee par la « concupiscence ; mais qu'elle n'en soit pas seule- « ment essayee : que nous ne soyons conduicts « en estat où nous ayons seulement à souffrir « les approches, solicitations, et tentations du « peché ; et supplions nostre Seigneur de main- « tenir nostre conscience tranquille, plainement « et parfaictement delivree du commerce du mal.

Il faut éviter les tentations.

« Ceulx qui disent avoir raison de leur pas- « sion vindicatifve ou de quelqu'aultre espece de « passion penible, disent souvent vray comme les « choses sont, mais non comme elles feurent ; « ils parlent à nous, lorsque les causes de leur « erreur sont nourries et advancees par eulx-mes- « mes : mais reculez plus arriere, rappellez ces « causes à leur principe ; là vous les prendrez sans « vert. Veulent-ils que leur faulte soit moindre, « pour estre plus vieille ; et que d'un iniuste « commencement la suite soit iuste ? » (*De mes-nager sa volonté*, p. 26-28.)

On se flatte de gouverner ses passions, parce qu'on ne remonte pas jusqu'au principe.

Arrêter dès le premier branle les émotions coupables.

« Qui faict bien, principalement pour sa pro-
« pre satisfaction, ne s'altere guere pour veoir les
« hommes iuger de ses actions contre son me-
« rite. Un quart d'once de patience prouveoit à
« tels inconvenients. Ie me treuve bien de cette
« recepte ; me rachetant des commencements, au
« meilleur compte que ie puis ; et me sens avoir
« eschappé par son moyen beaucoup de travail et
« de difficultez. Avecques bien peu d'effort, i'ar-
« reste ce premier bransle de mes esmotions, et
« abandonne le subiect qui me commence à poi-
« ser, et avant qu'il m'emporte. Qui n'arreste le
« partir, n'a garde d'arrester la course ; qui ne
« sçait leur fermer la porte, ne les chassera pas,
« entrees ; qui ne peult venir à bout du commen-
« cement, ne viendra pas à bout de la fin ; n'y
« n'en soubstiendra la cheute, qui n'en a peu
« soubstenir l'esbranlement : *etenim ipsæ se impel-
« lunt, ubi semel a ratione discessum est ; ipsaque sibi
« imbecillitas indulget, in altumque provehitur im-
« prudens, nec reperit locum consistendi* (1). (Cicé-
« ron, *Tusculanes*.)

« Je sens à temps les petits vents qui me vien-
« nent taster et bruire au dedans, avant-coureurs

---

(1) Car du moment qu'on a quitté le sentier de la raison, les passions se poussent, s'avancent elles-mêmes ; la faiblesse humaine trouve du plaisir à ne point résister et, insensiblement, on se voit en pleine mer le jouet des flots.

« de la tempeste : *animus, multo antequam opprimatur, quatitur* (1).

« *Ceu flamina prima*
« *Cum deprensa fremunt sylvas, et cæca volutant*
« *Murmura, venturos nautis prodentia ventos.* (Virgile) (2). »

(*De mesnager sa volonté,* tome V, p. 29.)

(1) L'esprit est ébranlé longtemps avant que d'être abattu.
(2) Ainsi, lorsque faible encore, le vent captif dans les forêts cherche à s'échapper, il frémit, et, par son murmure, annonce aux nautonniers la tempête prochaine.

CHAPITRE II

EMPIRE SUR SOI — VERTU

La connaissance de soi ne serait qu'une science vaine si elle n'avait pour but d'assurer à l'homme l'empire sur soi, c'est-à-dire la domination de son esprit et de son cœur, la pleine possession de son être moral. Toute la valeur de l'homme est dans son cœur et sa volonté ; mais c'est la volonté qui doit maîtriser les mouvements du cœur, au lieu d'obéir aux impulsions qu'elle en reçoit. C'est du cœur en effet que procèdent les sources de la vie ; mais ces sources sont souvent troublées par des instincts et des passions égoïstes que la volonté doit refouler et surmonter. Et même dans ce qu'elles ont de plus pur, elles peuvent être trop impétueuses et se précipiter avec trop de force sur un seul point : elles ont donc besoin d'être contenues et dirigées pour répandre partout la vie, la fécondité et la beauté. « Celui qui est maître de son cœur, est plus grand que celui qui prend des villes, » a dit un des plus grands sages de l'antiquité, dans un temps où l'on n'était pas encore désabusé de l'éclat de cette puissance qui tend à se répandre au dehors, faute de savoir se concentrer en elle-même pour faire produire à l'être humain toute la vertu dont il est capable. On a reproché bien à tort au stoïcisme d'étouffer les passions plutôt que de les régler et de les gouverner. Montaigne le venge de cette accusation : « N'y n'entendent les stoïciens, dit-il, que l'ame de leur sage puisse resister aux premieres visions et fantasies qui lui surviennent, pourveu que son opinion demeure saulve et entiere. » Ainsi le sage peut être ému par les passions, mais il doit rester assez maître de lui-même pour que son entendement n'en soit pas troublé, que sa raison n'en soit pas obscurcie et que sa volonté n'en soit pas pervertie.

« N'y n'entendent les stoïciens que l'ame de
« leur sage puisse resister aux premieres visions
« et fantasies qui luy surviennent; ains comme
« à une subiection naturelle, consentent qu'il
« cede au grand bruit du ciel ou d'une ruine, par
« exemple, iusques à la pasleur et contraction,
« ainsin aux aultres passions, pourveu que son
« opinion demeure saulve et entiere, et que l'as-
« siette de son discours n'en souffre atteinte ni
« alteration quelconque, et qu'il ne preste nul
« consentement à son effroy et souffrance. De
« celuy qui n'est pas sage, il en va de mesme en
« la premiere partie; mais tout aultrement en la
« seconde : car l'impression des passions ne
« demeure pas en luy superficielle, ains va pene-
« trant iusques au siege de sa raison, l'infectant et

Les stoïciens n'exigent pas que leur sage soit insensible aux passions; ils veulent que son opinion et son discours n'en soient pas altérés.

« la corrompant ; il iuge selon elles, et s'y con-
« forme. Voyez bien disertement et pleinement
« l'estat du sage stoïque :

« *Mens immota manet ; lacrimæ volvuntur ina-*
« *nes* (1). (Enéide.)

« Le sage peripateticien ne s'exempte pas des
« perturbations, mais il les modere. »

(*De la Constance*, p. 130 et 131, tome I.)

§

Montaigne nous indique le moyen qu'il a employé pour se discipliner lui-même et devenir maître de soi : « Dans toutes occasions où ma volonté se prend avecques trop d'appetit, ie me penche à l'opposite de son inclination.... ie fuys à nourrir son plaisir si avant que ie ne l'en puisse plus r'avoir sans perte sanglante. » Il me semble que Montaigne confond ici la volonté et le désir du cœur : n'est-ce pas, en effet, le cœur qui suit son inclination avec trop de force ? et la volonté qui intervient pour lui donner une direction contraire ? Cette discipline peut être efficace là où les passions ne sont pas bien violentes, soit que la nature y ait établi un certain équilibre, ou que l'âme, déjà si bien maîtresse d'elle-même, se dirige sans trop d'effort du côté qu'elle veut. J'aurais plus de confiance dans le conseil que Montaigne nous

(1) Il pleure, mais son cœur demeure inébranlable.

donne ailleurs, savoir « d'arrester le partir, afin d'arrester la course. » Laisser le plaisir se nourrir quelque peu que ce soit, c'est risquer de ne « plus se r'avoir sans perte sanglante, » à moins d'une volonté presque surhumaine pour arrêter le cœur au milieu de la jouissance.

Montaigne nous semble bien dur pour les âmes qu'une certaine placidité ou une certaine inertie intellectuelle préserve des émotions violentes : « Les ames qui, par stupidité, dit-il, ne veoient les choses qu'à demi, iouissent de cet heur que les nuisibles les blecent moins. » Pascal a dit, comme pour compléter la pensée de Montaigne, avec le tour qui lui est propre : « A mesure que l'on a plus d'esprit, les passions sont plus grandes. »

« Il ne fault pas se precipiter esperduement
« aprez nos affections et interests. Comme estant
« ieune, ie m'opposois au progrez de l'amour que
« ie sentois trop advancer sur moy, et m'estu-
« diois qu'il ne me feust pas si agreable qu'il
« veinst à me forcer enfin et captiver du tout à
« sa mercy : i'en use de mesme à toutes aultres
« occasions, où ma volonté se prend avecques
« trop d'appetit ; ie me penche à l'opposite de
« son inclination, comme ie la veois se plonger,
« et enyvrer de son vin : ie fuys à nourrir son
« plaisir si avant, que ie ne l'en puisse plus
« r'avoir sans perte sanglante. Les ames qui, par
« stupidité, ne veoient les choses qu'à demi,

Se pencher à l'opposite des inclinations trop fortes.

« iouïssent de cet heur, que les nuisibles les ble-
« cent moins ; c'est une ladrerie spirituelle qui a
« quelque air de santé, et telle santé que la philo-
« sophie ne mesprise pas du tout ; mais pourtant
« ce n'est pas raison de la nommer sagesse, ce
« que nous faisons souvent. » (*De mesnager sa
volonté*, t. V, p. 23.)

§

Montaigne a façonné son âme au point de
« regarder et la douleur et la volupté, de veue pareillement reglee et pareillement ferme. » Ennemi
de toute exagération, il ne tombe pas dans l'erreur des stoïciens qui ont essayé de nier la douleur ; il avoue qu'il regarde « gayement » la
volupté et « severement » la douleur, et qu'il
s'applique à étendre l'une et à éteindre l'autre. Sa
philosophie est entièrement conforme à la nature
humaine ; on pourrait presque dire qu'elle l'est
trop, puisqu'elle témoigne de trop d'amour du
plaisir, par cette préoccupation de « l'étendre, » et
de trop de crainte de la douleur, par celle de
« l'éteindre. » Nous aurions voulu que cette âme
qui admire si sincèrement les stoïciens et surtout
Socrate, montrât plus d'impassibilité à l'égard des
biens et des maux. Cependant la dernière pensée
de cette page est plus élevée que les précédentes :
« Platon, dit-il, accouple la volupté et la douleur,
et veult que ce soit pareillement l'office de la

fortitude combattre à l'encontre de la douleur, et à l'encontre des immoderees et charmeresses blandices de la volupté. »

Montaigne aime la vie, mais il « se compose à la perdre sans regret, » et il va même jusqu'à dire que ceux qui se plaisent à vivre sont aussi ceux à qui ne déplaît pas de mourir. On comprend mieux cette pensée qui nous semble bien profonde, après avoir lu et médité ses belles pages sur la mort dont nous aimons à citer quelques passages :

« Il est incertain où la mort nous attende;
« attendons-la partout. La premeditation de la
« mort est premeditation de la liberte : qui a
« apprins à mourir, a desapprins à servir ; le sça-
« voir mourir nous affranchit de toute subiection
« et contraincte : il n'y a rien de mal en la vie
« pour celuy qui a bien comprins que la privation
« de la vie n'est pas mal. Le sçavoir mourir nous
« affranchit de toute subiection et contraincte.

« Qui apprendroit les hommes à mourir, leur
« apprendroit à vivre.

« L'ame est rendue maistresse de ses passions
« et concupiscences, maistresse de l'indigence, de
« la honte, de la pauvrete, et de toutes aultres in-
« iures de fortune. Gaignons cet advantage, qui
« pourra. C'est icy la vraye et souveraine liberté,
« qui nous donne de quoy faire la figue à la force
« et à l'iniustice, et nous mocquer des prisons et
« des fers. » (*Que philosopher c'est apprendre à mourir*, t. I, p. 171 et autres.)

C'est Epictète et Socrate qui ont passé par l'âme de Montaigne et reçu l'empreinte de son esprit. On sent, dans ces paroles, que l'auteur les a vécues et qu'il a le droit de dire : « Je iouïs la vie au double des aultres. » C'est en effet la constante pensée de la mort qui rend la vie « profonde et pleine. » Dominée par cette grande pensée, la vie s'élève d'elle-même et se remplit des choses sur lesquelles la mort n'a point de prise. C'est alors que l'on comprend la parole du Christ : « Qui veut perdre sa vie la sauvera. »

Equanimité.

« J'ordonne à mon ame de regarder et la dou-
« leur et la volupte, de veue pareillement reglee,
« et pareillement ferme ; mais gayement l'une,
« l'aultre severement, et, selon ce qu'elle y peult
« apporter, autant soigneuse d'en esteindre l'une
« que d'estendre l'aultre. Le veoir vainement les
« biens, tire aprez soy le veoir vainement les
« maulx ; et la douleur a quelque chose de non
« evitable, en son tendre commencement, et la
« volupte quelque chose d'evitable en sa fin exces-
« sifve. Platon les accouple, et veult que ce soit
« pareillement l'office de la fortitude combattre à
« l'encontre de la douleur et à l'encontre des im-
« moderees et charmeresses blandices de la vo-
« lupté. » (*De l'expérience*, tome V, p. 221).

Amour et détachement de la vie.

« Je me compose à perdre la vie sans regret ;
« mais comme perdable de sa condition, non
« comme moleste et importune ; aussi ne sied-il
« proprement bien de ne se desplaire pas à mourir

« qu'à ceulx qui se plaisent à vivre. Il y a du mes-
« nage à la iouïr. Je la iouïs au double des aultres;
« car la mesure, en la iouïssance, despend du plus
« ou moins d'application que nous y prestons.
« Principalement à cette heure, que i'apperceois
« la mienne si briefve en temps, ie la veulx
« estendre en poids, ie veulx arrester la prompti-
« tude de sa fuyte par la promptitude de ma
« saisie, et, par la vigueur de l'usage, compenser
« la hastifvete de son escoulement ; à mesure que
« la possession du vivre est plus courte, il me la
« fault rendre plus profonde et plus pleine. »
(*De l'expérience,* tome V, p. 222 et 223).

§

Quand l'âme, guidée par une saine et forte philosophie, se détache de la vie, elle se détache en
même temps de toutes les choses vaines qui l'a-
vaient fascinée ; et elle apprend à discerner et à
aimer celles qu'elle doit s'attacher et s'incorporer,
Elle comprend « ce qui la touche proprement, et
qui proprement est de son avoir et de sa substance.
Elle peult veoir et sentir toutes choses, mais elle
ne se doibt paistre que de soy. » Ces sages paroles
de Montaigne nous rappellent la recommandation
de l'apôtre : « User du monde, comme n'en usant
point. » La modération est une des trois vertus
dont la pratique semble à Montaigne la plus difficile. Et cependant il en parle si simplement que

nous sommes presque tentés de croire qu'elle lui était toute naturelle, et de lui envier un si heureux équilibre. Toute la sagesse de la vie ne consiste-t-elle pas, en effet, à gouverner nos désirs, à distinguer ceux qui tiennent à notre nature de ceux qui viennent du déréglement de notre imagination, à renoncer à ceux-ci et à restreindre ceux-là ? Et par quelle image juste et frappante Montaigne nous fait sentir la nécessité de circonscrire la carrière de nos désirs : « Leur course, dit-il, doit se manier, non en ligne droicte qui fasse bout ailleurs, mais en rond duquel les deux poinctes se tiennent et terminent en nous par un brief contour. » En effet, rien ne peut s'ajouter au cercle qui est fermé, mais il n'en est pas de même de la ligne droite, que l'on peut prolonger indéfiniment, ainsi qu'il arrive « aux avaricieux, aux ambitieux », à tous ceux dont les passions et les désirs sont insatiables.

Empire sur soi. Modération.

« Nous empeschons, au demourant, la prinse et
« la serre de l'ame, à luy donner tant de choses à
« saisir ; les unes, il les luy fault seulement pre-
« senter, les aultres attacher, les aultres incorpo-
« rer ; elle peult veoir et sentir toutes choses, mais
« elle ne se doibt paistre que de soy ; et doibt
« estre instruicte de ce qui la touche proprement,
« et qui proprement est de son avoir et de sa

L'âme peut voir et sentir toutes choses, mais ne se paître que de soi.

« substance. Les loix de nature nous apprennent
« ce que iustement il nous fault ; aprez que les
« sages nous ont dict que, selon elle, personne

« n'est indigent, et que chascun l'est selon l'opi-
« nion, ils distinguent ainsi subtilement les desirs
« qui viennent d'elle de ceulx qui viennent du
« desreglement de nostre fantasie : ceulx desquels
« on veoid le bout sont siens; ceulx qui fuyent
« devant nous, et desquels nous ne pouvous ioin-
« dre la fin, sont nostres ; la pauvreté des biens est
« aysee à guarir ; la pauvreté de l'ame impos-
« sible. » (*De mesnager sa volonté*, p. 13, tome V).

« Plus nous amplifions nostre besoing et pos-
« session, d'autant plus nous engageons-nous aux
« coups de la fortune et des adversitez. La carrière
« de nos desirs doibt estre circonscripte et res-
« treincte à un court limite des commoditez les
« plus proches et contiguës ; et doibt, en oultre,
« leur course se manier, non en ligne droicte qui
« face bout ailleurs, mais en rond duquel les deux
« poinctes se tiennent et terminent en nous par un
« brief contour. Les actions qui se conduisent
« sans cette reflexion (s'entend voisine reflexion
« et essencielle, comme sont celles des avaricieux,
« des ambitieux et tant d'aultres qui courent de
« pointe, desquels la course les emporte tousiours
« devant eulx), ce sont actions erronées et mala-
« difves. » (*De mesnager sa volonté*, tome V, p. 17).

*Régler et li-
miter nos dé-
sirs pour é-
chapper aux
coups de la
fortune.*

§

Mais ce n'est pas seulement nos désirs que la
volonté doit régler et modérer, ce sont toutes les

activités de notre être. L'esprit, livré à lui-même, ne produit que d'ineptes rêveries et de vaines chimères. « Si on ne l'occupe, dit Montaigne, à certain subiect qui le bride et contraigne, il se jecte desreglé par cy, par là, dans le vague champ des imaginations, et n'est folie ny resverie qu'il ne produise en cette agitation. L'ame qui n'a point de but estably, elle se perd ; car, comme on dict, c'est n'estre en aulcun lieu que d'estre partout. » Tout a été dit sur l'oisiveté et les maux qu'elle entraîne. Nos facultés ne peuvent rester inactives : quand elles échappent au contrôle de la volonté, elles s'égarent à des choses vaines ou dangereuses, et, au lieu de contribuer à notre culture morale, elles nous dégradent. L'oisiveté n'est donc pas l'inactivité, c'est une activité déréglée qui pousse l'âme çà et là et la rend incapable de toute action sérieuse. Grâce à la discipline à laquelle Montaigne avait habitué son âme, il n'a pu supporter l'oisiveté assez longtemps pour qu'elle ait enfanté autre chose que « des chimeres et des monstres fantasques. »

Activité réfléchie. L'esprit inoccupé devient la proie du mal.

« Comme nous voyons des terres oysifves, si
« elles sont grasses et fertiles, foisonner en cent
« mille sortes d'herbes sauvages et inutiles, et que,
« pour les tenir en office, il les fault assubiectir
« et employer à certaines semences pour nostre
« service ; ainsin est-il des esprits ; si on ne les
« occupe à certain subiect qui les bride et con-
« traigne, ils se iectent desreglez, par cy par là,

« dans le vague champ des imaginations, et n'est
« folie ny resverie qu'ils ne produisent en cette
« agitation. L'ame qui n'a point de but estably,
« elle se perd ; car, comme on dict, c'est n'estre
« en aulcun lieu que d'estre partout.

« Dernièrement que je me retiray chez moy,
« deliberé, autant que je pourroy, ne me mesler
« d'aultre chose que de passer en repos et à part
« ce peu qui me reste de vie ; il me semblait ne
« pouvoir faire plus grande faveur à mon esprit,
« que de le laisser en pleine oysifveté s'entretenir
« soy-mesme, et s'arrester et rasseoir en soy, ce
« que j'esperoy qu'il peust meshuy faire plus ayse-
« ment, devenu avecques le temps plus poisant et
« plus meur ; mais je treuve, comme

« *Variam semper dant otia mentem* (1),

« que, au rebours, faisant le cheval eschappé, il
« se donne cent fois plus de carriere à soy-mesme
« qu'il n'en prenait pour aultruy, et m'enfante
« tant de chimeres et monstres fantasques les uns
« sur les autres, sans ordre et sans propos, que,
« pour en contempler à mon ayse l'ineptie et
« l'estrangeté, j'ay commencé de les mettre en
« roolle, esperant avecques le temps luy en faire
« honte à luy-mesme. »
(*De l'oysifveté*, t. I, p. 104, 105 et 106).

(1) Dans l'oisiveté, l'esprit voltige incessamment de pensée en pensée.

§

Il ne suffit pas que notre activité ait un but utile et qu'elle soit dirigée par une volonté juste et sage ; il faut encore qu'en elle-même elle soit modérée, que l'âme ne se porte pas avec trop d'ardeur vers la fin qu'elle poursuit. « Commencer plustôt bellement et froidement, dit Montaigne, et garder son haleine et ses vigoreux eslans au fort et perfection de la besoigne. » Telle est la loi de la modération, difficile à suivre pour une âme passionnée qui ne saurait faire abstraction d'elle-même pour agir froidement. Ce mot a lieu de nous étonner, car il nous a toujours semblé qu'on ne fait en réalité rien de grand ni même de bon sans passion. Nous en voudrions presque à Montaigne comme d'une expression impropre, sinon d'une erreur de pensée. La volonté de parvenir au but qu'on se propose, est secondée par l'ardeur de l'âme qui, sans cesse, stimule nos efforts. Assurément, Montaigne a voulu dire calmement ; car l'ardeur contenue peut être calme, mais elle ne saurait être froide. C'est par une image aussi juste que charmante, que Montaigne nous fait sentir qu'il importe de ménager ses forces au début d'une entreprise : « Il fault proceder, dit-il, au rebours du roseau, qui produict une longue tige et droicte, de la premiere venue ; mais aprez, comme il s'estoit allangui et mis hors d'haleine, il vient à faire des nœuds frequents et epez, comme des pauses qui montrent qu'il n'a plus cette premiere vigueur et constance. » Nous sommes heureux de rencontrer dans cette page un aveu qui donne d'autant plus de valeur aux conseils de Montaigne sur la modération : « Pourtant n'est-ce pas à dire que ce conseil m'ayt deschargé de toute difficulté, et que je n'aye eu de la peine souvent à gourmer et brider mes passions : elles ne se gouvernent pas tousiours selon la mesure des occasions, et ont leurs entrees mesmes souvent aspres et violentes. »

« A enfourner la fortune, il n'y va que d'un
« peu d'advisement ; mais depuis que vous estes
« embarqué, toutes les chordes tirent ; il y faict
« besoing de grandes provisions bien plus diffi-
« ciles et importantes. De combien il est plus
« ayse de n'y entrer pas, que d'en sortir ! Or, il
« fault proceder au rebours du roseau, qui pro-
« duict une longue tige et droicte, de la premiere
« venue ; mais aprez, comme il s'estoit allangui et
« mis hors d'haleine, il vient à faire des nœuds
« frequents et epez, comme des pauses qui mon-
« trent qu'il n'a plus cette premiere vigueur et
« constance : il fault plustost commencer belle-
« ment et froidement ; et garder son haleine et
« ses vigoreux eslans au fort et perfection de la
« besongne. Nous guidons les affaires, en leurs
« commencements, et les tenons à nostre mercy ;
« mais, par aprez, quand ils sont esbranlez, ce
« sont eulx qui nous guident et emportent, et
« avons à les suyvre. Pourtant n'est-ce pas à dire

Prudence. Prévoyance. Modération dans l'activité.

Il faut commencer froidement et garder ses vigoureux élans au fort de la besogne.

Guider les affaires et ne pas se laisser guider par elles.

« que ce conseil m'ayt deschargé de toute diffi-
« culté, et que ie n'aye eu de la peine souvent à
« gourmer et brider mes passions : elles ne se
« gouvernent pas tousiours selon la mesure des
« occasions, et ont leurs entrees mesme souvent
« aspres et violentes. Tant y a, qu'il s'en tire une
« belle espargne, et du fruict ; sauf pour ceulx qui,
« au bien faire, ne se contentent de nul fruict si
« la reputation en est à dire : car, à la verité, un
« tel effect n'est en compte qu'à chascun en soy ;
« vous en estes plus content, mais non plus estimé,
« vous estant reformé avant que d'estre en danse
« et que la matiere feust en veue.

« Toutesfois aussi, non en cecy seulement,
« mais en touts aultres debvoirs de la vie, la route
« de ceulx qui visent à l'honneur est bien diverse
« à celle que tiennent ceulx qui se proposent
« l'ordre et la raison. I'en treuve qui se mettent
« inconsidereement et furieusement en lice, et
« s'alentissent en la course. Comme Plutarque

Entreprendre froidement et poursuivre chaudement.

« dict que ceulx qui, par le vice de la mauvaise
« honte, sont mols et faciles à accorder quoy
« qu'on leur demande ; sont faciles aprez à faillir
« de parole et à se desdire : pareillement qui
« entre legierement en querelle, est subiect d'en
« sortir aussi legierement. Cette mesme difficulté
« qui me garde de l'entamer, m'inciteroit d'y tenir
« ferme, quand ie serois esbranlé et eschauffé.
« C'est une mauvaise façon : depuis qu'on y est,
« il fault aller, ou crever. « Entreprenez froide-

« ment, disoit Bias, mais poursuivez chaulde-
« ment. » De faulte de prudence, on retombe en
« faulte de cœur, qui est encore moins suppor-
« table. » (*De mesnager sa volonté*, t. V, p. 32-34.)

§

De toutes les passions sur lesquelles la volonté doit exercer son empire, il n'y en a point qui ébranle autant la sincérité des jugements, que la colère. C'est sans doute à cause de l'influence qu'elle exerce sur celui qui en est possédé, de même que sur ceux qui dépendent de lui, que Montaigne l'a étudiée dans un chapitre spécial que devraient relire souvent ceux qui se mêlent de gouverner les autres. On n'est digne de commander, soit à des enfants, soit à des hommes, que si l'on sait se commander à soi-même. « Aulcun, dit Montaigne, ne feroit doubte de punir de mort le iuge qui, par cholere, auroit condamné son criminel ; pourquoy est-il non plus permis, aux peres et aux pedantes, de fouetter les enfants et les chastier estants en cholere ? ce n'est plus correction, c'est vengeance. » La règle appliquée par Montaigne en particulier à ceux qui ont charge d'âmes, doit être suivie par tous les hommes : ne pas agir pendant que la colère nous trouble, « pendant que le pouls nous bat, et que nous sentons de l'esmotion : les choses nous sembleront à la verité aultres, quand nous serons r'accoysez (apaisés) et refroidis. » L'âme si droite de Montaigne ne se contente pas d'une apparence d'apaisement qui laisse subsister dans l'âme la tempête. « Le principal, dit-il, est de prouveoir au dedans et à soy mesme, et ce n'est pas à mon gré bien mesnager ses affaires, que de se ronger interieurement. On incorpore la cholere en la cachant. » Ceci est vrai de toutes les passions qui ne sont réellement domptées que lorsque la volonté les a soumises à son empire.

Colère.
Empire sur soi.
La colère de toutes les passions ébranle le plus la sincérité du jugement.

« Il n'est passion qui esbranle tant la sincerité
« des iugements, que la cholere. Aulcun ne feroit
« doubte de punir de mort le iuge qui, par cho-
« lere, auroit condamné son criminel; pourquoy
« est-il non plus permis, aux peres et aux pedan-
« tes, de fouetter les enfants et les chastier estants
« en cholere? ce n'est plus correction, c'est ven-
« geance. Le chastiment tient lieu de medecine
« aux enfants : et souffririons-nous un medecin
« qui feust animé et courroucé contre son patient ?

Celui qui veut user du châtiment ne doit avoir ni faim ni soif.

« Nous-mesmes, pour bien faire, ne debvrions
« iamais mettre la main sur nos serviteurs, tandis
« que la cholere nous dure. Pendant que le pouls
« nous bat et que nous sentons de l'esmotion,
« remettons la partie, les choses nous sembleront
« à la verité aultres, quand nous serons r'accoysez
« et refroidis. C'est la passion qui commande lors,
« c'est la passion qui parle ; ce n'est pas nous :
« au travers d'elle, les faultes nous apparoissent
« plus grandes, comme les corps au travers d'un

« brouillaz. Celuy qui a faim use de viande ; mais
« celuy qui veult user de chastiement n'en doibt
« avoir faim ny soif. Et puis, les chastiements qui
« se font avecques poids et discretion se receoi-
« vent bien mieulx et avecques plus de fruict de
« celuy qui les souffre : aultrement, il ne pense
« pas avoir esté iustement condamné par un
« homme agité d'ire et de furie ; et allegue, pour
« sa justification, les mouvements extraordinaires
« de son maître, l'inflammation de son visage,
« les serments inusites, et cette sienne inquietude
« et precipitation temeraire. (*De la cholere*, t. IV,
« p. 6 et 7.)

« La cholere est une passion qui se plaist en
« soy, et qui se flatte. Combien de fois, nous
« estants esbranlez sous une faulse cause, si on
« vient à nous presenter quelque bonne deffense
« ou excuse, nous despitons-nous contre la verité
« mesme et l'innocence. (*Cholere*, p. 11.)

« Ceulx qui ont à negocier avecques des femmes
« testues, peuvent avoir essayé à quelle rage on les
« iecte, quand on oppose à leur agitation le silence
« et la froideur, et qu'on desdaigne de nourrir
« leur courroux. (*Idem*, p. 12.)

« Et pour moy, ie ne sache passion pour la- *Se gouver-*
« quelle couvrir et soubtenir ie peusse faire un *ner ce n'est*
« tel effort, ie ne vouldrois pas mettre la sagesse *pas ménager*
« à si hault prix. Ie ne regarde pas tant ce qu'il *se ronger in-*
« faict, que combien il luy couste à ne faire pis. *térieurement.*
« Un aultre se vantoit à moy du reglement et doul-

« ceur de ses mœurs, qui sont à la verité singu-
« lieres : ie luy disois que c'estoit bien quelque
« chose, notamment à ceulx, comme luy, d'emi-
« nente qualité, sur lesquels chascun a les yeulx,
« de se presenter au monde tousiours bien tem-
« perez ; mais que le principal estoit de prouveoir
« au dedans et à soy-mesme, et que ce n'estoit
« pas à mon gré bien mesnager ses affaires, que
« de se ronger interieurement ; ce que ie crai-
« gnois qu'il feist, pour maintenir ce masque et
« cette reglee apparence par le dehors. On in-
« corpore la cholere en la cachant; comme Dio-
« genes dict à Demosthenes, lequel de peur d'es-
« tre apperceu en une taverne, se reculoit au
« dedans : « Tant plus tu te recules arriere, tant
« plus tu y entres. Ie conseille qu'on donne plus-
« tost une buffe à la joue de son valet, un peu
« hors de saison, que de gehenner sa fantasie
« pour representer cette sage contenance ; et ai-
« merois mieulx produire mes passions, que de les
« couver à mes despens : elles s'alanguissent en
« s'esventant et en s'exprimant; il vault mieulx
« que leur poincte agisse au dehors que de la plier
« contre nous. *Omnia vitia in aperto leviora sunt :*
« *et tunc perniciosissima, quùm, simulatâ sanitate,*
« *subsidunt* (1). » (Sénèque.) (*De la cholere*, tome
IV, p. 14 et 15.)

Cacher la olère, c'est l'incorporer.

(1) Les maladies de l'âme qui se manifestent sont les plus légères ; les plus dangereuses sont celles qui se cachent sous l'apparence de la santé.

§

L'homme ne naît pas vertueux, il le devient par le bon gouvernement de lui-même. Montaigne nous parle « d'ames reglees d'elles-mêmes et bien nees qui representent en leurs actions, mesme visage que les vertueuses. » Sans doute, il y a d'heureuses natures à qui le bien est plus facile qu'à d'autres et qui semblent le faire spontanément. Mais sont-elles si bien réglées qu'elles n'aient jamais à lutter contre elles-mêmes pour accomplir la loi morale ? Nous ne le croyons pas, et les occasions ne leur manquent pas de montrer aussi ce « ie ne sais quoy de plus grand et de plus actif que de se laisser, par une heureuse complexion, doulcement et paisiblement conduire à la suitte de la raison. » Montaigne nous dit que « le nom de vertu presuppose de la difficulté et du contraste, et qu'elle ne peult s'exercer sans partie. » Estime-t-il pour cela plus grande la vertu de quelques philosophes stoïciens et épicuriens qui allaient au-devant de la tentation, de la douleur et de l'adversité « pour les combattre et tenir leur ame en haleine ? » Il ne se prononce pas là-dessus, il se borne à nous montrer un courage égal dans les deux écoles et à venger Epicure de toutes les fausses interprétations des disputeurs de mauvaise foi. Mais ce qui nous prouve que cette vertu, peut-être orgueilleuse et farouche, n'était pas la plus digne d'admiration, selon Montaigne, c'est son enthousiasme pour Socrate, dont l'âme est à ses yeux la plus parfaite. Nous ne connaissons pas en effet de plus beau panégyrique du plus sage des hommes, à part celui que Platon met dans la bouche d'Alcibiade. La parole si convaincue de Montaigne, la flamme ardente qui l'illumine, nous montre l'influence puissante que ce modèle presque parfait a exercée sur son âme. Il ne doutait pas de la vertu, celui qui sentait si profondément la vertu de Socrate et de Caton.

« On veoid aux ames de ces deux personnages
« une si parfaicte habitude à la vertu, qu'elle leur
« est passee en complexion. Ce n'est plus vertu
« penible, dit-il, ny des ordonnances de la raison
« pour lesquelles maintenir il faille que leur ame
« se roidisse ; c'est l'essence même de leur ame,
« c'est son train naturel et ordinaire ; ils l'ont
« rendue telle par un long exercice des preceptes
« de la philosophie, ayants rencontré une belle
« et riche nature ; les passions vicieuses, qui nais-
« sent en nous, ne treuvent plus par où faire
« entree en eulx ; la force et roideur de leur ame
« estouffe et esteinct les concupiscences aussitost
« qu'elles commencent à s'esbranler.

« Caton me pardonnera, s'il luy plaist : sa mort
« est plus tragique et plus tendue, mais celle de
« Socrate est encores ie ne sçais comment, plus
« belle. »

Vertu.

« Il me semble que la vertu est chose aultre,
« et plus noble, que les inclinations à la bonté

« qui naissent en nous. Les ames reglees d'elles-
« mesmes et bien nees, elles suyvent mesme train,
« et representent, en leurs actions, mesme visage
« que les vertueuses; mais la vertu sonne ie ne
« sçais quoy de plus grand et de plus actif que de
« se laisser, par une heureuse complexion, doulce-
« ment et paisiblement conduire à la suitte de la
« raison. Celuy qui, d'une doulceur et facilité
« naturelle, mepriseroit les offenses receues,
« feroit chose tres belle et digne de louange ;
« mais celuy qui, picqué et oultré jusques au vif
« d'une offense, s'armeroit des armes de la raison
« contre ce furieux appetit de vengeance, et,
« aprez un grand conflict, s'en rendroit enfin mais-
« tre, feroit sans doubte beaucoup plus. Celuy-
« là feroit bien ; et cettuy-cy vertueusement :
« L'une de ses actions se pourroit dire bonté ;
« l'aultre, vertu; car il semble que le nom de la
« vertu presuppose de la difficulté et du con-
« traste, et qu'elle ne peult s'exercer sans partie.
« C'est à l'adventure pourquoy nous nommons
« Dieu bon, fort, et liberal et iuste, mais nous
« ne le nommons pas *vertueux*; ses operations
« sont toutes naïfves et sans effort. Quelques
« philosophes, non-seulement stoïciens, mais en-
« core epicuriens, ont estimé que la vertu debvoit
« courre au-devant des travaulx et difficultez, et
« cette enchere de ceulx-cy par dessus ceulx-là,
« ie l'emprunte de l'opinion commune, qui est
« faulse, quoy que die ce subtil rencontre d'Arce-

On n'est point ver-tueux par complexion mais par ef-fort et com-bat.

« silaus à celuy qui luy reprochoit que beaucoup
« de gents passoient de son eschole à l'epicu-
« risme, mais iamais au rebours ; « ie crois bien :
« des coqs il se faict des chappons assez ; mais
« des chappons il ne s'en faict jamais des coqs ; »
« car, à la vérité, en fermeté et rigueur d'opi-
« nions et de preceptes, la secte epicurienne ne
« cede aulcunement à la stoïque ; et un stoïcien,
« recognoissant meilleure foy que ces disputa-
« teurs, qui, pour combattre Epicurus et se donner
« beau ieu, luy font dire ce à quoy il ne pense
« iamais, contournants ses paroles à gauche, argu-
« mentants par la loy grammairienne aultre sens
« de sa façon de parler, et aultre creance que celle
« qu'ils sçavent qu'il avoit en l'ame et en ses
« mœurs, dict qu'il a laissé d'estre epicurien pour
« cette consideration entre aultres, qu'il treuve
« leur route trop haultaine et inaccessible : *Om-*
« *nesque virtutes et colunt et retinent* (1); des philoso-
« phes stoïciens et epicuriens, dis-ie, il y en a
« plusieurs qui ont iugé que ce n'estoit pas assez
« d'avoir l'ame en bonne assiette, bien reglee et
« bien disposee à la vertu ; ce n'estoit pas assez
« d'avoir nos resolutions et nos discours au-dessus
« de touts les efforts de fortune ; mais qu'il fal-
« loit encores rechercher les occasions d'en ve-
« nir à la preuve ; ils veulent quester de la dou-
« leur, de la nécessité et du mespris, pour les
« combattre, et pour tenir leur ame en haleine :

(1) Ils aiment et pratiquent toutes sortes de vertus.

« *Multum sibi adiicit virtus lacessita* (Sénèque) (1).
(*De la cruauté*, p. 373, tome II).

« Il me tombe en fantasie que l'ame de
« Socrate, qui est la plus parfaicte qui soit venue
« à ma cognoissance, seroit, à mon compte,
« une ame de peu de recommandation ; car ie
« ne puis concevoir en ce personnage aulcun
« effort de vicieuce concupiscence ; au train de sa
« vertu, ie n'y puis imaginer aulcune difficulté ny
« aulcune contraincte ; ie cognois sa raison si
« puissante et si maistresse chez luy, qu'elle
« n'eust iamais donné moyen à un appetit vicieux
« seulement de naistre ; à une vertu si eslevee
« que la sienne, ie ne puis rien mettre en teste ;
« il me semble la voir marcher d'un victorieux pas
« et triomphant, en pompe et à son ayse, sans
« empeschement ne destourbier. Si la vertu ne
« peut luire que par le combat des appetits con-
« traires, dirons-nous doncques qu'elle ne se
« puisse passer de l'assistance du vice, et qu'elle
« luy doibve cela, d'en estre mise en credit et en
« honneur ? Que deviendroit aussi cette brave et
« genereuse volupté epicurienne qui faict estat de
« nourrir mollement en son giron, et y faire folas-
« trer la vertu, luy donnant pour ses iouets la
« honte, les fiebvres, la pauvreté, la mort et les
« gehennes ? Si ie presuppose que la vertu par-
« faicte se cognoist à combattre et à porter pa-

(1) Les vertus se perfectionnent par les combats.

Vertu de Socrate.

La vertu de Socrate si maitresse chez lui qu'elle semble naturelle.

La vertu parfaite se connaît à combattre.

« tiemment la douleur, à soubtenir les efforts de
« la goutte sans s'esbranler de son assiette ; si ie
« luy donne pour son obiect necessaire l'aspreté et
« la difficulté, que deviendra la vertu qui sera
« montee à tel poinct, que de non seulement
« mespriser la douleur, mais de s'en esiouïr.......

« Caton me pardonnera, s'il luy plaist ; sa mort
« est plus tragique et plus tendue, mais celle de
« Socrates est encore, ie ne sçais comment, plus
« belle. Aristippus à ceulx qui le plaignoient : Les
Vertu de Socrate et Caton. « dieux m'en envoyent une telle ! » dict-il. On
« veoid « aux ames de ces deux personnages et de
« leurs imitateurs (car, de semblables, ie foys grand
« doubte qu'il y en ait eu), une si parfaicte habi-
« tude à la vertu, qu'elle leur est passée en com-
En Socrate et Caton, parfaite habitude à la vertu qui est devenue le train naturel de l'âme. « plexion. Ce n'est plus vertu penible, ny des
« ordonnances de la raison pour lesquelles main-
« tenir il faille que leur ame se roidisse ; c'est l'es-
« sence mesme de leur ame, c'est son train naturel
« et ordinaire ; ils l'ont rendue telle par un long
« exercice des preceptes de la philosophie, ayants
« rencontré une belle et riche nature ; les pas-
« sions vicieuses, qui naissent en nous, ne treu-
« vent plus par où faire entree en eulx : la force et
Effet d'un long exercice des préceptes de la philosophie. « roideur de leur ame estouffe et esteinct les con-
« cupiscences aussitost qu'elles commencent à
« s'esbranler. Or qu'il ne soit plus beau d'empes-
« cher, par une haulte et divine résolution, la
« naissance des tentations, et de s'estre formé à
« la vertu, de maniere que les semences mesmes

« des vices en soyent desracinees, que d'empescher
« à vifve force leur progrez, et, s'estant laissé
« surprendre aux esmotions premieres des pas-
« sions, s'armer et se bander pour arrester leur
« course et les vaincre, et que ce second effect ne
« soit encore plus beau, que d'estre simplement
« garny d'une nature facile et debonnaire, et
« desgoutee par soy-mesme de la desbauche et
« du vice, ie ne pense point qu'il y ayt doubte :
« car cette tierce et derniere façon, il semble
« bien qu'elle rende un homme innocent, mais
« non pas vertueux; exempt de mal faire, mais
« non pas apte à bien faire ; ioinct que cette con-
« dition est si voisine à l'imperfection et à la foi-
« blesse, que ie ne sçais pas bien comment en
« desmesler les confins et les distinguer ; les noms
« mesmes de Bonté et d'Innocence sont à cette
« cause aulcunement noms de mespris. Ie veois
« que plusieurs vertus, comme la chasteté, so-
« brieté et temperance, peuvent arriver à nous
« par defaillances corporelles; la fermeté aux dan-
« gers (si fermeté il la fault appeler), le mes-
« pris de la mort, la patience aux infortunes, peu-
« vent venir et se treuvent souvent aux hommes
« par faulte de bien iuger de tels accidents, et ne
« les concevoir tels qu'ils sont : la faulte d'appre-
« hension et la bestise contrefont ainsi parfois les
« effects vertueux ; comme i'ay veu souvent
« advenir qu'on a loué des hommes de ce de quoy
« ils meritaient du blasme.

Une nature facile et débonnaire rend l'homme innocent, non vertueux.

« Voylà pourquoy, quand on iuge d'une action
« particuliere, il fault considerer plusieurs cir-
« constances, et l'homme tout entier qui l'a pro-
« duicte, avant la baptiser. » (*De la cruauté*, t. II,
p. 377.)

§

Nous voyons par l'exemple de Socrate que la vertu est la constance dans le bien. Pour en juger, il ne suffit pas d'examiner des actes isolés, il fault suyvre longuement et curieusement la trace de l'homme. Montaigne nous dit aussi que « la vertu ne veult estre suyvie que pour elle-mesme. » C'est donc l'amour désintéressé du bien qui inspire tous les actes de l'homme vertueux. Il s'assure ainsi en lui-même une retraite que ni l'opinion publique ni les coups de la fortune ne peuvent troubler. En vain la calomnie exhalerait-elle contre lui son venin, elle ne saurait l'atteindre si son intention est pure. Montaigne nous prouve que des passions mauvaises peuvent apprendre aux hommes certaines vertus : « Ce n'est donc pas tour d'entendement rassis, nous dit-il, de nous iuger simplement par nos actions de dehors, il fault sonder iusqu'au dedans, et veoir par quels ressorts se donne le bransle. » Mais il sent combien il est difficile de juger les autres, et il nous donne sous une forme qui lui est propre, le conseil de nous abstenir de juger. Il ne nous appartient pas de scruter les intentions d'autrui, mais il importe de nous rendre compte des nôtres pour savoir jusqu'à quel point nous sommes vertueux.

« La vertu ne veult estre suyvie que pour elle-mesme ; et si on emprunte parfois un masque pour aultre occasion, elle nous l'arrache aussitost du visage. C'est une vifve et forte teincture, quand l'ame en est une fois abbruvee ; et qui ne s'en va, qu'elle n'emporte la piece. Voylà pourquoi, pour iuger d'un homme, il fault suivre longuement et curieusement sa trace : si la constance ne s'y maintient de son seul fondement, *cui vivendi via considerata atque provisa est*(1), si la varieté des occurrences luy faict changer de pas (ie dis de voye, car le pas s'en peult ou haster ou appesantir), laissez le courre ; celuy là s'en va avau le vent, comme dict la devise de nostre Talebot. (*De l'inconstance de nos actions*, t. II, p. 216.)

Vertu désintéressée.

Constance.

« Puisque l'ambition peult apprendre aux hommes et la vaillance, et la temperance, et la liberalité, voire et la iustice ; puisque l'avarice peult planter au courage d'un garçon de boutique, nourri à l'ombre et à l'oisifveté, l'asseurance de se iecter si loing du foyer domestique, à la mercy des vagues et de Neptune courroucés, dans un fraile bateau ; et qu'elle apprend encore la discretion et la prudence : ce n'est pas tour

Intention mobile.

(1) De sorte qu'il suive, sans jamais s'écarter, la route qu'il s'est choisie. CICÉRON.

« d'entendement rassis, de nous iuger simplement
« par nos actions de dehors, il fault sonder ius-
« qu'au dedans, et veoir par quels ressorts se
« donne le bransle. Mais d'autant que c'est une
« hazardeuse et haulte entreprinse, ie vouldrois
« que moins de gents s'en meslassent. » (*Idem*,
p. 218.)

§

La vraie vertu est simple et modeste. Elle ne cherche pas sa sanction dans le jugement d'autrui, non seulement parce que ce jugement est illusoire, mais aussi et surtout parce que, dans ses actes les plus louables, elle sent qu'elle n'a fait que ce qu'elle devait faire. Ceux qui sont prêts à s'enfler de toute bonne action, prouvent par là même que c'est pour eux chose rare : « ils la veulent mettre pour le prix qu'elle leur couste. » Montaigne nous cite toute une classe de qualités qui échappent à l'observation, parce qu'elles sont « quietes et obscures. » Et ce sont peut-être celles qui s'acquièrent le plus difficilement, et dont la pratique exige toute la plénitude de la force morale, telles que la bonté, la modération, « l'equabilité », la constance. « Elles ne se sentent plus, nous dit Montaigne, les corps raboteux se sentent, les polis se manient imperceptiblement. » En effet, ce sont précisément ces qualités qui adoucisseent nos rapports avec les autres. Et elles ne sont pas remarquées parce qu'elles sont dépourvues d'éclat et semblables à « ces actions pleines de grâce qui eschappent de la main de l'ouvrier nonchalamment et sans bruict et que quelque honneste homme choisit aprez, et r'esleve de l'ombre pour les poulser en lumière à cause d'elles-mesmes. » « Le plus glorieux des hommes, selon Montaigne, Cicéron a dit: *Mihi quidem laudabiliora videntur omnia quæ sine venditatione et sine populo teste fiunt* » (1).

« Nos hommes sont si formez à l'agitation et
« ostentation, que la bonté, la modération, l'equa-
« bilité, la constance, et telles qualitez quietes et
« obscures, ne se sentent plus, les corps raboteux
« se sentent, les polis se manient imperceptible-
« ment: la maladie se sent, la santé, peu ou point,
« ny les choses qui nous oignent, au prix de
« celles qui nous poignent. C'est agir pour sa
« reputation et proufit particulier, non pour le
« bien, de remettre à faire en la place ce qu'on
« peult faire en la chambre du conseil, et en plein
« midy, ce qu'on eust faict la nuict precedente, et
« d'estre ialoux de faire soy mesme ce que son
« compagnon faict aussi bien.... (*De mesnager sa
volonté*, t. V, p. 39 et 40).

Ostentation.

Eviter le bruit et l'agitation. Rechercher les qualités paisibles, obscures.

« Le bruict ne suyt pas toute bonté, si la diffi-
« culté et estrangeté n'y est ioincte : voire ny la

(1) Pour moi, toutes les choses que je trouve les plus louables, ce sont celles qui se font sans ostentation, et dont on n'a point le peuple pour témoin. Tusc.

« simple estimation n'est deue à nulle action qui
« naist de la vertu, selon les stoïciens. *Idem*, p. 42.

Renoncement.

C'est nous déshonorer que de rechercher avidement la renommée et l'honneur.

« Desdaignons cette faim de renommee et
« d'honneur, basse et belistresse, qui nous la faict
« coquiner de toute sorte de gents, *quae est ista laus,*
« *quae possit e macello peti?* (1) par moyens abiects
« et à quelque vil prix que ce soit ; c'est deshon-
« neur d'estre ainsi honnoré. Apprenons à n'estre
« non plus avides, que nous ne sommes capables,
« de gloire. De s'enfler de toute action utile et
« innocente, c'est à faire à gents à qui elle est
« extraordinaire et rare ; ils la veulent mettre pour

Les actions qui ont le plus de grâce sont celles qui échappent nonchalamment de la main de l'ouvrier.

« le prix qu'elle leur couste. A mesure qu'un bon
« effect est plus esclatant, ie rabbats de sa bonté
« le souspeçon en quoy i'entre qu'il soit produict,
« plus pour estre esclatant, que pour estre bon :
« estalé, il est à demy vendu. Ces actions là ont
« bien plus de grace qui eschappent de la main
« de l'ouvrier, nonchalamment et sans bruict, et
« que quelque honneste homme choisit aprez, et
« r'esleve de l'ombre, pour les poulser en lumière
« à cause d'elles mesmes. *Mihi quidem laudabi-*
« *liora videntur omnia, quae sine venditatione et sine*
« *populo teste fiunt* (Cicéron), dict le plus glorieux
« homme du monde. (*Idem*, p. 43 et 44.)

Vertu obscure.

« Qui tient sa mort pour mal employee, si ce

(1) Quelle est cette louange qu'on peut acheter au marché ? CICÉRON.

« n'est en occasion signalee, au lieu d'illustrer sa
« mort, il obscurcit volontiers sa vie, laissant
« eschapper ce pendant plusieurs iustes occasions
« de se hazarder; et toutes les iustes sont illustres
« assez, sa conscience les trompettant suffisam-
« ment à chascun. *Gloria nostra est testimonium
« conscientiæ nostræ* (1). (St-Paul). Qui n'est homme
« de bien que parce qu'on le sçaura, et parce qu'on
« l'en estimera mieulx aprez l'avoir sceu; qui ne
« ne veult bien faire qu'en condition que sa vertu
« vienne à la cognoissance des hommes, celuy là
« n'est pas personne de qui on puisse tirer beau-
« coup de service.

La passion de la gloire efface le mérite de la vertu.

« Il fault aller à la guerre pour son debvoir; et
« en attendre cette récompense, qui ne peult fail-
« lir à toutes belles actions pour occultes qu'elles
« soient, non pas mesme aux vertueuses pensées,
« c'est le contentement qu'une conscience bien
« reglee receoit, en soy, de bien faire. Il faut
« estre vaillant pour soy-mesme, et pour l'advan-
« tage que c'est d'avoir son courage logé en une
« assiette ferme et asseurée contre les assaults de
« la fortune.

Bien faire par devoir.

« Ce n'est pas pour la montre, que nostre ame
« doibt jouer son roolle; c'est chez nous, au
« dedans, où nuls yeulx ne donnent que les nos-
« tres; là elle nous couvre de la crainte de la mort,
« des douleurs et de la honte mesme; elle nous

L'âme doit jouer son rôle chez nous.

(1) Notre gloire, c'est le témoignage de notre conscience.

« asseure là de la perte de nos enfants, de nos
« amis et de nos fortunes ; et quand l'opportunité
« s'y presente, elle nous conduict aussi aux
« hazards de la guerre. *Non emolumento aliquo, sed
« ipsius honestatis decore* (1). (Cicéron). Ce proufit
« est bien plus grand et bien plus digne d'estre
« souhaité et esperé, que l'honneur de la gloire,
« qui n'est aultre chose qu'un favorable iugement
« qu'on faict de nous. (*De la gloire*, t. III, p. 391,
392 et 393.)

« *Ego hoc iudico, si quando turpe non sit, tamen non
« esse non turpe, quum id a multitudine laudetur* (2).
« (Cicéron). Null'art, nulle soupplesse d'esprit ne
« pourroit conduire nos pas à la suitte d'un guide
« desvoyé et si desreglé ; en cette confusion ven-
« teuse de bruicts, de rapports et opinions vul-
« gaires qui nous poulsent, il ne se peult establir
« aulcune route qui vaille. Ne nous proposons
« point une fin si flottante et volage : allons cons-
« tamment aprez la raison, que l'approbation pu-
« blicque nous suyve par là, si elle veult ; et,
« comme elle despend toute de la fortune, nous
« n'avons point loy de l'esperer plustost par aultre
« voye que par celle-là. Quand, pour sa droic-

Le chemin droit est encore le plus heureux et le plus utile.

(1) Non pour notre intérêt personnel, mais pour l'honneur attaché à la vertu (Cicéron).

(2) Quoiqu'une chose ne soit pas honteuse en elle-même, j'y trouve quelque chose de honteux si elle est louée par la multitude.

« ture, ie ne suyvrois le droict chemin, ie le suy-
« vrois pour avoir trouvé, par experience, qu'au
« bout du compte, c'est communément le plus
« heureux et le plus utile. *Dedit hoc providentia*
« *hominibus munus, ut honesta magis iuvarent* (1).
« (Quintilien). Le marinier ancien disoit ainsin à
« Neptune, en une grande tempeste : « O dieu,
« tu me sauveras, si tu veulx ; si tu veulx, tu me
« perdras ; mais si tiendray ie tousiours droict
« mon timon. » I'ay veu de mon temps mill'hom-
« mes souples, mestis, ambigus, et que nul ne
« doubtoit plus prudents mondains que moy, se
« perdre où ie me suis sauvé : *Risi successu posse*
« *carere dolos* (2). (Ovide). (*De la gloire*, t. III, p.
395 et 396.)

Etre droit, advienne que pourra.

« Comme elle nous remplit de crainte (la cons-
« cience), aussi faict-elle d'asseurance et de con-
« fiance ; et ie puis dire avoir marché en plusieurs
« hazards d'un pas plus ferme, en consideration de
« la secrette science que i'avois de ma volonté,
« et innocence de mes desseins. (*De la Conscience*,
t. II, p. 271.)

« Il n'est pareillement bonté qui ne resiouïsse
« une nature bien née, il y a, certes, ie ne sçais
« quelle congratulation de bien faire, qui nous

(1) C'est un bienfait de la providence des dieux, que les choses honnêtes sont aussi les plus utiles.
(2) J'ai ri de voir que la ruse échouait souvent.

« resiouït en nous mesmes, et une fierté gene-
« reuse qui accompaigne la bonne conscience.
« Une ame courageusement vicieuse se peult à
« l'adventure garnir de securité, mais de cette
« complaisance et satisfaction, elle ne s'en peult
« fournir. (*Du Repentir*, t. IV, p. 184.)

« Ces tesmoingnages de la conscience plaisent,
« et nous est grand benefice, que cette esiouïs-
« sance naturelle, et le seul payement qui iamais
« ne nous manque. (*Idem.*)

« Celuy qui cherche la gloire, bastit hors de
« soy, sur le rien et le vuide : il se faict serviteur
« et valet de l'inanité même. » (*Pensées détachées, de Raymond Sebon.*)

« Il est impossible de la faire égarer (notre
« obligation) de l'effacer, changer, corrompre, ou
« de la maintenir de faux ; car Dieu qui l'a escrite
« de sa saincte main s'est servi pour ce faire de
« papier et d'encre immortels. Il l'a escrite en
« nous, en nostre ame, en nostre corps, en chas-
« cune creature, et puis l'a couzue éternellement
« en la liasse du livre de nature, nous et tout le
« monde en rendons continuellement tesmoin-
« gnage, elle est ouverte, publicque et commune
« à tout chascun ; aussi est-ce l'obligation de
« l'univers et faicte à son occasion. » (*Pensées détachées de Raymond Sebon.*)

§

C'est en lui-même que l'homme doit trouver son juge, éclairé par la loi parfaite, telle qu'elle est comprise par la conscience dont l'idéal s'élève, à mesure que l'âme progresse. « Nous qui vivons une vie privée, dit Montaigne, debvons avoir estably un patron au dedans, auquel toucher nos actions; et, selon iceluy, nous caresser tantost, tantost nous chastier. » Mais la vie privée, n'est-elle pas plus ou moins la vie essentielle pour tous les hommes? Fussent-ils environnés d'une immense multitude, ils vivent seuls dans leur for intérieur, ainsi qu'ils meurent seuls. Et leur vie publique n'est intègre qu'autant que leur vie intime est forte et sincère. « Il n'y a que vous, dit Montaigne, qui sçache si vous estes lasche et cruel, ou loyal et devotieux; les aultres ne vous veoient point, ils vous devinent par coniectures incertaines, ils veoient non pas tant vostre nature que votre art. » En effet, l'homme n'est jamais entièrement lui-même en présence de ses semblables. Ce n'est pas qu'il songe toujours à feindre et à se faire passer pour meilleur qu'il n'est, mais le désir si naturel, et je dirai même si légitime, d'être estimé d'autrui fait qu'il contient naturellement ses mauvais instincts devant ceux qui peuvent voir son attitude et ses actes. La vie publique est certainement un soutien : l'amour de la gloire fait accomplir des actes héroïques dont le même homme serait peut-être incapable dans la vie privée. Que chacun de nous s'interroge soi-même. Qu'il se demande avec quelles impressions il a suivi sur la scène la représentation d'une grande et belle vie. Exalté par de nobles sentiments, et peut-être bien aussi par l'admiration et l'enthousiasme de la galerie, ne s'est-il pas dit : Je ferais de même ! Et de retour à la vie privée, ne s'est-il pas soustrait lâchement au premier et bien léger sacrifice exigé par le devoir de chaque jour ? Montaigne a trop bien peint la vertu parfaite, dans la pureté incorruptible d'une conscience droite, en opposition avec la vertu d'ostentation ; ses traits merveilleux nous touchent trop pour que nous ne croyions pas, qu'il les a trouvés dans la partie la plus intime et la plus idéale de son être. Que nous ayons, comme lui, « nos lois et notre cour pour iuger de nous », et que nous aspirions à « cette vie exquise qui se maintient en ordre iusques en son privé ! »

Aspirer à la pureté intérieure.
Avoir un idéal intérieur.

« Nous aultres principalement, qui vivons une
« vie privee, qui n'est en montre qu'à nous,
« debvons avoir estably un patron au dedans,
« auquel toucher nos actions ; et, selon iceluy,
« nous caresser tantost, tantost nous chastier. J'ay
« mes loix et ma cour pour iuger de moy, et m'y
« adresse plus qu'ailleurs ; ie restreinds bien selon
« aultruy mes actions, mais ie ne les estends que
« selon moy. Il n'y a que vous qui sçache si vous

« estes lasche et cruel, ou loyal et devotieux : les
« aultres ne vous veoient point, ils vous devinent
« par coniectures incertaines; ils veoient non tant
« vostre nature que votre art : par ainsi, ne vous
« tenez pas à leur sentence, tenez-vous à la vostre.
« *Tuo tibi iudicio est utendum... Virtutis et vitiorum,*
« *grave ipsius conscientiæ pondus est, quâ sublatâ,*
« *iacent omnia* (1). (Cicéron.)

« C'est une vie exquise, celle qui se maintient
« en ordre iusques en son privé. Chascun peult
« avoir part au bastelage, et representer un hon-
« neste personnage en l'eschaffaud; mais en de-
« dans et en sa poictrine, où tout nous est loisible,
« où tout est caché, d'y estre reglé, c'est le poinct.
« Le voisin degré, c'est de l'estre en sa maison,
« en ses actions ordinaires, desquelles nous n'avons
« à rendre raison à personne, où il n'y a point
« d'estude, point d'artifice; et pourtant Bias, pei-
« gnant un excellent estat de famille : « de
« laquelle, dit-il, le maistre soit tel au dedans par
« luy même, comme il est au dehors par la crainte
« de la loy et du dire des hommes, » et feut une
« digne parole de Julius Drusus aux ouvriers qui
« luy offroient, pour trois mille escus, mettre sa
« maison en tel poinct, que ses voisins n'y au-
« roient plus la veue qu'ils y avoient : « Je vous

Pureté intérieure.

(1) Servez-vous de votre propre jugement. Le témoignage intérieur que se rend le vice ou la vertu est d'un grand poids : ôtez la conscience aux hommes, tout le reste ne leur est rien. Cicéron, Tusculanes.

« en donneray, dict-il, six mille, et faictes que
« chascun y veoye de toutes parts. » (*Du Repentir*,
t. IV, p. 184, 185, 186, 187, 188.)

Devoirs plus âpres dans la vie retirée.

« Les vies retirees soustiennent par là, quoy
« qu'on die, des debvoirs autant ou plus aspres et
« tendus, que ne font les aultres vies, et les privez,
« dict Aristote, servent la vertu plus difficile-
« ment et haultement, que ne font ceulx qui sont
« en magistrat ; nous nous preparons aux occa-

La gloire soutient dans les actions éminentes.

« sions eminentes plus par gloire que par cons-
« cience. La plus courte façon d'arriver à la gloire,
« ce seroit faire pour la conscience ce que nous
« faisons pour la gloire ; et la vertu d'Alexandre
« me semble representer assez moins de vigueur
« en son theatre, que ne faict celle de Socrates en

Pureté intérieure.

« cette exercitation basse et obscure. Je con-
« ccois aysecment Socrates en la place d'Alexan-
« dre ; Alexandre en celle de Socrates, ie ne puis.
« Qui demandera à celuy-là ce qu'il sçait faire,
« il respondra : « subjuguer le monde, » qui le
« demandera à cettuy cy, il dira : « Mener l'hu-
« maine vie conformement à sa naturelle condi-
« tion ; » science bien plus generale, plus poisante
« et plus légitime.

La grandeur de l'âme s'exerce en la médiocrité.

« Le prix de l'âme ne consiste pas à aller hault
« mais ordonneement ; sa grandeur ne s'exerce
« pas en la grandeur, c'est en la médiocrité.
« Ainsi que ceulx qui nous iugent et touchent au
« dedans, ne font pas grand'recepte de la lueur de

« nos actions publicques, et veoient que ce ne sont
« que filets et poinctes d'eau fine reiaillies d'un
« fond au demourant limonneux et poisant : en
« pareil cas, ceulx qui nous iugent par cette brave
« apparence du dehors, concluent de mesme de
« nostre constitution interne ; et ne peuvent
« accoupler des facultez populaires et pareilles aux
« leurs, à ces aultres facultez qui les estonnent, si
« loing de leur visee. » (*Du Repentir*, t. IV,
p. 190 et 191.)

§

Montaigne cherche à nous prémunir contre la
manie de faire des choses extraordinaires, de « tirer
à mont et tirer avant, au lieu d'aimer mieulx les
choses moyennes ». Et, en cela, il nous rappelle la
recommandation de l'apôtre St-Paul : « N'aspirez
pas aux choses relevées ; mais marchez avec les
humbles ; ne présumez pas de vous-mêmes. » Il
nous montre la vraie grandeur dans la simplicité
de la vie, dont les moindres devoirs grandissent
sous l'inspiration d'un noble sentiment. Avec quelle
fine et pénétrante ironie Montaigne parle « de la
folie de ceulx qui veulent se mettre hors d'eulx et
eschapper à l'homme. » « Au lieu de se transformer en anges, dit-il, ils se transforment en
bestes ; au lieu de se haulser, ils s'abbattent. C'est
une absolue perfection et comme divine de sçavoir
iouïr loyalement de son estre. » Et pour nous faire

mieux comprendre la beauté des allures naturelles de l'âme, il met de nouveau sous nos yeux la vie de Socrate, qui n'est « ny eslevee, ny riche, mais saine, mais certes d'une bien alaigre et nette santé. C'est luy, dit-il, qui ramena du ciel, où elle perdoit son temps, la sagesse humaine, pour la rendre à l'homme. » La seule chose qui lui soit « fascheuse à digerer en la vie de Socrate, ce sont ses ecstases et ses daimoneries. » Mais peut-être Socrate a-t-il puisé, dans ces extases mêmes, ce que Montaigne admire, savoir, « sa patience contre la calomnie, la tyrannie, la mort, et contre la teste de sa femme. » Nous avons le droit de douter du scepticisme de Montaigne à cet égard, en lisant dans le chapitre des prognostications : « En une
« ame bien espuree comme celle de Socrate, et
« preparee par continuel exercice de sagesse et de
« vertu, il est vraysemblable que ces inclinations,
« quoique temeraires et indigestes, estoient tous-
« iours importantes et dignes d'estre suyvies.
« Chascun sent en soy quelque image de telles
« agitations d'une opinion prompte, vehemente et
« fortuite : c'est à moy de leur donner quelque
« auctorité, qui en donne si peu à nostre prudence,
« et en ay eu de pareillement foibles en raison et
« violentes en persuasion, ou en dissuasion qui
« estoient plus ordinaires à Socrates, auxquelles ie
« me suis laissé emporter si utilement et heureu-
« sement qu'elles pourroient estre iugees tenir
« quelque chose d'inspiration divine. » Quand on

parle de la vie de l'âme avec le sentiment profond de Montaigne, on ne peut être éloigné de celui qui en est le principe et la fin.

« La grandeur de l'ame n'est pas tant, tirer à
« mont, et tirer avant, comme sçavoir se iuger et
« circonscrire : elle tient pour grand tout ce qui
« est assez ; et montre sa haulteur à aimer mieulx
« les choses moyennes que les eminentes. Il n'est
« rien si beau et legitime que de faire bien l'homme
« et deuement ; ny science si arduc que de bien et
« naturellement sçavoir vivre cette vie ; et de nos
« maladies la plus sauvage, c'est mespriser nostre
« estre. (*De l'expérience*, t. V, p. 220.) *Simplicité.*

« Ils veulent se mettre hors d'eulx et eschapper
« à l'homme ; c'est folie. Au lieu de se trans-
« former en anges, ils se transforment en bestes ;
« au lieu de se haulser, ils s'abbattent. Ces hu-
« meurs transcendantes m'effrayent, comme les
« lieulx haultains et inaccessibles ; et rien ne
« m'est fascheux à digerer en la vie de Socrates,
« que ses ecstases et ses daimoneries ; rien n'est
« si humain en Platon que ce pour quoy ils disent
« qu'on l'appelle divin. (*Idem*, p. 230.)

« C'est une absolue perfection et comme di-
« vine, de sçavoir iouïr loyalement de son estre.
« Nous cherchons d'aultres conditions, pour n'en-
« tendre l'usage des nostres ; et sortons hors de

« nous, pour ne savoir quel il y faict. Si avons
« nous beau monter sur des eschasses ; car, sur
« des eschasses, encore fault-il marcher de nos
« iambes. Les plus belles vies sont, à mon gré,
« celles qui se rengent au modele commun et hu-
« main avecques ordre, mais sans miracle et sans
« extravagance. (*Idem*, p. 231.)

Sagesse simple de Socrate.

« Il est bien advenu que le plus digne homme
« d'estre cogneu et d'estre presenté au monde
« comme exemple, ce soit celuy duquel nous
« ayons plus certaine cognoissance ; il a esté es-
« clairé par les plus clairvoyants hommes qui feu-
« rent oncques ; les tesmoings que nous avons de
« luy sont admirables en fidélité et en suffisance.
« C'est grand cas, d'avoir peu donner tel ordre

Socrate a rendu un grand service à la nature humaine en lui montrant ce qu'elle peut. Sa patience contre la calomnie, la tyrannie, la mort et la tête de sa femme.

« aux pures imaginations d'un enfant, que, sans
« les alterer ou estirer, il en ayt produict les plus
« beaux effects de nostre ame : il ne la represente
« ni eslevee, ni riche ; il ne la represente que
« saine, mais certes d'une bien alaigre et nette
« santé. Par ces vulgaires ressorts et naturels, par
« ces fantasies ordinaires et communes, sans s'es-
« mouvoir et sans se picquer, il dresse non seule-
« ment les plus reglees, mais les plus haultes et
« vigoreuses creances, actions et mœurs qui feu-
« rent oncques. C'est luy qui ramena du ciel, où
« elle perdoit son temps, la sagesse humaine, pour
« la rendre à l'homme, où est sa plus iuste et plus
« laborieuse besongne et plus utile. Voyez-le

« plaider devant ses iuges ; voyez par quelles rai-
« sons il esveille son courage aux hazards de la
« guerre ; quels arguments fortifient sa patience
« contre la calomnie, la tyrannie, la mort, et contre
« la teste de sa femme ; il n'y a rien d'emprunté
« de l'art et des sciences ; les plus simples y reco-
« gnoissent leurs moyens et leur force ; il n'est
« possible d'aller plus arrière et plus bas. Il a faict
« grande faveur à l'humaine nature, de montrer
« combien elle peult d'elle-mesme. » (*De la physionomie*, tome V, p. 69 et 70.)

§

En nous parlant du « plaisir divin et parfaict » qui se trouve dans la recherche même de la vertu, Montaigne persiste avec une fine malice à se servir du mot volupté, « qui est si fort à contrecœur » aux adversaires d'Epicure. On a peine à comprendre, en effet, à moins d'exclure comme Kant tout sentiment de joie de la pratique de la vertu, que le mot de volupté ait pu choquer même les stoïciens les plus austères. Les anciens désignaient par « voluptas » la joie, la satisfaction et la consolation de l'âme ; et quand Cicéron a voulu donner à ce mot une acception inférieure, il a dit « voluptas corporis. » De même qu'il y a des plaisirs, des joies, des bonheurs de toute nature, il y a aussi des voluptés plus ou moins pures, profondes et vraies. Et nous disons avec Montaigne : « Si ce

mot signifie quelque suprême plaisir et quelque
excessif contentement, il est mieulx deu à l'assistance de la vertu qu'à nulle aultre assistance. Cette
volupté, pour estre plus gaillarde, nerveuse, robuste, virile, n'en est que plus serieusement voluptueuse ; et luy debvrions donner le nom de
plaisir, plus favorable, plus doulx et naturel, non
celuy de la vigueur, duquel nous l'avons denommee. » Il nous semble difficile de nier que le
plaisir est notre but et que nous le cherchons toujours naturellement, même lorsque notre âme,
subjuguée par l'attrait de la vertu, s'y donne tout
entière. Quand les stoïciens et les épicuriens renon-
çaient à certains plaisirs pour aller au-devant de la
douleur, ne trouvaient-ils pas dans cette force
d'âme extraordinaire des plaisirs plus excellents, où
la satisfaction de l'orgueil avait peut-être sa part ?
Et le disciple de Christ ne puise-t-il pas dans le
renoncement d'austères et saintes voluptés ? Nous
nous demandons pourquoi Montaigne est accusé
d'être trop épicurien. Serait-ce parce qu'il affirme
que les difficultés mêmes de la vertu « anoblissent, aiguisent et rehaulsent le plaisir divin et parfaict qu'elle nous donne ? » S'il en est ainsi, nous
souhaitons que tous les hommes soient assez épicuriens pour dire, par expérience, avec Montaigne :
« L'heur et la beatitude qui reluit en la vertu,
remplit toutes ses appartenances et advenues, iusques à la premiere entree, et extreme barriere. »

« Toutes les opinions du monde en sont là, que
« le plaisir est nostre but ; quoy qu'elles en pren-
« nent divers moyens ; aultrement on les chas-
« seroit d'arrivee ; car qui escouteroit celuy qui,
« pour sa fin, establiroit nostre peine et mesaise ?
« Les dissensions des sectes philosophiques en ce
« cas sont verbales ; *transcurramus solertissimas*
« *nugas* (1); il y a plus d'opiniatreté et de patience
« qu'il n'appartient à une si saincte profession ;
« mais quelque personnage que l'homme entre-
« prenne, il ioue toujours le sien parmy.

« Quoy qu'ils disent, en la vertu mesme, le der-
« nier but de nostre visee, c'est la volupté. Il me
« plaist de battre leurs aureilles de ce mot qui leur
« est si fort à contrecœur ; et s'il signifie quelque
« supreme plaisir et quelque excessif contente-
« ment, il est mieulx deu à l'assistance de la vertu
« qu'à nulle aultre assistance. Cette volupté, pour
« estre plus gaillarde, nerveuse, robuste, virile,
« n'en est que plus serieusement voluptueuse ;
« et luy debvrions donner le nom du plaisir, plus
« favorable, plus doulx et naturel, non celuy de
« la vigueur, duquel nous l'avons denommee.
« Cette autre volupté plus basse, si elle meritoit ce
« beau nom, ce debvroit estre en concurrence, non
« par privilege ; ie la treuve moins pure d'incom-
« moditez et de traverses que n'est la vertu ; oultre
« que son goust est plus momentané, fluide et

Dans la vertu est le plaisir.

Les plaisir est notre but.

La volupté de la vertu est plus robuste et virile que toute autre.

(1) Ne nous arrêtons pas à ces subtilités frivoles. SÉNÈQUE.

« caducque, elle a ses veilles, ses ieusnes et ses tra-
« vaulx, et la sueur et le sang, et en oultre parti-
« culièrement ses passions trenchantes de tant de
« sortes, et à son costé une satieté si lourde,
« qu'elle equipolle à penitence. Nous avons grand
« tort d'estimer que ces incommoditez luy servent
« d'aiguillon, et de condiment à sa doulceur
« (comme en nature le contraire se vivifie par son
« contraire); et de dire, quand nous venons à la
« vertu, que pareilles suittes et difficultez l'acca-
« blent et la rendent austère et inaccessible ; là où,
« beaucoup plus proprement qu'à la volupté, elles
« anoblissent, aiguisent et rehaulsent le plaisir
« divin et parfaict qu'elle nous moyenne. Celuy-là
« est certes bien indigne de son accointance, qui
« contrepoise son coust à son fruict, et n'en co-
« gnoist ny les graces ny l'usage. Ceulx qui nous
« vont instruisant que sa queste est scabreuse et
« laborieuse, sa iouïssance agréable; que nous
« disent-ils par là, sinon qu'elle est touiours desa-
« greable ? Car quel moyen humain arriva iamais
« à sa iouïssance ? Les plus parfaicts se sont bien
« contentez d'y aspirer et de l'approcher, sans la
« posseder. Mais ils se trompent ; veu que de touts
« les plaisirs que nous cognoissons, la poursuite
« mesme en est plaisante : l'entreprinse se sent de
« la qualité de la chose qu'elle regarde, car c'est
« une bonne portion de l'effect, et consubstantielle.

« L'heur et la beatitude qui reluit en la vertu
« remplit toutes ses appartenances et advenues,

Dans la vertu est le plaisir.

Les difficultés de la vertu ennoblissent et rehaussent son plaisir divin et parfait.

« iusques à la première entrée, et extrême bar-
« rière. (*Que philosopher, c'est apprendre à mourir.*
T. I, p. 156-158).

« Ce sont les actions vertueuses de l'homme
« qui doivent embellir l'univers ; car il n'a pas son
« liberal arbitre pour ne rien faire, mais pour ne
« faire pas mal. » (*Pensées détachées de Raymond
Sebon.*)

CHAPITRE III

SINCÉRITÉ — VÉRACITÉ — DROITURE
LOYAUTÉ

La vertu est une, mais ses manifestations sont infiniment diverses dans la vie extérieure, sur laquelle la parole et la conduite d'autrui exercent une si grande influence. La sincérité et la droiture de la vie intime ne sauraient se démentir dans les rapports de la vie sociale. Quiconque est sincère avec soi-même, l'est également dans toutes ses relations avec les autres hommes. La même force d'âme qui lui fait écarter les subterfuges de l'orgueil et les duplicités de l'égoïsme pour se juger selon la loi parfaite, l'élève aussi au-dessus de l'opinion et le rend inaccessible à toutes les bassesses qu'entraînent l'amour excessif de la popularité et le désir de ménager ses intérêts. La même vigilance scrupuleuse qui bannit de son âme les pensées et les sentiments contraires à sa dignité, s'exerce aussi sur ses paroles et ses actes pour les rendre conformes à la vérité et à la justice. C'est une règle excellente que celle que Montaigne s'impose à lui-même, savoir « de s'ordonner d'oser dire tout ce qu'il ose faire » ; mais il nous semble que la crainte de déchoir dans notre propre opinion et surtout de dégrader en nous l'image de Dieu, est un frein plus digne de notre âme que la crainte de perdre l'estime des autres hommes, fussent-ils les plus parfaits. Sans doute, l'approbation de ceux que nous respectons est un grand soutien, surtout au début de la vie morale ; car elle nous aide à mieux comprendre et aimer la loi morale. Mais il faut que nous apprenions à nous passer d'appuis et que nous marchions seuls. Pour que nous en devenions capables, il faut que la loi morale soit gravée dans notre conscience et dans notre cœur, et que nous soumettions sans cesse notre vie à ce jug impartial, incorruptible et toujours présent. Sûrs de son approbation, nous ne recherchons ni ne fuyons le jugement public. Le redouter, c'est une lâcheté qui indique une conscience chargée. « La pire de mes actions et conditions, dit Montaigne, ne me semble pas si laide, comme ie treuve laid et lasche de ne l'oser advouer. » Et cette pensée est exprimée avec plus de force et de clarté encore dans ces paroles : « Que peult-on imaginer plus vilain que d'estre couard à l'endroict des hommes, et brave à l'endroict de Dieu ? » La loi morale n'est vengée en celui qui l'a transgressée, que s'il souffre davantage de la flétrissure de sa conscience que de celle de l'opinion. Eviter le mal pour s'épargner la honte de l'avouer, c'est le fait d'un enfant, non celui d'un homme. Aussi ne croyons-nous pas avec Montaigne que la hardiesse de faillir puisse être compensée et bridée par la hardiesse de le confesser. Mais nous admirons le sentiment généreux qui lui dicte ces paroles : « Dieu veuille que cet excez de ma licence attire nos hommes iusques à la liberté, par dessus ces vertus couardes et mineuses, nees de nos imperfections ! qu'aux despens de mon immoderation, ie les attire iusques au poinct de la raison ! »

Sincérité dans l'étude de soi-même.

« Au reste, ie me suis ordonné d'oser dire tout
« ce que i'ose faire ; et me desplais des pensees
« mesmes impubliables ; la pire de mes actions et
« conditions ne me semble pas si laide, comme ie
« treuve laid et lasche de ne l'oser advouer. Chas-
« cun est discret en la confession, on le debvroit
« estre en l'action ; la hardiesse de faillir est aul-
« cunement compensee et bridee par la hardiesse
« de le confesser ; qui s'obligeroit à tout dire, s'o-
« bligeroit à ne rien faire de ce qu'on est contrainct

Etre discret dans l'action non dans la confession.
S'obliger à tout dire pour s'obliger à ne rien faire qu'on soit contraint de taire.

« de taire. Dieu veuille que cet excez de ma licence
« attire nos hommes iusques à la liberté, par dessus
« ces vertus couardes et mineuses, nees de nos
« imperfections ! Qu'aux despens de mon immo-
« deration, ie les attire iusques au poinct de la
« raison ! Il fault veoir son vice et l'estudier, pour
« le redire ; ceulx qui le celent à aultruy le celent
« ordinairement à eulx-mesmes ; et ne le tiennent
« pas pour assez couvert, s'ils le veoyent ; ils le
« soubstraient et desguisent à leur propre con-

SINCÉRITÉ, VÉRACITÉ, DROITURE, LOYAUTÉ

« science ; *quare vitia sua nemo confitetur ? quia
« etiam nunc in illis est : somnium narrare, vigilan-
« tis est* (1). (Sénèque). Les maulx du corps s'es-
« claircissent en augmentant ; nous trouvons que
« c'est goutte, ce que nous nommions rheume ou
« fouleure ; les maulx de l'ame s'obscurcissent en
« leur force, le plus malade les sent le moins ; voilà
« pourquoy il les fault souvent remanier, au jour,
« d'une main impiteuse, les ouvrir, et arracher du
« creux de nostre poictrine. Comme en matière de
« bienfaicts, de mesme en matière de mesfaicts,
« c'est, parfois, satisfaction que la seule confes-
« sion. Est-il quelque laideur au faillir qui nous
« dispense de nous en debvoir confesser ? » (*Sur
des vers de Virgile*, t. IV, p. 262 et 263.)

« Par cette proportion, ie me feusse treuvé grand —*Droiture.*
« et rare ; comme ie me treuve pygmee et popu-
« laire, à la proportion d'aulcuns siècles passez,
« ausquels il estoit vulgaire, si d'aultres plus fortes
« qualitez n'y concurroient, de veoir un homme
« moderé en ses vengeances, mol au ressentiment
« des offenses, religieux en l'observance de sa pa-
« role, ny double, ny souple, ny accommodant sa
« foy à la volonté d'aultruy et aux occasions ;
« plustost lairrois-ie rompre le col aux affaires, —*Lâcheté de*
« que de tordre ma foy pour leur service. Car, *la dissimula-*
tion et de la
feinte.

(1) D'où vient que personne ne confesse ses vices ?
c'est qu'il en est encore esclave. Il faut être éveillé
pour raconter ses songes.

« quant à cette nouvelle vertu de feinctise et dis-
« simulation, qui est à cette heure si fort en credit,
« je la hais capitalement; et de touts les vices,
« ie n'en treuve aulcun qui tesmoigne tant de las-
« cheté et bassesse de cœur. C'est une humeur
« couarde et servile de s'aller desguiser et cacher
« soubs un masque, et de n'oser se faire veoir tel
« qu'on est : par là nos hommes se dressent à la
« perfidie ; estant duicts à produire des paroles
« faulses, ils ne font pas conscience d'y manquer.
« Un cœur genereux ne doibt point desmentir ses
« pensees ; il se veult faire veoir iusques au de-
« dans ; tout y est bon, ou au moins tout y est

Droiture. « humain. Aristote estime office de magnani-
« mité, haïr et aimer à descouvert ; iuger, parler
« avecques toute franchise, et, au prix de la verité,
« ne faire cas de l'approbation ou reprobation
« d'aultruy. Apollonius disoit que « c'estoit aux

Véracité « serfs de mentir, et aux libres de dire vérité. »
première et « C'est la premiere et fondamentale partie de la
fondamentale « vertu ; il la fault aimer pour elle mesme. Celuy
partie de la
vertu. « qui dict vray, parce qu'il y est d'ailleurs obligé,
« et parce qu'il sert, et qui ne craint point à dire
« mensonge, quand il n'importe à personne, il
« n'est pas veritable suffisamment. Mon ame, de
« sa complexion, refuyt la menterie, et hait mesme
« à la penser ; i'ay une intime vergongne et un
« remords picquant, si parfois elle m'eschappe ;
« comme parfois elle m'eschappe, les occasions
« me surprenant et agitant impremeditement. Il ne

« fault pas tousiours dire tout, car ce seroit sot-
« tise ; mais ce qu'on dict, il fault qu'il soit tel
« qu'on le pense; aultrement, c'est meschanceté.
« Ie ne sçais quelle commodité ils attendent de se
« feindre et contrefaire sans cesse, si ce n'est de
« n'en estre pas creus lors mesmes qu'ils disent
« verité; cela peult tromper une fois ou deux les
« hommes; mais de faire profession de se tenir
« couvert, et se vanter, comme ont faict aulcuns
« de nos princes, que « ils iecteroient leur chemise
« au feu, si elle estoit participante de leurs vrayes
« intentions », qui est un mot de l'ancien Me-
« tellus Macedonicus ; et publier que « qui ne
« sçait se feindre, ne sçait pas regner », c'est tenir
« advertis ceulx qui ont à les practiquer, que ce *Droiture.*
« n'est que piperie et mensonge qu'ils disent :
« *quo quis versutior et callidior est, hoc invisior et*
« *suspectior, detractâ opinione probitatis* (1). Ce seroit
« une grande simplesse à qui se lairroit amuser ny
« au visage, ny aux paroles de celuy qui faict estat
« d'estre tousiours aultre au dehors qu'il n'est au
« dedans, comme faisoit Tibère. Et ne sçais quelle
« part telles gents peuvent avoir au commerce des
« hommes, ne produisant rien qui soit receu pour
« comptant : qui est desloyal envers la verité, l'est
« aussi envers le mensonge. (*De la presumption,*
t. III, p. 440, 441, 442.)

(1) Plus un homme est fin et adroit, plus il est odieux et suspect, lorsqu'il vient à perdre la réputation d'homme de bien. CICÉRON, *des Devoirs.*

> « Or, de moy, i'aime mieulx estre importun et
> « indiscret, que flatteur et dissimulé. l'advoue
> « qu'il se peult mesler quelque poincte de fierté

Liberté de Montaigne avec les grands.

> « et d'opiniastreté, à se tenir ainsin entier et ou-
> « vert comme ie suis, sans consideration d'aultruy,
> « et me semble que ie deviens un peu plus libre
> « où il le fauldroit moins estre, et que ie m'es-
> « chauffe par l'opposition du respect : il peult estre
> « aussi que ie me laisse aller aprez ma nature, à
> « faulte d'art. Presentant aux grands cette mesme
> « licence de langue et de contenance que i'apporte
> « de ma maison, ie sens combien elle decline vers

Embarras de la feinte.

> « l'indiscretion et incivilité ; mais, oultre ce que
> « ie suis ainsi faict, ie n'ay pas l'esprit assez souple
> « pour gauchir à une prompte demande et pour en
> « eschapper par quelque destour, ny pour feindre
> « une verité, ny assez de memoire pour la retenir
> « ainsi feincte, ny certes assez d'asseurance pour la
> « maintenir, et fays le brave par foiblesse ; pour-
> « quoi ie m'abandonne à la naïveté, et à tousiours
> « dire ce que ie pense, et par complexion et par des-
> « seing, laissant à la fortune d'en conduire l'eve-
> « nement. Aristippus disoit « le principal fruict
> « qu'il eust tiré de la philosophie, estre qu'il par-
> « loit librement et ouvertement à chascun. » (*Id.,
> de la presumption,* p. 444, t. III.)

§

Montaigne semble croire qu'il y a peu de gens qui soient vrais en parlant d'eux-mêmes. « Mais à qui croirons-nous parlant de soy, dit-il, en une saison si gastee? Veu qu'il en est peu, ou point, à qui nous puissions croire parlant d'aultruy, où il y a moins d'interest à mentir. » Cette parole nous montre aussi que celui qui a le courage d'être sincère avec soi, a la fermeté nécessaire pour rendre témoignage à la vérité en toutes circonstances. Mais « l'estre veritable, comme disait Pindare, est le commencement d'une grande vertu. » En effet, la véracité fait supposer toutes les vertus qui font la grandeur de l'âme. Il y a des natures en qui la haine du mensonge et de la duplicité semble innée; alors, toutes les généreuses audaces semblent couler de source; mais, quelle que soit leur fermeté dans la vérité, ces forts connaissent aussi la lutte, et la vie leur réserve de formidables adversaires : s'ils sont plus rarement tentés, parce que leur âme est inaccessible aux petites choses, leurs tentations sont d'autant plus fortes. Nous comprenons donc, ainsi que nous le rappelle Montaigne, pourquoi « l'estre veritable est le premier article que Platon demande au gouverneur de sa république. » La droiture est, en effet, l'indice d'une âme maîtresse d'elle-même et capable de diriger les autres et de développer en eux toute la vertu dont ils sont capables. L'odieuse maxime : « Qui ne sait pas dissimuler, ne sait pas régner », ne trouve plus beaucoup de défenseurs; mais est-elle bannie pour cela de la conduite des affaires humaines? La fausseté des gouvernants n'engendre-t-elle pas trop souvent celle des gouvernés, qui répondent à la défiance et à la feinte par la servilité et peut-être même la délation ? Même dans une condition obscure, tout homme qui ne se respecte pas assez pour respecter la vérité, non seulement abaisse son propre caractère, mais il porte préjudice à la vie morale de ceux qui sont en rapport avec lui. « Nostre intelligence, dit Montaigne, se conduisant par la seule voye de la parole, celuy qui la faulse trahit la societé publicque ; c'est le seul util par le moyen duquel se communiquent nos volontez et nos pensees, c'est le truchement de nostre ame ; s'il nous fault, nous ne nous tenons plus, nous ne nous entrecognoissons plus ; s'il nous trompe, il rompt tout nostre commerce, et dissoult toutes les liaisons de nostre police. » Il est impossible de mieux montrer que toute notre vie sociale repose sur la foi dans la vérité et sur la fidélité de ceux qui en sont les interprètes, c'est-à-dire tous les hommes.

Nous sommes humiliée de l'opinion que Montaigne nous rapporte d'un ancien sur nos ancêtres, en y ajoutant la sanction de son propre témoignage. « Salvianus Massiliensis, qui estoit du temps de l'empereur Valentinian, dict qu'aux François le mentir et se pariurer n'est pas vice, mais une façon de parler. » « Qui vouldroit, ajoute Montaigne, encherir sur ce tesmoignage, il pourroit dire que ce leur est à present vertu ; on s'y forme, on s'y façonne, comme à un exercice d'honneur; car la dissimulation est des plus notables qualitez de ce siècle. » Nous sommes confuse et contrite de ce jugement porté sur les Français par un des plus profonds psychologues. Sans doute la vanité, le désir de plaire et la vivacité d'esprit entraînent facilement au mensonge. Mais nous ne pouvons croire que les Français en soient d'autant plus coutumiers qu'ils se sentent « plus aigrement offensez du reproche de ce vice que de nul aultre. » Il est, en effet, « naturel de se deffendre le plus des defauts de quoy nous sommes les plus entachez; il semble qu'en nous ressentants de l'accusation et nous en esmouvants, nous nous deschargeons aulcunement de la coulpe; si nous l'avons par effect, au moins nous la condamnons par apparence. » Mais Montaigne aurait observé le même vice dans toute autre société que la sienne; et s'il le reproche rudement à celle-ci, comme lui étant plus ordinaire, c'est qu'il en a plus souffert et que son âme droite et généreuse souhaite plus ardemment à sa nation la vraie grandeur, qui ne se trouve que dans la vérité et la justice.

Véracité.

« Mais à qui croirons-nous parlant de soy, en
« une saison si gastee? veu qu'il en est peu, ou
« point, à qui nous puissions croire parlant d'aul-
« truy, où il y a moins d'interest à mentir. Le pre-
« mier traict de la corruption des mœurs, c'est le
« bannissement de la verité : car, comme disoit
« Pindare, l'estre veritable est le commencement
« d'une grande vertu, et le premier article que

Bannissement de la vérité, premier trait de la corruption des mœurs.

« Platon demande au gouverneur de sa republi-
« que. Nostre verité de maintenant, ce n'est pas
« ce qui est, mais ce qui se persuade à aultruy :
« comme nous appelons monnoye, non celle qui
« est loyale seulement, mais la faulse aussi qui a
« mise. Nostre nation est de long temps repro-
« chee de ce vice ; car Salvianus Massiliensis, qui
« estoit du temps de l'empereur Valentinian, dict
« qu'aux François le mentir et se pariurer n'est
« pas vice, mais une façon de parler. » Qui voul-
« droit encherir sur ce tesmoignage, il pourroit
« dire que ce leur est à present vertu : on s'y
« forme, on s'y façonne, comme à un exercice
« d'honneur ; car la dissimulation est des plus
« notables qualitez de ce siecle.

« Ainsi, i'ay souvent consideré d'où pouvoit
« naistre cette coustume, que nous observons si
« religieusement, de nous sentir plus aigrement
« offensez du reproche de ce vice, qui nous est si
« ordinaire, que de nul aultre ; et que ce soit l'ex-
« treme iniure qu'on nous puisse faire de parole
« que de nous reprocher le mensonge : sur cela,
« ie treuve qu'il est naturel de se deffendre le plus
« des defaults de quoy nous sommes les plus enta-
« chez ; il semble qu'en nous ressentants de l'ac-
« cusation et nous en esmouvants, nous nous des-
« chargeons aulcunement de la coulpe ; si nous
« l'avons par effect, au moins nous la condam-
« nons par apparence. Seroit-ce pas aussi que ce
« reproche semble envelopper la couardise et las-

« cheté de cœur ? en est-il de plus expresse que se
« desdire de sa parole ? quoi ! se desdire de sa
« propre science ? C'est un vilain vice que le men-
« tir, et qu'un ancien peinct bien honteusement,
« quand il dict que « c'est donner tesmoignage
« de mespriser Dieu, et quant et quant de crain-
« dre les hommes : » il n'est pas possible d'en
« representer plus richement l'horreur, la vilité,
« et le desreglement ; car que peut-on imaginer
« plus vilain que d'estre couard à l'endroict des
« hommes, et brave à l'endroict de Dieu ? Nostre
« intelligence se conduisant par la seule voye de
« la parole, celuy qui la faulse trahit la societé
« publicque ; c'est le seul util par le moyen duquel
« se communiquent nos volontez et nos pensées,
« c'est le truchement de nostre ame ; s'il nous
« fault, nous ne nous tenons plus, nous ne nous
« entrecognoissons plus ; s'il nous trompe, il
« rompt tout nostre commerce, et dissoult toutes
« les liaisons de nostre police. » (*Du desmentir*,
t. III, p. 477, 478 et 479).

Lâcheté du mensonge qui détruit toutes les relations sociales.

« En verité, le mentir est un mauldict vice.
« Nous ne sommes hommes, et ne nous tenons
« les uns aux aultres, que par la parole. Si nous en
« cognoissions l'horreur et le poids, nous le pour-
« suivrions à feu, plus iustement que d'aultres cri-
« mes. » (*Des menteurs*, t. I, p. 3).

§

L'amour sincère de la vérité dispose l'âme à la recevoir, sous quelque forme qu'elle se présente, indépendamment de celui qui la transmet. Montaigne nous le peint sous les traits les plus vifs et les plus frappants : « Je festoye, dit-il, et caresse
« la verité en quelque main que ie la treuve, et
« m'y rends alaigrement, et luy tends mes armes
« vaincues, de loing que ie la veois approcher ; et,
« pourveu qu'on n'y procede point d'une trongne
« trop imperieusement magistrale, ie prends plai-
« sir à estre reprins, et m'accommode aux accusa-
« teurs, souvent plus par raison de civilité, que
« par raison d'amendement, aimant à gratifier et
« à nourrir la liberté de m'advertir, par la facilité
« d'y ceder ; ouy, à mes despens. » On serait presque tenté de trouver cet empressement trop désintéressé ; mais en y réfléchissant davantage, on sent bien qu'il se mêle à cette simplicité si prompte à accueillir le jugement d'autrui, la ferme indépendance d'une âme qui se connaît elle-même et s'élève par sa droiture au-dessus de l'opinion dont elle n'accepte en réalité que ce qui est d'accord avec sa conscience. « Ie ne donne à sa reprehension
« que l'auctorité que ie veulx, » dit Montaigne. C'est donc en lui-même qu'est son juge. Plus il se soumet à ses sentences équitables dans leurs rigueurs mêmes, plus il a de sérénité en face de la

justice humaine. Le noble courage qui le fait aller au-devant de la réprimande, lui aide aussi à braver la colère de ceux qu'il reprend. « Les hommes « n'ont pas le courage de corriger, dit Montaigne, « parce qu'ils n'ont pas le courage de souffrir de « l'estre ; et parlent tousiours avec dissimulation « en presence les uns des aultres. »

Il n'est pas étonnant que Montaigne haïsse à mort le flatteur, et que la crainte de blesser la vérité le rende sobre de paroles. Un trait caractéristique de son attrayante physionomie, c'est une réserve plus grande à l'égard de ceux à qui il s'est le plus donné ; « il me semble, dit-il, qu'ils le « doibvent lire en mon cœur, et que l'expression « de mes paroles faict tort à ma conception. » Quelle délicatesse on devine dans cette âme dont la pudeur voile les plus doux sentiments ! Quelle fierté aussi dans ce dédain des paroles là où le sentiment est le plus sincère ! Nous ne sommes plus étonné des iugements qui ont été portés sur Montaigne : il est de ceux que le vulgaire voit tous les jours sans les connaître jamais, parce que leur plus grande valeur est dans ce qu'ils sont, non dans ce qu'ils font.

« Je festoye et caresse la verité en quelque *Bonne foi* « main que ie la treuve, et m'y rends alaigrement, « et lui tends mes armes vaincues, de loing que « ie la veois approcher ; et, pourveu qu'on n'y *Amour de la* « procede point d'une trongne trop imperieuse- *vérité.* « ment magistrale, ie prends plaisir à estre re-

Celui qui aime à être repris, a aussi le courage de corriger.

« prins, et m'accommode aux accusateurs, sou-
« vent plus par raison de civilité, que par raison
« d'amendement, aimant à gratifier et à nourrir la
« liberté de m'advertir, par la facilité de ceder ;
« ouy, à mes despens. Toutefois il est, certes,
« malayse d'y attirer les hommes de mon temps :
« ils n'ont pas le courage de corriger, parce qu'ils
« n'ont pas le courage de souffrir de l'estre ; et
« parlent tousiours avec dissimulation en presence
« les uns des aultres. Ie prends si grand plaisir
« d'estre iugé et cogneu, qu'il m'est comme indif-
« ferent en quelle des deux formes ie le sois ; mon
« imagination se contredict elle-mesme si souvent
« et condamne, que ce m'est tout un qu'un aultre
« le face, veu principalement que ie ne donne à
« sa reprehension que l'auctorité que ie veulx ;
« mais je romps paille avec celuy qui se tient si
« hault à la main, comme i'en cognois quelqu'un
« qui plaint son advertissement s'il n'en est
« creu, et prend à iniure si on estrive à le suyvre.
« Ce que Socrates recueilloit, tousiours riant, les
« contradictions qu'on foisoit à son discours, on
« pourroit dire que sa force en estoit cause ; et
« que l'advantage ayant à tumber certainement de
« son costé, il les acceptoit comme matiere de
« nouvelles victoires. Toutesfois, nous voyons,
« au rebours, qu'il n'est rien qui nous y rende le
« sentiment si delicat, que l'opinion de la preemi-
« nence, et le desdaing de l'adversaire ; et que
« par raison, c'est un foible plustost d'accepter de

« bon gré les oppositions qui le redressent et
« rabillent. Ie cherche, à la verité, plus la frequen-
« tation de ceulx qui me gourment, que de ceulx
« qui me craignent : c'est un plaisir fade et nui-
« sible d'avoir affaire à gents qui nous admirent
« et facent place; Antisthènes commanda à ses
« enfants « de ne sçavoir iamais gré ny grace à
« homme qui les louast. » Ie me sens bien plus
« fier de la victoire que ie gaigne sur moy,
« quand, en l'ardeur mesme du combat, ie me
« fois plier soubs la force de la raison de mon
« adversaire, que ie ne me sens gré de la victoire
« que ie gaigne sur luy par sa foiblesse : enfin, ie
« receois et advoue toute sorte d'attainctes qui
« sont de droict fil, pour foibles qu'elles soient;
« mais ie suis par trop impatient de celles qui se
« donnent sans forme. » (*De l'art de conferer*,
t. IV, p. 424, 425, 426).

Fuir la louange.

« Je hais à mort de sentir le flatteur : qui faict
« que ie me iecte naturellement à un parler sec,
« rond et crud, qui tire, à qui ne me cognoist
« d'ailleurs, un peu vers le desdaigneux. I'honore
« le plus ceulx que i'honore le moins ; et, où mon
« ame marche d'une grande alaigresse, i'oublie les
« pas de la contenance ; et m'offre maigrement et
« fierement à ceulx à qui ie suis, et me presente
« moins à qui ie me suis le plus donné ; il me
« semble qu'ils le doibvent lire en mon cœur, et
« que l'expression de mes paroles faict tort à ma

Sincérité.

Haine de la flatterie.

6.

Sobriété de paroles.

« conception. A bienveigner, à prendre congé, à
« remercier, à saluer, à presenter mon service, et
« tels compliments verbeux des loix cerimo-
« nieuses de nostre civilité, ie ne cognois per-
« sonne si sottement sterile de language que
« moy : et n'ay jamais esté employé à faire des
« lettres de faveur et recommandation, que celuy
« pour qui c'estoit, n'aye trouvees seches et las-
« ches. » (*Consideration sur Cicéron*, t. II, p. 36).

§

L'âme la plus droite et la plus sincère peut ne pas le paraître toujours dans ses rapports extérieurs. Il faut compter avec la faiblesse et surtout avec l'inconstance inhérente à la nature humaine. Alors même que l'amour de la vérité est aussi constant que le désir de s'y conformer, l'homme est sujet à des contradictions perpétuelles et subit des influences plus ou moins directes qui modifient sans cesse ses opinions et souvent même ses intentions. Cette versatilité est plutôt apparente quand l'âme est ferme dans ses principes ; et comme nous le dit Montaigne, en rapportant les paroles de Demades, « l'homme sincere se con-
« tredict bien à l'adventure, mais la verité, il ne la
« contredict point. » Se contredire soi-même, ce n'est donc pas blesser la vérité, « car si nostre ame
« pouvoit prendre pied, elle ne s'essaieroit pas,
« elle se resouldroit : elle est tousiours en appren-

« tissage et en espreuve. » Souvent même, plus la conscience est délicate, plus on s'expose à se contredire, car le désir trop ardent et trop inquiet de saisir et de suivre la vérité, nous rend accessibles à une multitude d'erreurs que nous corrigeons par des changements perpétuels. Ce qui est blâmable, c'est de se dédire pour sauver les apparences, de trahir nos vraies intentions et de désavouer notre pensée, pour arriver à un faux accommodement qui sert nos intérêts ou ceux d'autrui.

« C'est vostre vraye et sincere interpretation, « dit Montaigne, qu'il fault meshuy maintenir, « quoy qu'il vous couste. On parle à vostre vertu « et à vostre conscience; ce ne sont parties à met- « tre en masque : laissons ces vils moyens et ces « expedients à la chicane du palais. » Rétracter ses paroles par crainte du ressentiment d'autrui, est indigne de l'homme qui ne doit se servir de la parole que pour la vérité. « Ie ne treuve aulcun « dire si vicieux à un gentilhomme, dit Montai- « gne, comme le desdire me semble luy estre « honteux, quand c'est un desdire qu'on luy arra- « che par auctorité ; d'autant que l'opiniastreté « luy est plus excusable que la pusillanimité. » Autant il est noble de convenir de ses erreurs et de ses torts et de les avouer sans restriction, autant il est lâche de consentir à un compromis, par intérêt ou par respect humain.

Les cœurs droits ont une sorte d'intuition de la vérité, une inspiration supérieure pour la décou-

vrir entre toutes les fausses apparences, alors même qu'ils n'échappent pas entièrement à l'erreur. « Dans l'incertitude et la perplexité que
« nous apporte l'impuissance de veoir et de choi-
« sir, Montaigne nous dit que le plus seur, à son
« advis, est de se reiecter au party où il y a plus
« d'honnesteté et de iustice ; et puisqu'on est en
« doubte du plus court chemin, tenir tousiours le
« droict. »

Sincérité.

« La pluspart des accords de nos querelles du
« iour d'hui sont honteux et menteurs : nous ne
« cherchons qu'à sauver les apparences, et tra-
« hissons ce pendant et desadvouons nos vrayes
« intentions ; nous plastrons le faict. Nous sça-
« vons comment nous l'avons dict et en quel
« sens, et les assistants le sçavent, et nos amis à
« qui nous avons voulu faire sentir nostre advan-
« tage : c'est aux despens de nostre franchise, et
« de l'honneur de nostre courage, que nous
« desadvouons nostre pensee, et cherchons des
« connillieres en la faulseté, pour nous accorder ;
« nous nous desmentons nous mesmes, pour sau-
« ver un desmentir que nous avons donné. Il ne

Ne pas désavouer sa pensée pour de lâches excuses.

« fault pas regarder si vostre action ou vostre pa-
« role peult avoir aultre interpretation ; c'est vos-
« tre vraye et sincere interpretation qu'il fault
« meshuy maintenir, quoy qu'il vous couste. On
« parle à vostre vertu et à vostre conscience ; ce
« ne sont parties à mettre en masque : laissons
« ces vils moyens et ces expedients à la chicane

« du palais. Les excuses et reparations que ie
« veois faire tous les iours pour purger l'indiscre-
« tion, me semblent plus laides que l'indiscretion
« mesme. Il vauldroit mieux l'offenser encores
« un coup, que de s'offenser soy mesme en fai-
« sant telle amende à son adversaire. Vous l'avez
« bravé, esmeu de cholere ; et vous l'allez rap-
« paiser et flatter, en vostre froid et meilleur sens :
« ainsi vous vous soubmettez plus que vous ne
« vous estiez advancé. Ie ne treuve aulcun dire si
« vicieux à un gentilhomme, comme le desdire
« me semble luy estre honteux, quand c'est un
« desdire qu'on luy arrache par auctorité ; d'au-
« tant que l'opiniastreté luy est plus excusable que
« la pusillanimité. » (*De l'art de mesnager sa volonté*, t. V, 32-36).

« Ie me contredis bien à l'adventure, mais la
« verité, comme disoit Demades, ie ne la contre-
« dis point. Si mon ame pouvoit prendre pied, ie
« ne m'essaierois pas, ie me resouldrois : elle est
« tousiours en apprentissage et en espreuve. »
(*Du repentir*, t. IV, p. 181).

§

L'honnête homme a le respect de ses engage-
ments et de ses promesses, alors même qu'ils
ne sont sanctionnés par aucun serment, ni prou-
vés par aucun témoignage visible. Il sent que sa

conscience est liée, et ce lien est pour lui sacré :
« Le nœud qui me tient par la loy d'honnesteté,
« dit Montaigne, me semble bien plus pressant et
« plus poisant, que n'est celuy de la contraincte
« civile ; on me garotte plus doulcement par mon
« notaire que par moy ; n'est-ce pas raison, que
« ma conscience soit beaucoup plus engagée à ce
« en quoy on s'est simplement fié d'elle ? » Nulle
considération ne peut faire fléchir l'homme droit
dans l'accomplissement de ses promesses : et ce
n'est pas seulement le sens de ce qu'il doit à autrui qui le rend fidèle à la parole donnée, c'est
surtout la sainte loi qu'il s'est imposée et le respect
de la vérité qui pour lui est au-dessus de tout.
Cette fidélité à toute épreuve lui donne souvent
une force surhumaine que les obstacles exaltent
au lieu de l'abattre. « J'aimerois bien plus cher
« rompre la prison d'une muraille et des loix, dit
« Montaigne, que de ma parole..... La condam-
« nation que ie fois de moy est plus vifve et plus
« roide que n'est celle des iuges ; l'estreinte de ma
« conscience, plus serree et plus severe. » Il est
capable de tous les actes héroïques, celui qui sait
garder fidèlement sa foi, et suit sans broncher les
inspirations de sa conscience.

Honnêteté.

« Le nœud qui me tient par la loy d'honnesteté,
« me semble bien plus pressant et plus poisant,
« que n'est celuy de la contraincte civile ; on me

La loi d'hon-
nêté plus pres-
« garotte plus doulcement par mon notaire que par
« moy ; n'est-ce pas raison, que ma conscience

« soit beaucoup plus engagée à ce en quoy on
« s'est simplement fié d'elle ? Ailleurs, ma foy ne
« doibt rien, car on ne luy a rien presté : qu'on
« s'ayde de la fiance et asseurance qu'on a prinse
« hors de moy. J'aimerois bien plus cher rompre
« la prison d'une muraille et des loix, que de ma
« parole. Ie suis delicat à l'observation de mes
« promesses, iusques à la superstition ; et les fois
« en touts subiects volontiers incertaines et con-
« ditionnelles. A celles qui ne sont de nul poids,
« ie donne poids de la ialousie de ma regle ;
« elle me gehenne et charge de son propre inte-
« rest : ouy, ez entreprinses toutes miennes et li-
« bres, si j'en dis le poinct, il me semble que ie
« me le prescris, et que le donner à la science
« d'aultruy, c'est le preordonner à soy ; il me sem-
« ble que ie le promets, quand ie le dis : ainsi
« j'esvente peu mes propositions. La condamna-
« tion que ie fois de moy est plus vifve et plus
« roide que n'est celle des iuges, qui ne me pren-
« nent que par le visage de l'obligation com-
« mune ; l'estreinte de ma conscience, plus serree
« et plus severe : ie suys laschement les debvoirs
« ausquels on m'entraisneroit si ie n'y allois : *hoc*
« *ipsum ita iustum est quod recte fit, si est volunta-*
« *rium*. (Cicéron) (1). Si l'action n'a quelque
« splendeur de liberté, elle n'a point de grace ny
« d'honneur. » (*De la vanité*, t. IV, p. 506 et 507).

sante que la contrainte civile. La parole lie la conscience.

(1) L'action la plus juste n'est juste qu'autant qu'elle est volontaire.

§

Celui dont les intentions sont droites, est disposé à se fier à celles d'autrui. C'est dans ce sens que Montaigne nous dit que « la fiance de la bonté « d'aultruy est un non legier tesmoignage de la « bonté propre ; partant la favorise Dieu volon- « tiers. » A moins que la défiance n'ait été causée par de cruelles déceptions, elle est l'indice de la fausseté et de la dissimulation. Nous soupçonnons aisément les autres de la ruse et de la duplicité que nous remarquons en nous-mêmes ; nous leur prêtons aussi volontiers nos bons sentiments, et nous nous livrons à eux avec confiance dans la simplicité de notre cœur. Cette confiance serait imprudente si nous la témoignions à ceux qui déjà nous ont trompés ; mais combien plus elle serait justifiable que la défiance générale avec laquelle nous traitons la plupart des hommes, parce que quelques-uns d'entre eux n'ont pas répondu à nos bons procédés. Il n'y a pas de honte à être dupe, et pour nous-mêmes nous ne devons pas regretter de l'être lorsque c'est par une généreuse confiance dans les autres. Tandis que, par d'injustes défiances, nous pouvons décourager et dégrader des âmes faibles, il dépend aussi de nous de relever par une noble confiance des âmes timides et de leur inspirer le désir de mériter notre estime par des efforts soutenus dans le bien. Que de prodiges de vaillance et de dévouement peut faire accomplir ainsi l'homme digne de commander, quand il sait gagner, par le respect de la dignité humaine, le cœur et la volonté d'autrui pour les conduire à la vertu !

« Ceulx qui preschent aux princes a desfiance
« si attentifve, soubs couleur de leur prescher leur
« seureté, leur preschent leur ruine et leur honte :
« rien de noble ne se faict sans hazard. » (*Divers événements du même conseil*, t. I, p. 249).

« C'est un excellent moyen de gaigner le cœur
« et volonté d'aultruy, de s'y aller soubmettre et
« fier, pourveu que ce soit librement et sans con-
« traincte d'aulcune nécessité, et que ce soit en
« condition qu'on y porte une fiance pure et nette,
« le front au moins deschargé de tout scrupule. »
(*Idem*, t. I, p. 252).

« Voylà un tour que i'imiterois de grand cou-
« rage : et loue grandement la fortune d'un vieil
« prelat que ie veois s'estre si purement demis de
« sa bourse, de sa recepte et de sa mise, tantost
« à un serviteur choisi, tantost à un aultre, qu'il a
« coulé un long espace d'annees autant ignorant
« cette sorte d'affaires de son mesnage comme un
« estrangier. La fiance de la bonté d'aultruy est un
« non legier tesmoignage de la bonté propre ; par-
« tant la favorise Dieu volontiers. Et pour son
« regard, ie ne veois point d'ordre de maison ny
« plus dignement ny plus constamment conduict
« que le sien. Heureux qui aye reglé à si iuste

Confiance.

La confiance sincère dans autrui est un excellent moyen de gagner le cœur et la volonté.

La confiance dans autrui est un témoignage non léger de la bonté propre.

« mesure son besoing, que ses richesses y puis-
« sent suffire, sans son soing et empeschement, et
« sans que leur dispensation ou assemblage inter-
« rompe d'aultres occupations qu'il suyt, plus con-
« venables, plus tranquilles et selon son cœur ! »
(*Que le goust des biens et des maux despend, en bonne partie, de l'opinion que nous en avons*, t. II, p. 73).

CHAPITRE IV

JUSTICE — ÉQUITÉ — IMPARTIALITÉ

La droiture et la justice sont étroitement unies ; elles semblent être deux vertus sœurs, nées de l'intégrité de la conscience. L'une et l'autre sont si bien fondées sur la vérité que tout mensonge est une injustice qui porte atteinte aux droits d'autrui ; et tout acte injuste est la négation d'un fait réel auquel la passion substitue une fausse apparence. Peut-être la droiture est-elle une vertu plus individuelle, tandis que la justice est une vertu plus sociale. Qu'on vive dans la solitude absolue ou dans la société, l'obligation d'être sincère avec soi-même subsiste toujours. La justice qui consiste à respecter les droits de la personne humaine dans autrui, n'a plus sa raison d'être pour celui qui vit isolé du reste de l'humanité. Les anciens avaient une si haute idée de la justice, qu'ils la confondaient avec la perfection : de même l'Ecriture Sainte appelle juste celui qui observe tous les commandements de la loi, et désigne l'Etre suprême par la dénomination de Dieu juste. Pour exercer la justice, il faut en effet que l'âme soit si parfaitement maîtresse d'elle-même, si bien réglée par la droite raison et dans une équanimité si absolue qu'aucune passion ne puisse la faire pencher ni d'un côté ni de l'autre. Le moindre excès la fait dégénérer; tandis que la plupart des autres vertus, même excessives, ne cessent pas d'être des vertus, la justice poussée à l'extrême devient injustice : *summum jus, summa injuria*. Vu l'ignorance et la faiblesse de la créature humaine, on peut dire que la justice n'appartient qu'à Dieu ; car, seul, il a l'omniscience qui éclaire toutes choses, la sagesse infinie qui les gouverne, et la charité infinie qui tempère les rigueurs de la justice. Aussi ceux qui exercent quelque autorité ne s'en rendent-ils dignes qu'en devenant de plus en plus parfaits.

Incapable de connaître toute la vérité pour y conformer ses jugements et ses actes, l'homme a d'autant plus besoin de modération et de charité quand il est appelé à rendre la justice. L'équité n'est pas une vertu plus imparfaite, mais elle est plus humaine que la justice qu'elle adoucit avec discernement par la compassion et l'amour. Tout en aspirant à devenir justes, n'ayons pas la prétention de l'être, et pour éviter d'être cruels, soyons équitables.

Montaigne nous montre que la principale cause de nos jugements téméraires et erronés, c'est la présomption qui nous fait juger d'autrui d'après nous-mêmes. « Il semble à chascun, dit-il, que la

« maistresse forme de l'humaine nature est en
« luy ; selon elle, il fault regler toutes les aul-
« tres. » Ainsi ne trouvent grâce devant nos yeux
que ceux qui nous ressemblent, et sont condamn-
és tous ceux dont les allures ne se rapportent pas
aux nôtres. « Quelle bestiale stupidité ! s'écrie-
« t-il. Quelle asnerie dangereuse et insupporta-
« ble ! » Dangereuse, parce que les âmes médio-
cres abaissent ainsi à leur niveau les plus grands
caractères et, si elles ont quelque pouvoir à exercer, elles compriment et rapetissent tout ce qui les
dépasse ; insupportable, parce que la ridicule vanité qui fait qu'ils se posent toujours en exemple,
est le fléau de tous les esprits sensés. Montaigne
n'a pas ce travers : « Ie considere, dit-il, aulcuns
« (quelques) hommes fort loing au-dessus de
« moy, notamment entre les anciens ; et, encores
« que ie recognoisse clairement mon impuissance
« à les suyvre de mes pas, ie ne laisse pas de les
« suyvre à veue, et iuger les ressorts qui les haul-
« sent ainsi, desquels i'apperceois aulcunement en
« moy les semences. » Ainsi celui qu'une sage
défiance de lui-même a rendu modeste, non seulement devient plus capable de juger les grandes
âmes par le désir qu'il a de s'en rapprocher, mais,
en les admirant, il s'inspire de leur exemple et se
transforme à leur ressemblance. La droiture de
l'âme se reflète dans les jugements qu'elle porte ;
cette lumière pure illumine de ses clartés jusqu'aux principes de la vie d'autrui, tandis que

tout est ténèbres pour celui dont l'âme n'est qu'hypocrisie et mensonge.

<small>Présomption dans nos jugements.
C'est présomption de juger les autres d'après nous-mêmes et de nous prendre pour exemple.</small>

« Il ne fault pas iuger ce qui est possible et ce
« qui ne l'est pas, selon ce qui est croyable et
« incroyable à nostre sens, comme i'ay dict ailleurs ;
« et est une grande faulte, et en laquelle
« toutesfois la pluspart des hommes tumbent, ce
« que ie ne dis pas pour Bodin, de faire difficulté
« de croire d'aultrui ce qu'eulx ne sçauroient faire
« ou ne vouldroient. Il semble à chascun que la
« maistresse forme de l'humaine nature est en
« luy ; selon elle, il fault regler toutes les aul-
« tres : les allures qui ne se rapportent aux sien-
« nes sont feinctes et faulses. Quelle bestiale
« stupidité ! Luy propose-t-on quelque chose des
« actions ou facultez d'un aultre ? La premiere
« chose qu'il appelle à la consultation de son iuge-
« ment, c'est son exemple : selon qu'il en va chez
« luy, selon cela va l'ordre du monde. O l'asnerie
« dangereuse et insupportable ! Moy, ie considere
« aulcuns hommes fort loing au-dessus de moy,
« notamment entre les anciens ; et, encores que
« ie recognoisse clairement mon impuissance à
« les suyvre de mes pas, ie ne laisse pas de les suy-
« vre à veue, et iuger les ressorts qui les haulsent
« ainsi, desquels i'apperceois aulcunement en moy
« les semences : comme ie fois aussi de l'extreme
« bassesse des esprits, qui ne m'estonne et que ie
« ne mescrois non plus. Je veois bien le tour que
« celles-là se donnent pour se monter, et admire

JUSTICE, ÉQUITÉ, IMPARTIALITÉ

« leur grandeur ; et ces eslancements que ie
« treuve tres beaux, ie les embrasse ; et si mes
« forces n'y vont, au moins mon iugement s'y
« applique tres volontiers. » (*Deffense de Seneque et
de Plutarque*, t. IV, p. 26, 27).

« Ie n'ay point cette erreur commune de iuger
« d'un aultre, selon que ie suis : i'en crois aysee-
« ment des choses diverses à moy. Pour me sen-
« tir engagé à une forme, ie n'y oblige pas le
« monde, comme chascun faict ; et crois et con-
« çois mille contraires façons de vie ; et, au
« rebours du commun, reçois plus facilement la
« difference que la ressemblance en nous. Ie des-
« charge, tant qu'on veult, un aultre estre de mes
« conditions et principes ; et le considere simple-
« ment en luy-mesme, sans relation, l'estoffant sur
« son propre modèle.....

Justice dans les jugements.

Ne pas juger les autres d'après soi.

« Ma foiblesse n'altere aulcunement les opi-
« nions que ie dois avoir de la force et vigueur de
« ceulx qui le méritent : *Sunt qui nihil suadent
« quam quod se imitari posse confidunt* (1). (Cicéron).
« Rampant au limon de la terre, ie ne laisse pas
« de remarquer iusques dans les nues la haulteur
« inimitable d'aulcunes ames heroïques. C'est
« beaucoup pour moy d'avoir le iugement réglé,
« si les effects ne le peuvent estre, et maintenir au

Ne pas abaisser dans notre jugement les âmes héroïques: nous élever jusqu'à elles.

---

(1) Il y a des gens qui ne conseillent que ce qu'ils croient pouvoir imiter.

« moins cette maistresse partie exempte de cor-
« ruption : c'est quelque chose d'avoir la volonté
« bonne, quand les iambes me faillent. Ce siecle
« auquel nous vivons, au moins pour nostre cli-
« mat, est si plombé, que, ie ne dis pas l'execu-
« tion, mais l'imagination mesme, de la vertu en
« est à dire : et semble que ce ne soit aultre
« chose qu'un iargon de collège ;

« *Virtutem verba putant ; ut*

« *Lucum ligna* (1). (Horace, épître 6).

« *Quam vereri deberent, etiam si percipere non pos-*
« *sent* (2). » (Cicero, Tusc.).

Justice dans les jugements.

« C'est un affiquet à pendre en un cabinet, ou
« au bout de la langue, comme au bout de l'au-
« reille, pour parement. Il ne se recognoist plus
« d'action vertueuse : celles qui en portent le vi-
« sage, elles n'en ont pas pourtant l'essence ; car

L'essence de la vertu c'est d'être par elle et pour elle seule.

« le proufit, la gloire, la crainte, l'accoustumance,
« et aultres telles causes estrangieres, nous ache-
« minent à les produire. La iustice, la vaillance, la
« desbonnaireté que nous exerçons lors, elles peu-
« vent estre ainsi nommees pour la consideration
« d'aultruy et du visage qu'elles portent en publi-
« que ; mais chez l'ouvrier ce n'est aulcunement
« vertu, il y a une aultre fin proposée, et aultre
« cause mouvante. Or, la vertu n'advoue rien,

(1) Ils croient que la vertu n'est qu'un mot, comme ils ne voient que du bois à brûler dans un bois sacré.

(2) La vertu qu'ils devraient respecter quand même ils ne pourraient la comprendre.

« que ce qui se faict par elle et pour elle seule.

. . . .

« Nos iugements sont encore malades, et suy- *Interpréta-*
« vent la depravation de nos mœurs. Ie veois la *tion vile des*
belles actions
« pluspart des esprits de mon temps faire les inge- *des anciens.*
« nieux à obscurcir la gloire des belles et gene-
« reuses actions anciennes, leur donnant quelque
« interpretation vile, et leur controuvant des occa-
« sions et des causes vaines : grande subtilité !
« Qu'on me donne l'action la plus excellente et
« pure, ie m'en voys y fournir vraysemblablement
« cinquante vicieuses intentions. Dieu sçait, à qui
« les veut estendre, quelle diversité d'images ne
« souffre nostre interne volonté ! Ils ne font pas
« tant malicieusement, que lourdement et gros-
« sierement, les ingenieux à tout leur mesdi-
« sance.

« La mesme peine qu'on prend à detracter de *Justice dans*
« ces grands noms, et la mesme licence, ie la *les jugements.*
Admiration.
« prendrois volontiers à leur prester quelque tour
« d'espaule pour les haulser. Ces rares figures, et
« triees pour l'exemple du monde par le consen-
« tement des sages, ie ne me feindrois pas de les
« recharger d'honneur, autant que mon invention
« pourroit, en interpretation et favorable circons-
« tance : et il fault croire que les efforts de nostre
« conception sont loing au dessoubs de leur mé-
« rite. C'est l'office des gents de bien de peindre
« la vertu la plus belle qui se puisse ; et ne nous
« messieroit pas, quand la passion nous transpor-

7.

« teroit à la faveur de si sainctes formes. Ce que
« ceulx cy font au contraire, ils le font ou par ma-
« lice, ou par ce vice de ramener leur creance à
« leur portee, de quoy ie viens de parler; ou,
« comme ie pense plustost, pour n'avoir pas la
« veue assez forte et assez nette ny dressee à con-
« cevoir la splendeur de la vertu en sa pureté
« naïfve. » (*Du jeune Caton*, t. I, p. 452 et suiv.)

Admiration sincère des grandes âmes.

§

Il faut avoir l'âme bien équilibrée pour reconnaître, sans acception de personne, le bien et le mal là où ils se trouvent. La passion et le désir nous aveuglent tour à tour sur l'un et sur l'autre, ou bien l'augmentent et le diminuent selon les émotions qui nous agitent. L'impartialité n'est-elle donc possible qu'à une âme dépourvue de passions et de désirs ? Nous ne le croyons pas, car cet état de neutralité parfaite serait celui de l'indifférence. Il n'y a pas de vertu sans combat ni victoire. Quelles que soient ses émotions, le sage conserve toujours la liberté de son jugement; et c'est cette liberté qui constitue l'impartialité.

Montaigne y est-il arrivé absolument ? Le lecteur en jugera : pour nous, nous croyons qu'une impartialité plus haute ne serait pas désirable. « Ce que ie veois de beau en aultruy, dit-il, ie le
« loue et l'estime, tres volontiers; voire i'enche-

« ris souvent sur ce que i'en pense : ie tesmoigne
« volontiers de mes amis, par ce que i'y treuve de
« louable, et d'un pied de valeur, i'en foys volon-
« tiers un pied et demy. » Nous aimons cette
généreuse exaltation qui exagère le bien ; nous
doutons même que ce soit là de l'exagération : les
actes vertueux ne sont toujours que des indices
d'une âme dont la hauteur est inappréciable ; ce
que nous en voyons nous laisse deviner une perfection bien plus grande, et c'est à elle surtout que
s'adressent nos hommages. Nous ne pouvons donc
trop louer le bien. Et l'enthousiasme qu'excitent
en nous les belles actions de nos amis, est d'autant
plus naturel que nous connaissons davantage les
nobles sentiments qui les inspirent. Leur âme est
à découvert devant nous ; et nous les admirons
pour ce qu'ils sont, encore bien plus que pour ce
qu'ils font. Mais Montaigne nous rappelle que notre devoir est aussi de ne pas leur épargner une
censure méritée, et de ne pas les soutenir aux dépens de la justice et de la vérité. « Leur prester
« les qualitez qui n'y sont pas, dit-il, ie ne puis,
« ny les deffendre ouvertement des imperfections
« qu'ils ont. » Nous croyons qu'il est plus difficile
d'être équitable pour ses amis que pour ses ennemis ; car il nous semble que nos affections tiennent plus à nous que nos ressentiments et qu'on
triomphe plus aisément de ceux-ci qu'on ne fait
abstraction, même pour un moment, d'une affection qui remplit l'âme.

Impartialité.

« Ce que ie veois de beau en aultruy, ie le loue et l'estime tres volontiers ; voire i'encheris souvent sur ce que i'en pense, et me permets de mentir iusques là, car ie ne sçais point inventer un subiect fauls : ie tesmoigne volontiers de mes amis, par ce que i'y treuve de louable, et d'un pied de valeur i'en foys volontiers un pied et demy ; mais de leur prester les qualitez qui n'y sont pas, ie ne puis, ny les deffendre ouvertement des imperfections qu'ils ont : voire à mes

Equité.

ennemis, ie rends nettement ce que ie doibs de tesmoignage d'honneur ; mon affection se change, mon iugement non, et ne confonds point ma querelle avecques aultres circonstances qui

Reconnaître le bien, même dans nos ennemis.

n'en sont pas : et suis tant ialoux de la liberté de mon iugement, que malayseement la puis ie quitter, pour passion que ce soit ; ie me foys plus d'iniure en mentant, que ie n'en foys à celuy de qui ie ments. On remarque cette louable et genereuse coustume de la nation persienne, qu'ils parloient de leurs mortels ennemis, et à qui ils faisoient guerre à oultrance, honorablement et équitablement, autant que portoit le merite de leur vertu. » *De la presumption,* t. III, p. 165.

§

Pour juger avec impartialité les hommes et les choses, il faut les voir de haut. Dans la sphère plus ou moins bornée où s'agitent nos intérêts et nos passions, notre vue s'obscurcit facilement, et nous courons le risque d'oublier ce qui ne nous touche pas directement. Il faut donc que notre âme sorte de ces limites étroites qui la rapetissent, pour s'élever dans le domaine des idées. Là elle se meut librement, là son horizon s'agrandit, elle envisage son être, sa destinée et ses devoirs dans leurs rapports avec le tout. Ce que son intérêt personnel avait grandi outre mesure, reprend ses proportions naturelles. Les hommes et les choses ne sont plus tels que nos mesquines passions nous les avaient représentés, tout est à sa place et se montre avec la valeur qui lui est propre. A mesure que notre vue s'élargit, la droite raison reprend son empire, et tous les petits intérêts rentrent dans l'ombre pour laisser paraître l'idée dans toute sa lumineuse clarté.

Une seule parole de Montaigne suffit à nous suggérer ces réflexions : « Le iugement d'un em- « pereur doibt estre au-dessus de son empire. » Or, tout être humain a un empire à gouverner : c'est son moi en lui-même, et dans ses rapports avec autrui. De même que le souverain d'un Etat, pour avoir des vues justes sur ses domaines, doit les envisager dans leurs rapports avec l'univers, ainsi l'homme doit sortir de son moi, s'élever au-dessus de l'égoïsme et de l'orgueil qui troublent et rétrécissent sa vue, pour se bien connaître lui-même et juger les autres avec impartialité. Dans

les régions sereines où la raison aime à s'élever, la volonté retrouve la liberté de se déterminer pour la justice. C'est la véritable indépendance que connaissait si bien Montaigne, au milieu de la fureur des partis, dans une des époques les plus troublées de notre histoire. Nous voudrions pouvoir dire avec lui : « Quand ma volonté me donne
« à un party, ce n'est pas d'une si violente obli-
« gation, que mon entendement s'en infecte. Aux
« presents brouillis de cet estat, mon interest ne
« m'a faict mecognoistre, ny les qualitez louables
« en nos adversaires, ny celles qui sont reprocha-
« bles en ceulx que i'ay suyvis. » Il faut une haute vertu pour rendre justice à un adversaire au plus fort de la lutte, et pour reconnaître les défauts de ceux que nous suivons avec la plus ardente conviction. Cette modération si rare est le plus souvent méconnue : au lieu de l'appeler impartialité, on la qualifie d'indifférence et de froideur. Et pourtant cet attachement éclairé est le seul qui soit constant, le seul qui puisse honorer ou servir la personne ou l'idée qui en est l'objet. « Ils adorent
« tout ce qui est de leur costé, dit Montaigne des
« partisans aveugles ; moi ie n'excuse pas seule-
« ment la pluspart des choses que ie veois au
« mien. » L'impartialité de Montaigne n'est pas de l'impassibilité : « Ie veulx, dit-il, que l'advan-
« tage soit pour nous ; mais ie ne forcene point
« s'il ne l'est.

« Ie me prends fermement au plus sain des par-

« tis ; mais ie n'affecte pas qu'on me remarque
« specialement ennemy des aultres, et oultre la
« raison generale. » Détaché de toute ambition, de
tout intérêt personnel, il conserve toute la liberté
de son jugement ; il s'attache fermement au plus
sain des partis, mais il les juge tous avec équité.
Et quelle profonde connaissance du cœur humain
il nous révèle en nous parlant de « ceux qui allon-
« gent leur cholere et leur haine au delà des affai-
« res ! »

Il nous montre que ces violents se cherchent
eux-mêmes, que ce sont leurs propres passions
qu'ils servent, plutôt que la cause qu'ils ont em-
brassée. Il emploie, à cet effet, une image dont la
justesse fait oublier la trivialité : « Tout ainsi
« comme, à qui estant guari de son ulcere la fieb-
« vre demeure encores, monstre qu'elle avoit un
« aultre principe plus caché. C'est qu'ils n'en veu-
« lent point à la cause, en commun, et entant
« qu'elle blece l'interest de touts et de l'estat, mais
« luy en veulent seulement en ce qu'elle leur tou-
« che en privé : voilà pourquoy ils s'en picquent
« de passion particuliere, et au delà de la iustice
« et de la raison publicque. »

Montaigne redoute cette passion intéressée au
point d'incliner plutôt vers l'autre extrême. Et
comme toutes les âmes délicates que l'amour de
la justice met en garde contre leurs désirs, il « se
« desfie un peu tendrement des choses qu'il sou-
« haitte. » Il faut, en effet, se défendre contre le

moi et toutes les passions égoïstes qu'il engendre, pour maintenir l'indépendance de l'âme, sans laquelle la justice, l'équité et l'impartialité sont de vains mots qui ne répondent à aucune vertu humaine.

Impartialité.

Etre au-dessus de ses intérêts personnels en jugeant les autres.

Reconnaître les qualités louables de nos adversaires.

« Le iugement d'un empereur doibt estre au-
« dessus de son empire, et le veoir et considerer
« comme accident estrangier : et lui doibt sçavoir
« iouïr de soy à part, et se communiquer comme
« Iacques et Pierre, au moins à soy-mesme. Ie ne
« sçais pas m'engager si profondement et si en-
« tier : quand ma volonté me donne à un party,
« ce n'est pas d'une si violente obligation, que
« mon entendement s'en infecte. Aux presents
« brouillis de cet estat, mon interest ne m'a faict
« mecognoistre ny les qualitez louables en nos
« adversaires, ny celles qui sont reprochables en
« ceulx que i'ay suivis. Ils adorent tout ce qui est
« de leur costé ; moy ie n'excuse pas seulement la
« pluspart des choses que ie veois au mien ; un
« bon ouvrage ne perd pas ses graces, pour plai-
« der contre moy. Hors le nœud du débat, ie me
« suis maintenu en equanimité et pure indiffe-
« rence, *neque extra necessitates belli, præcipuum*
« *odium gero* (1) *:* de quoy ie me gratifie d'au-
« tant, que ie veois communement faillir au con-
« traire : *utatur motu animi, qui uti ratione non po-*

---

(1) Hors les nécessités de la guerre, je ne veux aucun mal à l'ennemi.

JUSTICE, ÉQUITÉ, IMPARTIALITÉ

« *test* (1). (Cicéron). Ceulx qui allongent leur cho-
« lere et leur haine au delà des affaires, comme faict
« la pluspart, montrent qu'elle leur part d'ailleurs,
« et de cause particuliere; tout ainsi comme, à qui
« estant guari de son ulcere la fiebvre demeure en-
« cores, monstre qu'elle avoit un aultre principe
« plus caché. C'est qu'ils n'en veulent point à la
« cause, en commun, et autant qu'elle blece l'in-
« terest de touts et de l'estat; mais luy en veu-
« lent seulement en ce qu'elle leur touche en
« privé; voilà pourquoy ils s'en picquent de pas-
« sion particuliere, et au delà de la iustice et de la
« raison publicque, *non tam omnia universi, quam*
« *ea, quæ ad quemque pertinent, singuli carpebant.*
« (Tite-Live). (2).

Ne pas faire intervenir nos passions particulières dans les affaires publiques.

« Ie veulx que l'advantage soit pour nous; mais
« ie ne forcene point, s'il ne l'est. Ie me prends
« fermement au plus sain des partis; mais ie n'af-
« fecte pas qu'on me remarque specialement en-
« nemy des aultres, et oultre la raison generale.
« l'accuse merveilleusement cette vicieuse formé
« d'opiner : « Il est de la ligue; car il admire la
« grace de monsieur de Guise : L'activité du roy
« de Navarre l'estonne; il est huguenot : Il treuve
« cecy à dire aux mœurs du roy; il est seditieux

Epouser un parti, mais n'être l'ennemi d'aucun autre, outre la raison.

---

(1) Que celui qui ne peut suivre la raison, s'abandonne à sa passion.

(2) Ils ne s'accordaient pas tous à blâmer toutes
choses, mais chacun d'eux censurait ce qui l'intéres-
sait personnellement.

« en son cœur : » et ne concedai pas au magistrat « mesme qu'il eust raison de condamner un livre, « pour avoir logé entre les meilleurs poëtes de ce « siecle un heretique. » (*De mesnager sa volonté*, t. V, p. 20 et 21).

Aveuglement de parti. « Pour moi, ie sçais bien dire : « Il faict mes- « chamment cela ; et vertueusement cecy. » De « mesme, aux prognosticques ou evenements si- « nistres des affaires, ils veulent que chascun, en « son party, soit aveugle ou hebeté ; que nostre « persuasion et iugement serve, non à la verité, « mais au proiect de nostre desir. Ie fauldrois « plustôt vers l'aultre extremité : tant ie crains « que mon desir me suborne ; ioinct, que ie me « desfie un peu tendrement des choses que ie sou- « haitte. » (*Idem*, t. V, p. 21).

CHAPITRE V

AFFECTIONS NATURELLES — AFFECTIONS ÉLECTIVES — AMOUR DE L'HUMANITÉ ET VERTUS QUI S'Y RATTACHENT

Il y a toute une classe de vertus sociales à la pratique desquelles l'homme est initié par ses affections. Dans celles qui l'attendent à l'entrée de sa vie, il reçoit beaucoup sans rien donner d'abord à ceux qui l'ont engendré et qui l'aiment d'autant plus qu'il leur doit davantage. Ces liens formés par la nature, sont indispensables à la vie et au développement de l'être humain qui naît aussi à la vie morale, sous l'influence de cet amour si dévoué, et répond, par sa tendresse, aux bienfaits dont il est l'objet. Mais, comme nous le dit Montaigne, « à reculons des enfants aux pères, l'affec-
« tion n'est pas si grande : ioinct cette aultre
« consideration aristotelique, que celuy qui bien
« faict à quelqu'un l'aime mieulx qu'il n'en est
« aimé... Il exerce une action belle et honneste ;
« qui receoit, l'exerce utile seulement. » Si la raison ne réglait ces rapports si doux, ils produiraient, d'une part l'idolâtrie, et de l'autre, ils encourageraient tous les désirs égoïstes. Ainsi les

affections naturelles, au lieu de favoriser le développement moral, ne serviraient qu'à fortifier l'amour-propre et à assujettir la volonté aux passions. Aussi Montaigne rappelle-t-il aux pères qu'ils « doibvent estre respectables par leur vertu « et leur suffisance, aimables par leur bonté et la « doulceur de leurs mœurs, et rendre leur vieil-« lesse venerable en reglant l'ame de leurs enfants « au debvoir par raison. » Ce qu'il nous fait connaître de sa première enfance et de sa jeunesse, nous prouve la tendresse éclairée de son père auquel il rend hommage de tout le bien qui est en lui. Mais ce qui a lieu de nous étonner, c'est qu'il ne parle pas de sa mère : nous aimons à croire que, sous le nom de père, il confondait ses parents dans une même vénération. Ce sentiment profond, qui est presque une religion et dont l'influence bienfaisante persiste durant toute la vie, est engendré par la vertu des parents, laquelle se reflète dans l'âme des enfants. Pénétrés de gratitude envers ceux qui leur ont tout donné, ils s'efforcent de remplir aussi saintement leur tâche : ainsi les générations se transmettent de père en fils l'obligation de pratiquer la vertu, et les grands exemples qui la font aimer.

Affection désintéressée.

« S'il y a quelque loy vraiment naturelle, c'est-« à-dire quelque instinct, qui se veoye universel-« lement et perpetuellement empreint aux bestes « et en nous (ce qui n'est pas sans controverse), « ie puis dire, à mon advis, qu'aprez le soing que

« chasque animal a de sa conservation et de fuyr
« ce qui nuit, l'affection que l'engendrant porte
« à son engeance tient le second lieu en ce reng.
« Et, parce que nature semble nous l'avoir recom-
« mendee, regardant à estendre et faire aller avant
« les pieces successives de cette sienne machine,
« ce n'est pas merveille, si, à reculons, des enfants
« aux pères, elle n'est pas si grande : ioinct cette
« aultre consideration aristotelique, que celuy qui
« bien faict à quelqu'un l'aime mieulx, qu'il n'en
« est aimé ; et celuy à qui il est deu aime mieulx,
« que celui qui doibt ; et tout ouvrier aime mieulx
« son ouvrage, qu'il n'en seroit aimé si l'ouvrage
« avoit du sentiment : d'autant que nous avons
« cher, Estre ; et Estre consiste en mouvement et
« action ; parquoy chascun est aulcunement en son
« ouvrage. Qui faict bien, exerce une action belle
« et honneste ; qui receoit, l'exerce utile seule-
« ment. Or, l'utile est de beaucoup moins aima-
« ble que l'honneste : l'honneste est stable et
« permanent, fournissant à celuy qui l'a faict une
« gratification constante ; l'utile se perd et es-
« chappe facilement, et n'en est la memoire ny si
« fresche ny si doulce.

On s'attache à autrui par le bien qu'on lui fait.

« Les choses nous sont plus cheres, qui nous
« ont plus cousté ; et le donner est de plus de
« coust que le prendre.

« Puisqu'il a plu à Dieu nous douer de quelque
« capacité de discours, à fin que, comme les bes-
« tes, nous ne feussions pas servilement assub-

La raison doit guider nos inclinations.

« iectis aux loix communes, ains que, nous nous
« y appliquassions par iugement et liberté volon-
« taire, nous debvons bien prester un peu à la
« simple auctorité de nature, mais non pas nous
« laisser tyranniquement emporter à elle : la seule
« raison doibt avoir la conduicte de nos inclina-
« tions.»

Amour paternel. Amour filial.

« Un pere est bien miserable, qui ne tient l'af-
« fection de ses enfants que par le besoing qu'ils
« ont de son secours, si cela se doibt nommer
« affection : il fault se rendre respectable par sa

Un père doit se faire aimer de ses enfants par sa bonté.

« vertu et par sa suffisance, et aimable par sa
« bonté et doulceur de ses mœurs ; les cendres
« mesmes d'une riche matiere, elles ont leur
« prix ; et les os et reliques des personnes d'hon-
« neur, nous avons accoustumé de les tenir en
« respect et reverence. Nulle vieillesse peult estre
« si caducque et si rance à un personnage qui a
« passé en honneur son aage, qu'elle ne soit vene-
« rable, et notamment à ses enfants, desquels il
« fault avoir reglé l'ame à leur debvoir par rai-
« son, non par necessité et par le besoing, ny par
« rudesse et par force :

« *Et errat longe meâ quidem sententiâ,*
« *Qui imperium credat esse gravius aut stabilius.*
« *Vi quod fit, quam illud quod amicitia adiungi-*
                                    [*tur* (1). (Térence).

(*De l'affection des pères aux enfants*, t. II,
p. 304 et suiv.).

(1) C'est se tromper fort, à mon avis, que de croire

§

Les affections électives ne sont pas moins efficaces que les autres pour contribuer à la culture morale et nous enseigner ces vertus douces et aimables qui font le charme de la vie, et le bonheur de la société humaine. Elles naissent d'une conformité de goûts, de sentiments, et là où elles sont le plus parfaites, elles sont l'union des âmes qui aiment le bien et se proposent le même idéal à atteindre. C'est l'amitié que Montaigne met au-dessus de toutes les autres affections. L'enthousiasme qu'il exprime pour ce sentiment élevé qu'on pourrait presque appeler une vertu à cause de la perfection qu'il exige, trouve un puissant écho dans les âmes qui l'ont éprouvé et qui lui doivent de pures joies et une constante incitation au bien. Nous regrettons que Montaigne n'ait pas mis en lumière que l'amitié qui unit les âmes par l'amour de la vertu, peut et doit se trouver à divers degrés au fond de toutes les autres affections qui ne sont fortes, durables et bonnes qu'à cette condition. Nous ne contestons pas la force des liens du sang; mais ces liens mêmes ne sont doux et forts que si l'âme des parents pénètre celle des enfants, non pour la transformer à son image, mais pour se l'unir par l'amour de la vertu. Et si

mieux établir son autorité par la force, que par l'affection.

cette étroite et sainte union s'établit entre les parents et les enfants, elle se forme aussi entre les frères et les sœurs; il ne suffit pas que les cœurs se comprennent et se vouent un éternel attachement : il faut que les âmes se touchent et se rapprochent de plus en plus. L'intensité de la vie morale élève et fortifie donc toutes les vraies affections, et celles-ci réagissent à leur tour sur la vie de l'âme pour en accroître la puissance. Une amitié aussi parfaite que celle de Montaigne et La Boëtie, ne peut exister qu'entre deux âmes d'une hauteur exceptionnelle ; et, dans ce cas, nous sommes de l'avis de Montaigne, « elle est indivi-
« sible : chascun se donne si entier à son amy,
« qu'il ne luy reste rien à despartir ailleurs ; au
« rebours, il est marry qu'il ne soit double, tri-
« ple, ou quadruple, et qu'il n'ayt plusieurs ames
« et plusieurs volontez, pour les conferer toutes à
« ce subiect. » On pourrait craindre qu'une affection si entière ne devînt trop exclusive, et qu'elle n'aboutît à l'égoïsme. Mais le principe et la fin de l'amitié étant la vertu, elle ne peut conduire qu'à une vertu plus haute. C'est l'idéal moral que l'on aime dans son ami qu'on admire et aime d'autant plus qu'il réalise plus parfaitement cet idéal. S'absorber dans une contemplation mutuelle, et oublier le reste du monde, ce serait abaisser et détruire l'amitié, ce serait la renier même. L'exquise peinture faite par Montaigne de son incomparable amitié, fait tressaillir l'âme de bonheur, si

déjà elle connaît par expérience cette sainte affection, ou d'un désir mêlé de regret si elle y aspire encore sans l'avoir jamais rencontrée. Nous ne sommes pas étonnée que Montaigne, dans cette joie divine, toujours égale et toujours nouvelle, ait dit : « Nous nous cherchions avant que de nous estre veus, et par des rapports que nous oyions l'un de l'aultre, qui faisoient en nostre affection plus d'effort que ne porte la raison des rapports, *ie croys par quelque ordonnance du ciel.* » Comment ne pas croire que ce don parfait vient du ciel, et comment ne pas le cultiver et le perfectionner comme le complément et la récompense de la vertu ? Le principal caractère de la véritable amitié, c'est une parfaite confiance : « Nos ames ont charié si uniement ensemble, dit Montaigne, elles se sont considerees d'une si ardente affection, et de pareille affection descouvertes iusques au fond des entrailles l'une de l'aultre, que non seulement ie cognoissoys la sienne comme la mienne, mais ie me feusse certainement plus volontiers fié à luy de moy, qu'à moy. » Cette confiance absolue semble toute naturelle à celui qui sait aimer ; ce qu'il estime en son ami, ce qui l'attire vers lui, c'est sa vertu qu'il croit supérieure à la sienne et dans laquelle il se confie plus qu'en lui-même. Montaigne nous fait comprendre par l'exemple de Caïus Blosius que cette confiance doit être sans bornes. Il semble même tout d'abord qu'elle soit excessive ; car on ne doit pas renoncer en faveur de son ami à son libre arbitre. Mais il faut se rappeler que Caïus Blosius parle devant les adversaires de Tiberius Gracchus, et ses courageuses et fières paroles l'honorent tout autant que celui à qui il rend témoignage. Chacun de nous étant responsable pour soi-même, nul ne doit faire l'abandon de sa conscience à un autre, fût-ce un ange du ciel. Mais l'excès de confiance même a la plus noble source, puisqu'il procède d'une conviction parfaite de la vertu de l'ami qu'on aime plus que soi. Un autre trait distinctif de la véritable amitié, c'est l'égalité parfaite, la confusion de tous les intérêts inférieurs : « l'union de tels amis estant veritablement parfaicte, elle leur faict perdre le sentiment de tels debvoirs et haïr et chasser d'entre eulx ces mots de division et de difference, bienfaict, obligation, recognoissance, priere, remerciement, et leurs pareils, tout estant, par effect, commun entre eulx... Si, en l'amitié de quoy ie parle, l'un pouvoit donner à l'aultre, ce seroit celuy qui recevroit le bienfaict qui obligeroit son compaignon. » Mais le trait le plus sublime, c'est le désintéressement absolu. Montaigne le pousse à un tel point qu'on se demande s'il est possible à une créature humaine d'atteindre à ce degré de perfection, et l'on doute même que ce soit désirable. Il nous semble que cette abnégation de soi est excessive, et qu'elle fait perdre plus ou moins à l'amitié son caractère personnel. « En la vraye amitié, dit Montaigne, ie me donne à mon ami plus que ie ne le tire à moi » Nous voudrions que l'attrait fût si bien réciproque qu'on ne pût savoir lequel donne et lequel reçoit le plus. Ce que nous ne pouvons comprendre, c'est que « si l'absence est ou plaisante ou utile à son ami, elle lui soit bien plus doulce que sa presence. » Qu'on se résigne à l'absence si elle est nécessaire, cela est juste ; mais qu'on la trouve plus douce que la présence, cela ne nous semble pas humain, et nous aimons à croire qu'un généreux élan a fait dépasser à Montaigne sa pensée. Il a peut-être raison de dire que « cette faim insatiable de la présence corporelle accuse un peu la foiblesse en la iouissance des ames. » En effet, plus le lien est spirituel et idéal, plus l'amitié est désintéressée ; mais le contact des âmes est indispensable pour faire jaillir toujours à nouveau cette sainte flamme qui les réchauffe et les purifie. Il ne faut pas qu'à force d'être idéal on en vienne à oublier la réalité ; l'idée pure de la beauté morale doit être le lien entre les âmes, mais il faut autre chose que des idées pures pour répondre au besoin d'aimer, qui est le fond de la nature humaine.

« Au demourant, ce que nous appellons ordi-
« nairement amis et amitiez, ne sont qu'accoin-
« tances et familiaritez meues par quelque occa-
« sion ou commodité, par le moyen de laquelle
« nos ames s'entretiennent. En l'amitié de quoy
« ie parle, elles se meslent et confondent l'une
« en l'aultre d'un meslange si universel, qu'elles

Amitié.

Les âmes se mêlent et se confondent dans la vraie amitié.

« effacent et ne retrouvent plus la cousture qui les
« a joinctes. Si on me presse de dire pourquoy ie
« l'aymoys, ie sens que cela ne se peult exprimer
« qu'en respondant : « Parce que c'estoit luy ;
« parce que c'estoit moy. » Il y a, au delà de tout
« mon discours et de ce que i'en puis dire parti-
« culièrement, ie ne sçais quelle force inexplicable
« et fatale, mediatrice de cette union. Nous nous
« cherchions avant que de nous estre veus, et par
« des rapports que nous oyions l'un de l'aultre,
« qui faisoient en nostre affection plus d'effort que
« ne porte la raison des rapports, ie croys par
« quelque ordonnance du ciel. Nous nous em-
« brassions par nos noms, et à nostre premiere
« rencontre, qui feut par hazard en une grande
« feste et compaignie de ville, nous nous trou-
« vasmes si prins, si cogneus, si obligez entre
« nous, que rien dez lors ne nous feut si proche
« que l'un à l'autre. Il escrivit une satyre latine
« excellente, qui est publiee, par laquelle il excuse
« et explique la precipitation de nostre intelli-
« gence si promptement parvenue à sa perfection.
« Ayant si peu à durer, et ayant si tard commencé,
« car nous estions touts deux hommes faicts, et
« luy plus de quelques années, elle n'avoit point
« à perdre temps, et n'avoit à se regler au patron
« des amitiez molles et regulieres, ausquelles il

La vraie amitié confond deux vies.
« fault tant de precautions, de longue et prealable
« conversation. Cette cy n'a point d'aultre idee
« que d'elle-mesme, et ne se peult rapporter qu'à

« soy ; ce n'est pas une speciale consideration, ny
« deux, ny trois, ny quatre, ny mille ; c'est ie ne
« sçay quelle quintessence de tout ce meslange,
« qui, ayant saisi toute ma volonté, l'amena se
« plonger et se perdre dans la sienne ; qui, ayant
« saisi sa volonté, l'amena se plonger et se perdre
« en la mienne, d'une faim, d'une concurrence
« pareille ; ie dis perdre, à la vérité, ne nous re-
« servant rien qui nous feust propre, ny qui feust
« ou sien ou mien.

« Nos ames ont charié si uniement ensemble,
« elles se sont considerees d'une si ardente affec-
« tion, et de pareille affection descouvertes ius-
« ques au fin fond des entrailles l'une de l'aultre,
« que non seulement ie cognoissoys la sienne
« comme la mienne, mais ie me feusse certaine-
« ment plus volontiers fié à luy de moy, qu'à
« moy.

« En ce noble commerce, les offices et les bien-
« faicts, nourrissiers des aultres amitiez, ne meri-
« tent pas seulement d'estre mis en compte ; cette
« confusion si pleine de nos volontez en est cause ;
« car tout ainsi que l'amitié que ie me porte ne
« reçoit point augmentation pour le secours que ie
« me donne au besoing, quoy que dient les stoï-
« ciens, et comme ie ne me sçais aulcun gré du
« service que ie me foys, aussi l'union de tels
« amis estant veritablement parfaicte, elle leur

Les mots bienfait, obligation reconnaissance, disparaissent dans l'amitié.

8.

« faict perdre le sentiment de tels debvoirs et haïr
« et chasser d'entre eulx ces mots de division et de
« difference, bienfaict, obligation, recognoissance,
« priere, remerciement, et leurs pareils. Tout es-
« tant, par effect, commun entre eulx, volontez,
« pensements, iugements, biens, femmes, enfants,
« honneur et vie, et leur convenance n'estant
« qu'une ame en deux corps, selon la tres propre
« definition d'Aristote, ils ne se peuvent ny pres-
« ter ny donner rien. Voylà pourquoy les faiseurs
« de loix, pour honnorer le mariage de quelque
« imaginaire ressemblance de cette divine liaison,
« deffendent les donations entre le mary et la
« femme ; voulants inferer par là que tout doibt
« estre à chascun d'eulx, et qu'ils n'ont rien à di-

Celui qui reçoit en amitié oblige davantage.

« viser et partir ensemble. Si, en l'amitié de quoy
« ie parle, l'un pouvoit donner à l'aultre, ce seroit
« celuy qui recevroit le bienfaict qui obligeroit
« son compaignon ; car cherchant l'un et l'aultre,
« plus que toute aultre chose, de s'entre-bienfaire,
« celuy qui en preste la matière et l'occasion est
« celuy là qui faict le liberal, donnant ce conten-
« tement à son amy d'effectuer en son endroict ce
« qu'il desire le plus.

« La parfaicte amitié est indivisible ; chascun se
« donne si entier à son amy, qu'il ne luy reste
« rien à despartir ailleurs ; au rebours, il est marry

La vraie amitié est indivisible.

« qu'il ne soit double, triple, ou quadruple, et
« qu'il n'ayt plusieurs ames et plusieurs volontez,
« pour les conferer toutes à ce subiect.

« Les amitiez communes, on les peult des-
« partir ; on peult aymer en cettuy ci la beauté ;
« en cet aultre, la facilité de ses mœurs ; en
« l'aultre, la libéralité ; en celuy là, la paternité ;
« en cet aultre, la fraternité, ainsi du reste ; mais
« cette amitié qui possede l'ame et la regente en
« toute souveraineté, il est impossible qu'elle soit
« double. » (*De l'amitié,* t. I, p. 365 et autres).

« Quand Lelius, en presence des consuls ro-
« mains, lesquels, aprez la condamnation de Tibe-
« rius Gracchus, poursuyvoient touts ceulx qui
« avoient esté de son intelligence, veint à s'en-
« querir de Caïus Blosius (qui estoit le principal
« de ses amis), combien il eust voulu faire pour
« luy, et qu'il eust respondu : « Toutes choses. »
« Comment toutes choses ! suyvit-il, et quoy !
« s'il t'eust commandé de mettre le feu en nos
« temples ? « Il ne me l'eust iamais commandé, »
« repliqua Blosius. « Mais s'il l'eust faict ? » ad-
« iousta Lelius. « J'y eusse obey, » respondict-il.
« S'il estoit si parfaictement amy de Gracchus,
« comme disent les histoires, il n'avoit que faire
« d'offenser les consuls par cette derniere et hardie
« confession ; et ne se debvoit despartir de l'asseu-
« rance qu'il avoit de la volonté de Gracchus.
« Mais toutesfois ceulx qui accusent cette response
« comme seditieuse, n'entendent pas bien ce mys-
« tere, et ne presupposent pas, comme il est, qu'il
« tenoit la volonté de Gracchus en sa manche, et
« par puissance et par cognoissance ; ils estoient

Confiance absolue.

« plus amis que citoyens ; plus amis qu'amis ou
« ennemis de leur païs, qu'amis d'ambition et de
« trouble ; s'estants parfaictement commis l'un à
« l'aultre, ils tenoient parfaictement les resnes de
« l'inclination l'un de l'aultre ; et faictes guider cet
« harnois par la vertu et conduicte de la raison,
« comme aussi est-il du tout impossible de l'atteler
« sans cela, la response de Blosius est telle qu'elle
« debvoit estre. Si leurs actions se desmanchèrent,
« ils n'estoient ny amis, selon ma mesure, l'un de
« l'aultre, ny amis à eulx-mesmes. Au demou-
« rant, cette response ne sonne non plus que fe-
« roit la mienne à qui s'enquerroit à moy de cette
« façon : « Si vostre volonté vous commandoit de
« tuer vostre fille, la tueriez-vous ? » et que ie
« l'accordasse, car cela ne porte aulcun tesmoi-
« gnage de consentement à ce faire ; parce que ie
« ne suis point en doubte de ma volonté, et tout
« aussi peu de celle d'un tel amy. Il n'est pas en
« la puissance de touts les discours du monde de
« me desloger de la certitude que i'ay des inten-
« tions et iugements du mien ; aulcune de ses ac-
« tions ne me sçauroit estre presentee, quelque
« visage qu'elle eust, que ie n'en trouvasse incon-
« tinent le ressort. » (*De l'amitié, t. I, p. 366-368.*)

« En la vraye amitié, de laquelle ie suis expert,
« ie me donne à mon ami, plus que ie ne le tire à
« moy. Ie n'aime pas seulement mieulx luy faire

« bien, que s'il m'en faisoit ; mais encores, qu'il
« s'en fasse, qu'à moy ; il m'en faict lors le plus,
« quand il s'en faict ; et si l'absence luy est ou
« plaisante ou utile, elle m'est bien plus doulce
« que sa presence ; et ce n'est pas proprement ab-
« sence, quand il y a moyen de s'entr'advertir.
« J'ai tiré aultrefois usage de nostre esloingnement
« et commodité : nous remplissions mieulx et
« estendions la possession de la vie, en nous se-
« parant ; il vivoit, il iouïssoit, il voyoit pour
« moy, et moy pour luy, autant plainement que
« s'il y eust esté. L'une partie de nous demeuroit
« oisifve quand nous estions ensemble ; nous nous
« confondions ; la separation du lien rendoit la
« conionction de nos volontez plus riche. Cette
« faim insatiable de la presence corporelle accuse
« un peu la foiblesse en la iouïssance des ames. »
(*De la Vanité*, t. IV, p. 528.)

On est plus heureux du bien qui arrive à notre ami qu'à celui qui nous arrive.

La faim insatiable de la présence corporelle accuse un peu la faiblesse.

§

Mais les affections, soit naturelles, soit électives, ne sont pas à elles-mêmes leur fin. Nous ne sommes pas destinés à nous confiner dans le cercle étroit de la famille, ni à concentrer notre être dans une âme de choix. Dans le sanctuaire des douces et saintes affections, nous apprenons à connaître et à pratiquer les devoirs qui nous lient à la grande famille humaine. L'initiation est facile là où tous les cœurs nous sont ouverts, où l'amour inspire la bienveillance, la bonté, le dévouement, l'indulgence, la douceur et la patience. Cette première école nous prépare graduellement à celle de la vie, où nous aurons à exercer ces vertus à l'égard de tous les hommes ; et nous les y pratiquerons d'autant mieux qu'une sage direction nous aura appris à sortir de nous-mêmes pour répandre sur autrui les forces vives de notre cœur. Ce n'est pas la philosophie, c'est une disposition bienveillante qui ouvre l'âme de Montaigne à l'amour de l'humanité : « l'estime tous les hommes mes compatriotes, dit-il, et embrasse un Polonais comme un Français, postposant cette liaison nationale à l'universelle et commune. » Socrate avait dit avant lui qu'on est homme avant d'être grec ou barbare. Il a prouvé aussi que l'amour de l'humanité n'exclut pas l'attachement à la patrie. C'est une erreur de croire que plus le cœur s'élargit, plus il devient incapable d'affections individuelles ; le pouvoir d'aimer s'accroît au contraire à mesure qu'il se répand. L'homme qui comprend le mieux ce qui est dû à la personne humaine en général est aussi celui qui rend le mieux justice aux droits particuliers de chacun. Montaigne s'élève au-dessus des préjugés, et, sans faire acception des distinctions que les hommes ont établies, il s'efforce de remplir envers tous ses devoirs d'homme. « Nature nous a mis au monde libres et deliez, nous nous emprisonnons en certains destroicts, a-t-il dit. La vertu, le bien et perfection de la bonté consiste à choisir, aymer, et vouloir selon la raison et selon l'ordre. » Il conseille à ceux qui gouvernent de gagner la volonté des peuples par l'humanité, la vérité, la loyauté, la tempérance et la justice. Il cite la parole de Cicéron : *Nihil est tam populare quam bonitas*. (1) Il veut qu'on se donne, sans réserves, aux charges qu'on prend. Peut-être son apparente indifférence a-t-elle empêché qu'on ne rendit justice à son zèle pour le bien public. « J'essaye, dit-il, à tenir mon ame et mes pensees en repos. De cette langueur naturelle, on ne doibt pourtant tirer aulcune preuve d'impuissance. Ie veux à ce peuple tout le bien qui se peult ; et certes, si l'occasion y eust été, il n'est rien que i'eusse epargné pour son service. Ie me suis esbranlé pour luy, comme ie fois pour moy. Ie ne laissay, que ie sçache, aulcun mouvement que le debvoir requist en bon escient de moy. I'ay facilement oublié ceulx que l'ambition mesle au debvoir. »

« Non parce que Socrate l'a dict, mais parce
« qu'en vérité c'est mon humeur, et à l'adventure
« non sans quelque excez, i'estime touts les hom-
« mes mes compatriotes ; et embrasse un Polonais
« comme un François, postposant cette liaison
« nationale à l'universelle et commune. Ie ne suis
« gueres feru de la doulceur d'un air naturel : les
« cognoissances toutes neufves et toutes miennes
« me semblent bien valoir ces aultres communes

Humanité.

Bienveillance pour tous les hommes, conforme à la nature.

(1) Rien n'est si populaire que la bonté.

Nos distinctions sont artificielles.

« et fortuites cognoissances du voisinage ; les ami-
« tiez pures de nostre acquest emportent ordinai-
« rement celles ausquelles la communication du
« climat ou du sang nous ioignent. Nature nous a
« mis au monde libres et deliez ; nous nous em-
« prisonnons en certains destroicts, comme les
« roys de Perse, qui s'obligeoient de ne boire
« iamais aultre eau que celle du fleuve de Choaspez,
« renonceoient, par sottise, à leur droict d'usage
« en toutes les aultres eaux, et asseichoient, pour
« leur regard, tout le reste du monde. (*De la Va-*
« *nité*, t. IV, p. 519 er 520).

« L'amitié naturelle des hommes tourne toute à leur
[proufit.

« A quiconque on donne l'amour, on donne
« aussi toute la volonté et tout l'homme ; car l'a-
« mour et la volonté se changent, et sont trans-
« ferez en la nature et seigneurie de la chose
« aymée.

« L'eau court naturellement : de mesme va il à
« nostre volonté ; car elle se coule tres aiseement
« vers l'amour de nous, et s'y repose sans l'ayde
« d'aultruy.

« L'amour de nous-mesme dresse une guerre
« contre Dieu ; elle est lourde et pesante ; celle
« de Dieu au contraire.

« Les hommes, garnis de l'amour de leur propre
« volonté, sont hors de toutes les creatures, voire
« hors d'eux-mes ; ils messe sont faict leur Dieu,
« et ne sont plus creatures, s'estant aneantis et
« reiectez au rien, en abandonnant leur Créateur.

« La vertu, le bien, et perfection de la bonté
« consiste à choisir, aymer, et vouloir selon raison
« et selon l'ordre. (*Pensées de Raymond Sebon*).

« Que le prince reluise d'humanité, de verité,
« de loyauté, de temperance, et surtout de iustice ;
« marques rares, incogneues et exilees ; c'est la
« seule volonté des peuples dequoy il peult faire
« ses affaires ; et nulles aultres qualitez ne peuvent
« attirer leur volonté comme celles-là, leur estants
« les plus utiles : *Nihil est tam populare quam boni-*
« *tas.* (Cicéron.) (*De la Presumption*, t. III, p. 439.)

« Ie ne veulx pas qu'on refuse, aux charges
« qu'on prend, l'attention, les pas, les paroles, et
« la sueur et le sang au besoing.

« *Non ipse pro charis amicis*
« *Aut patriâ, timidus perire* (1). »
(HORACE, ode 9.)
(*De mesnager sa volonté*, tome V, p. 9.)

§

Montaigne nous recommande, non seulement
les vertus actives dont l'amour du prochain est la

(1) Tout prêt moi-même à mourir pour mes amis
ou pour ma patrie.

source, mais aussi les vertus passives, l'indulgence, le support et la patience dont la charité est le principe. Il reprend sévèrement « cette vicieuse asspreté » avec laquelle l'homme juge les faiblesses et les imperfections de ses semblables, « cette aigreur tyrannique de ne pouvoir souffrir une forme diverse à la sienne. » Et il nous fait sentir que cette disposition violente « tient plus au iuge qu'à la faulte. » Avec quel à-propos il nous rappelle un mot de Platon qui témoigne de la douceur et de la parfaite équité de son âme : « Ce que ie treuve mal sain, n'est-ce pas pour estre moy-mesme mal sain ? ne suis-je pas moy-mesme en coulpe ? mon advertissement se peult-il pas renverser contre moy ? » Cette parole, qui indique une profonde humilité dans une âme si haute, rappelle tout naturellement celle du Christ : « Ne jugez point, afin que vous ne soyez point jugés. » Et celle de l'apôtre St-Paul : « Qui es-tu, toi, ô homme, qui juges les autres ? Ne sais-tu pas qu'en les condamnant, tu te condamnes toi-même, puisque tu fais les mêmes choses ? » Pourquoi n'appliquerait-on pas le beau nom de charité à cette douce indulgence que le mal et l'erreur rencontrent dans l'âme du sage, trop convaincu de sa propre imperfection, pour ne pas supporter celle d'autrui ? « Sage et divin refrain, dit Montaigne, après avoir cité Platon, sage et divin refrain, qui fouette la plus universelle et commune erreur des hommes. Non-seulement les reproches que nous faisons les uns aux aultres, mais nos raisons aussi et nos arguments et matières controverses, sont ordinairement retorquables à nous, et nous enferrons de nos armes. » C'est là le langage que tiennent tous ceux qui se connaissent assez eux-mêmes pour supporter et pardonner les infirmités d'autrui. Les plus âpres et les plus sévères juges du prochain sont certainement ceux que l'orgueil aveugle sur leurs propres défauts et qui ne savent pas qu'ils se condamnent eux-mêmes en traitant si impitoyablement les autres. Et cet aveuglement n'est-il pas, hélas! l'état normal de la plupart des hommes? Aussi Montaigne nous dit : « Nos yeulx ne veoient rien en derriere; cent fois le iour, nous nous mocquons de nous sur le subiect de nostre voisin, et detestons en d'aultres les defauts qui sont en nous plus clairement, et les admirons, d'une merveilleuse impudence et inadvertance. » C'est donc toujours au principe même de la vie morale, c'est-à-dire à la connaissance de soi, qu'il nous faut revenir ; c'est à ce point de départ que nous ramènent sans cesse et notre propre conduite et celle d'autrui. Mieux nous nous connaîtrons, plus nous serons justes, équitables, c'est-à-dire indulgents et charitables. Après nous être présentés les premiers à la punition de notre propre conscience, nous n'infligerons plus aucune condamnation à nos frères.

« C'est tousiours une aigreur tyrannique de ne
« pouvoir souffrir une forme diverse à la sienne ;
« et puis, qu'il n'est, à la verité, point de plus

Support.
Modestie.

« grande fadeze et plus constante, que de s'es-
« mouvoir et picquer des fadezes du monde, ny
« plus heteroclite ; car elle nous formalise princi-
« palement contre nous ; et ce philosophe du
« temps passé n'eust iamais eu faulte d'occasion à
« ses pleurs, tant qu'il se feust consideré. Myson,
« l'un des sept sages, d'une humeur timonienne
« et democriticienne, interrogé, de quoy il rioit
« tout seul : « De ce mesme que ie ris tout seul, »
« respondit-il. Combien de sottises dis-ie et res-
« ponds-ie touts les iours, selon moy ; et volontiers
« doncques combien plus frequentes selon aultruy ?
« Si ie m'en mords les levres, qu'en doibvent faire
« les aultres ? Somme, il fault vivre entre les vi-
« vants, et laisser la riviere courre soubs le pont,
« sans nostre soing, ou, à tout le moins, sans
« nostre alteration. De vray, pourquoy, sans nous
« esmouvoir, rencontrons-nous quelqu'un qui ayt
« le corps tortu et mal basty, et ne pouvons souf-
« frir la rencontre d'un esprit mal rengé, sans
« nous mettre en cholère ? Cette vicieuse aspreté
« tient plus au iuge qu'à la faulte. Ayons tousiours
« en la bouche ce mot de Platon : « Ce que ie
« treuve mal sain, n'est-ce pas pour estre moy-
« mesme mal sain ? Ne suis-ie pas moy-mesme en
« coulpe ? Mon advertissement se peult-il pas ren-
« verser contre moy ? » Sage et divin refrain, qui
« fouette la plus universelle et commune erreur
« des hommes. Non-seulement les reproches que
« nous faisons les uns aux aultres, mais nos rai-

Se défier de soi plutôt que de juger témérairement autrui.
Nul n'est bien sûr de la sanité de son esprit.

« sons et nos arguments et matieres controverses,
« sont ordinairement retorquables à nous, et nous
« enferrons de nos armes ; de quoy l'antiquité m'a
« laissé assez de graves exemples. Nos yeulx ne
« veoient rien en derriere ; cent fois le iour, nous
« nous mocquons de nous sur le subiect de nostre
« voisin, et detestons en d'aultres les defaults qui
« sont en nous plus clairement, et les admirons,
« d'une merveilleuse impudence et inadvertance.
« Encores hier ie feus à mesme de veoir un
« homme d'entendement et gentil personnage se
« mocquant, aussi plaisamment que iustement, de
« l'inepte façon d'un aultre qui rompt la teste à
« tout le monde du registre de ses genealogies et
« alliances, plus de moitié faulses (ceux-là se iec-
« tent plus volontiers sur tels sots propos qui ont
« leurs qualitez plus doubteuses et moins seures) ;
« et luy, s'il eust reculé sur soy, se feust trouvé
« non gueres moins intemperant et ennuyeux à
« semer et faire valoir la prerogative de la race de
« sa femme. Oh ! importune presumption, de la-
« quelle la femme se veoid armee par les mains de
« son mary mesme ! S'ils entendoient du latin, il
« leur fauldroit dire :

« *Agesis, hæc non insanit satis suâ sponte; instiga* (1.)
« (Térence). Ie n'entends pas que nul n'accuse,
« qui ne soit net ; car nul n'accuseroit, voire ny

Nous condamnons et détestons chez les autres les défauts qui sont plus clairement en nous-mêmes.

---

(1) Courage ! elle n'est pas assez folle d'elle-même ; irrite encore sa folie.

« net en mesme sorte de tache ; mais i'entends
« que nostre iugement, chargeant sur un aultre,
« duquel pour lors il est question, ne nous espargne
« pas d'une interne et severe iurisdiction ; c'est
« office de charité, que, qui ne peult oster un vice
« en soy, cherche ce neantmoins à l'oster en aul-
« truy, où il peult avoir moins maligne et revesche
« semence. Ny ne me semble response à propos,
« à celuy qui m'advertit de ma faute, dire qu'elle
« est aussi en luy. Quoy pour cela ? tousiours l'ad-
« vertissement est vray et utile. Si nous avions
« bon nez, nostre ordure nous debvroit plus puïr,
« d'autant qu'elle est nostre ; et Socrates est
« d'advis que qui se trouveroit coulpable, et son
« fils, et un estrangier, de quelque violence et
« iniure, debvroit commencer par soy à se pre-
« senter à la condamnation de la iustice, et im-
« plorer, pour se purger, le secours de la main du
« bourreau ; secondement pour son fils, et der-
« nierement pour l'estrangier : si ce precepte prend
« le ton un peu trop hault ; au moins se doibt-il
« presenter le premier à la punition de sa propre
« conscience. » (*De l'art de conférer*, t. IV, p. 434,
435, 436 et 437.)

§

Les parfaits exemples que nous propose Montaigne, nous montrent la hauteur de son idéal moral. C'est d'abord Socrate auquel il revient sans cesse et qu'il a compris mieux que Xénophon, à notre avis, avec cette merveilleuse intuition qui fait que les grandes âmes se reconnaissent à travers les âges. C'est ensuite Epaminondas qu'il « a rangé au premier rang des hommes excellents, ce dont il ne s'est jamais dédit. » Il admire en lui l'union de la force et de la douceur, la magnanimité dans la victoire, le respect de la justice et de l'équité dans la lutte ardente pour la patrie et la liberté. « Voylà, nous dit-il, une ame de riche composition ; il marioit, aux plus rudes et violentes actions humaines, la bonté et l'humanité, voire mesme la plus delicate qui se treuve en l'eschole de la philosophie. Ce courage si gros, enflé et obstiné contre la douleur, la mort, la pauvreté, estoit-ce nature ou art, qui l'eust attendry iusques au poinct d'une si extreme doulceur et debonnaireté de complexion ? »

Au noble enthousiasme que Montaigne éprouve pour les grands caractères de tous les temps, se joint encore la plus exquise tendresse, lorsqu'il parle de La Boétie : « Qui pourroit faire veoir les reglez bransles de son ame, sa pieté, sa vertu, sa iustice, la vivacité de son esprit, le poids et la santé de son iugement, la haulteur de ses conceptions...., engendreroit certainement à toutes gents de bien une singuliere affection envers luy meslee d'un merveilleux regret de sa perte... C'estoit vrayement une ame pleine, et qui montroit un beau visage à tout sens; une ame à la vieille marque, et qui eust produict de grands effects si sa fortune l'eust voulu ; ayant beaucoup adiousté à ce riche naturel, par science et par estude. »

En face de ces beaux modèles, plus éloquents même que l'incomparable plume de Montaigne, on ne peut regretter qu'il nous ait montré en action seulement les vertus sociales qui s'enseignent surtout par l'exemple. Son culte fervent pour ces grandes âmes ne nous permet pas de douter qu'il n'ait été leur émule en aimant sincèrement la vertu et en s'inspirant de leur vie pour la pratiquer.

Epaminondas. Douceur et force.

« I'ay aultrefois logé Epaminondas au premier
« rang des hommes excellents, et ne m'en desdis
« pas. Iusques où montoit-il la consideration de
« son particulier debvoir? qui ne tua iamais
« homme qu'il eust vaincu; qui, pour ce bien
« inestimable de rendre la liberté à son païs, fai-
« soit conscience de tuer un tyran, ou ses com-

Epaminondas, modèle parfait unissant la force et la douceur.

« plices, sans les formes de la iustice; et qui iu-
« geoit meschant homme, quelque bon citoyen
« qu'il feust, celuy qui, entre les ennemis et en la
« battaille, n'espargnoit son amy et son hoste.
« Voylà une ame de riche composition; il ma-
« rioit, aux plus rudes et violentes actions hu-
« maines, la bonté et l'humanité, voire mesme la
« plus delicate qui se treuve en l'eschole de la
« philosophie. Ce courage si gros, enflé et obstiné
« contre la douleur, la mort, la pauvreté, estoit-ce
« nature ou art, qui l'eust attendry iusques au

« poinct d'une si extreme doulceur et debonnai-
« reté de complexion ? Horrible de fer et de sang,
« il va fracassant et rompant une nation invincible
« contre toute aultre que contre luy seul ; et gau-
« chit, au milieu d'une telle meslee, au rencontre
« de son hoste et de son amy. Vrayement celuy-
« là proprement commandoit bien à la guerre, qui
« luy faisoit souffrir le mors de la benignité, sur
« le poinct de sa plus forte chaleur, ainsin en-
« flammee qu'elle estoit, et toute escumeuse de
« fureur et de meurtres. C'est miracle de pouvoir
« mesler à telles actions quelque image de iustice ;
« mais il n'appartient qu'à la roideur d'Epami-
« nondas d'y pouvoir mesler la doulceur et la faci-
« lité des mœurs les plus molles et la pure inno-
« cence. » (*De l'utile et de l'honneste*, t. IV, p. 175
et 176.)

Perfection de La Boëtie.

« Tout au rebours du masson, qui met le plus
« beau de son bastiment vers la rue, et du mar-
« chand, qui faict montre et parement du plus
« riche eschantillon de sa marchandise, ce qui es-
« toit en luy (La Boëtie) le plus recommandable,
« le vray suc et moelle de sa valeur, l'ont suivy,
« et ne nous en est demeuré que l'escorce et les
« feuilles. Qui pourroit faire veoir les reglez
« bransles de son ame, sa pieté, sa vertu, sa ius-
« tice, la vivacité de son esprit, le poids et la santé
« de son iugement, la haulteur de ses conceptions
« si loing eslevees au dessus du vulgaire, son sça-

« voir, les graces compaignes ordinaires de ses
« actions, le tendre amour qu'il portoit à sa mise-
« rable patrie, et sa haine capitale et iuree contre
« tout vice, mais principalement contre cette vi-
« laine traficque qui se couvre sous l'honnorable
« tiltre de iustice, engendreroit certainement à
« toutes gents de bien une singuliere affection en-
« vers luy meslee d'un merveilleux regret de sa
« perte. » (*Lettre à M. de L'Hospital*, t. V, p. 245
et 246.)

« Ie cognois des hommes assez qui ont diverses
« parties belles, qui l'esprit, qui le cœur, qui l'a-
« dresse, qui la conscience, qui le langage, qui
« une science, qui une aultre; mais de grand
« homme en general, et ayant tant de belles pieces
« ensemble, ou une au tel degré d'excellence qu'on
« le doibve admirer ou le comparer à ceulx que
« nous honorons du temps passé, ma fortune ne
« m'en a faict veoir nul, et le plus grand que i'aye
« cogneu au vif, ie dis des parties naturelles de
« l'ame, et le mieulx nay, c'estoit Estienne de La
« Boëtie ; c'estoit vrayement une ame pleine, et
« qui montroit un beau visage à tout sens ; une
« ame à la vieille marque, et qui eust produict de
« grands effects si sa fortune l'eust voulu ; ayant
« beaucoup adiousté à ce riche naturel, par science
« et par estude. » (*De la Presumption*, t. III,
p. 465.)

CHAPITRE VI

RELIGION — FOI — PIÉTÉ

La connaissance de nous-mêmes qui nous convainc de notre faiblesse, et celle de la loi parfaite qui nous condamne, nous amènent nécessairement à Dieu, qui seul peut rétablir l'harmonie entre l'âme et sa loi. Il est difficile d'admettre que Montaigne, qui se connaissait trop bien pour ne pas sentir cet état d'antagonisme et en souffrir, n'ait pas connu aussi la paix et la réconciliation, qui sont l'œuvre de la religion. Quand l'âme se complaît dans la solitude, c'est qu'elle y trouve un être plus parfait, dont la présence, qui est le pardon et la force, lui aide à supporter et à surmonter sa misère. Montaigne aimait trop à vivre en lui-même, et sa vie était trop intense pour que Dieu n'en fût pas le principe. Il nous parle d'ailleurs d'impulsions « violentes en persuasion ou en dissuasion, qui estoient plus ordinaires à Socrates, auxquelles lui aussi s'est laissé emporter si utilement et heureusement qu'elles pourroient estre iugees tenir quelque chose d'inspiration divine. » Nous ne savons pas jusqu'à quel point il s'est assimilé les croyances de Raymond Sebon, dont il fait l'apologie, mais nous trouvons dans ses écrits des témoignages qui attestent une foi personnelle. Les extraits de la « Théologie naturelle » qu'il appelle « les belles imaginations de Sebon, ses conceptions hautaines et comme divines », nous présentent la Nature et la Bible, comme étant les deux livres de Dieu, « le premier commun à tout le monde parce qu'il ne se peult ny falsifier, ny effacer, ni faulsement interpreter, là où il va tout aultrement de celuy de la Bible. » Il ajoute : « Si est-ce que l'un et l'autre est party de mesme maistre. Aussi s'accordent-ils tres bien et n'ont garde de se contredire, quoy que le premier symbolize plus avec nostre nature, et que le second soit bien loing au dessus d'elle. » Selon lui, nier Dieu serait aussi nier le bien infini et condamner l'homme au mal et à la misère. La croyance en Dieu « luy apporte de la fiance, du bien, de la consolation et de l'esperance. S'il la receoit bien en bon escient, s'il la plante bien vivement en soy, voyez quelle suitte de biens elle lui mene. Son intelligence se rend plus noble et plus digne, laissant le non ostre pour se ioindre à l'estre en logeant en soy l'infinité du bien ; elle prend une merveilleuse accroissance de perfection, elle reçoit de cette saincte creance une influence de bonté, et participe à la grandeur et excellence de la chose qu'elle croit. » Nous ne sommes pas étonnée que Montaigne ait dit de ces belles pensées exprimées avec toute la ferveur d'une âme croyante, que ce sont « des conceptions haultaines et comme divines. » Il nous semble impossible de mieux faire sentir que la foi est une vie qui transforme l'âme à l'image de Dieu qui l'a créée. Et celui qui a interprété cette croyance dans sa langue si vivante et si personnelle, en a sûrement retenu quelque chose dans son âme qui, à son tour, a marqué de son empreinte l'expression éloquente d'une foi si sincère et si élevée.

« Dieu nous a donné deux livres, celuy de l'u- « niversel ordre des choses ou de la nature, et « celuy de la Bible. Cestuy-là nous fut donné pre- « mier et dès l'origine du monde ; car chaque « creature n'est que comme une lettre tirée par la « main de Dieu. De façon que d'une grande mul- « titude de creatures, comme d'un nombre de let- « tres, ce livre a esté composé, dans lequel l'homme « se treuve et en est la lettre capitale et princi- « pale. Or, tout ainsi que les lettres et les mots « faicts des lettres, font une science, en compre- « nant tout plain de sentences et significations « differentes, tout ainsi les creatures ioinctes en- « semble emportent diverses propositions et di- « vers sens, et contiennent la science qui nous est « nécessaire avant tout autre. »

Religion. Nature. Bible.

Le livre de la nature, créé le premier, est formé d'une grande multitude de créatures.

« Si est-ce que le premier est commun à tout le « monde, et non pas le second ; car il fault estre « clerc pour le pouvoir lire. En outre, le livre de « Nature ne se peult ny falsifier, ny effacer, ny « faulsement interpreter, là où il va tout aultre-

Le livre de la nature ne se peut falsifier. La Bible peut être mal interprétée.

« ment de celuy de la Bible, si est-ce que l'un et
« l'autre est party de mesme maistre. Aussi s'ac-
« cordent-ils tres bien, et n'ont garde de se con-
« tredire, quoy que le premier symbolize plus avec
« nostre nature, et que le second soit bien loing
« au dessus d'elle. » (*Extrait de la Théologie naturelle de Raymond Sebon*, t. V, p. 305.)

Existence de Dieu.

« On nous demande s'il y a un Dieu, il nous
« faut soudain imaginer son contraire : il n'y a
« point de Dieu, et puis assortir ces choses l'une
« à l'autre, pour voir laquelle d'elles convient plus
« à l'estre et au bien, et laquelle y convient le
« moins. Or celle-là, il y a un Dieu, nous pre-
« sente une essence infinie, un bien incompre-
« hensible ; car Dieu est tout cecy. Le contraire, il

Si Dieu n'existait pas il n'y aurait pas de bien infini.

« n'y a point de Dieu, apporte avec soy privation
« d'un estre infiny, et d'un infiny bien. A ce
« compte, par leur comparaison, il y a autant à
« dire entre elles qu'il y a entre le bien et le mal.
« Passant outre, accommodons-les à l'homme.
« La premiere luy apporte de la fiance, du bien,
« de la consolation et de l'esperance ; la seconde
« du mal et de la misere ; il croira donc et recevra
« par nostre regle de nature, celle qui est et meil-
« leure de soy, et plus profitable pour luy ; et re-
« fusera celle qui est reiectable d'elle-mesme, et
« qui luy apporte toutes incommoditez ; autre-
« ment il abuseroit de son intelligence, et s'en ser-
« viroit à son dam, ce qu'il ne peut ny ne doit faire
« autant qu'il est homme. Mais quel bien pour-

« roit-il esperer de croire que Dieu ne fust pas ?
« Quel fruict en pourroit-il recueillir ? Pourquoy
« se ioindroit-il à la part sterile de tout bien ? A
« quoy faire la logeroit-il en son cœur et en sa
« foy ? Ne luy vaut-il pas mieux attacher sa
« creance à celle qui est fertile et fructueuse ? Or
« celle-cy, s'il la reçoit bien en bon escient, s'il
« la plante bien vivement en soy, voyez quelle
« suitte de biens elle lui mene. Son intelligence
« se rend plus noble et plus digne, laissant le non
« estre pour se ioindre à l'estre, et logeant en soy
« l'infinité du bien ; elle prend une merveilleuse
« accroissance de perfection, elle reçoit de cette
« saincte creance une influence de bonté, et par-
« ticipe à la grandeur et excellence de la chose
« qu'elle croit ; là où si l'homme s'associe avec la
« part contraire, son entendement se rend depravé
« ne visant qu'au non estre, au rien et à l'infinité
« du mal. Parquoy il est tenu de croire que Dieu
« est. Toutes les autres creatures le convient à ce
« faire par leur exemple. Nature mesme le luy
« commande, et ne peut faillir de l'en croire, car
« il est certain qu'elle ne ment pas, qu'elle ne
« nourrist point en soy la faulseté, et que toute
« obligation naturelle nous pousse à la vérité, non
« au mensonge. Voylà la maniere de convier à
« la foy les mescreans, d'apprendre à l'homme
« d'affermer ce qu'il n'entend pas, et de renforcer
« et roydir nos entendements à croire plus ferme. »
(*Extrait de la Théologie naturelle de Raymond Sebon*,
t. V, p. 322-324.)

L'intelligence grandit par la croyance en Dieu.

§

Après avoir dit à l'homme que toutes les créatures le convient à croire à l'existence de Dieu, et que la nature même le lui commande, Montaigne lui rappelle qu'il est lui-même « une piece de l'ordre des choses, qu'il est donc certainement à celuy à qui est tout le reste. » Créé, conservé et gouverné par Dieu, l'homme ne s'appartient pas à lui-même; il doit donc servir son Créateur. « Et tout ainsi que les autres creatures ne sont pas à elles-mesmes, mais à celuy qui les a engendrees; aussi n'es-tu pas à toy, mais à celuy à qui elles sont. » Plus excellent que les autres êtres, par l'intelligence et le libre arbitre, il ne doit se soumettre qu'à son souverain maître, lui consacrer tout ce qu'il a reçu de lui, et contribuer à l'ordre et à l'unité en ne faisant usage de sa volonté que pour accomplir la volonté de Dieu. « Si donc tant et tant de choses différentes respondent et servent à une seule nature, à sçavoir à l'humaine, comme plus excellente qu'elles, combien plus est-il raisonnable que l'humaine n'en serve qu'une superieure et maistresse de toutes. »

« Dieu est esprit; il faut donc que ceux qui l'adorent, l'adorent en esprit et en vérité. » Il répond à tous les besoins, à toutes les aspirations de l'homme, qui trouve en lui la vérité, la bonté, le bien infini. « Parce que l'homme peult infiniment souhaitter, Dieu peult infiniment assouvir et satisfaire. Parce que nous sommes aptes à bien faire, Dieu est apte à remunerer ; et d'autant que nous pouvons pécher et faillir, Dieu nous peut punir et chastier. » De là s'impose naturellement à l'âme la croyance à une autre vie, sans laquelle la création serait entièrement vaine, et la vie de l'homme, avec ses actions, bonnes ou mauvaises, serait vaine aussi.

« Or sus donc, homme, tiens hardiment ce que « tu as de celuy duquel les autres choses ont ce « qu'elles ont ; tu es une piece de l'ordre des « choses, tu fais un corps avec elles et une hié- « rarchie ; tu es donc certainement à celuy à qui « est tout le reste, tu es conservé et gouverné par « celuy qui gouverne et maintient le reste. Et tout « ainsi que les autres creatures ne sont pas à elles- « mesmes, mais à celuy qui les a engendrees ; « aussi n'es-tu pas à toy, mais à celuy à qui elles « sont, et la terre et l'eau, et les elements où tu « habites. Apprens encores que puis que tu ne t'es « pas donné ce que tu as, ny les choses inferieures « à toy ne te l'ont donné, ny ne t'ont fait tel que « tu es, que c'est donc quelqu'un qui est plus « grand que toy ny qu'elles. »

Religion. L'homme appartient à Dieu.

« Les hommes sont naturellement tout un, et de « mesme dignité, comme ayans tous esgallement « le liberal arbitre, qui est la premiere et princi- « palle piece de leur estre, qui leur donne un rang « à part, et par laquelle seule ils different d'avec les

Nature supérieure de l'homme, par laquelle il diffère des autres creatures et sert Dieu.

« autres creatures. Si donc tant et tant de choses
« differentes qui sont en ce monde respondent et
« servent à une seule nature, à sçavoir à l'humaine,
« comme plus excellente qu'elles, et non à plu-
« sieurs, combien plus est-il raisonnable que l'hu-
« maine n'en serve qu'une superieure et maistresse
« de toutes, et non diverses ? Autrement que se-
« roit-ce à dire ? Que les natures inférieures et
« moins dignes visassent à l'unité et à une seule
« nature comme à la plus digne ; et l'humaine, qui
« est beaucoup plus excellente, et à laquelle les
« autres cedent, visast à la diversité et à plusieurs
« natures, comme plus grandes et maistrisantes ?
« L'ordre des choses ne sçauroit souffrir que ce
« qui est plus bas et moins digne respondist à ce
« qui est plus fort, le meilleur et le plus noble ; et
« que le plus hault et le plus digne respondist au
« pire et au plus foible. Or est-il plus honnorable
« et plus beau sans doute de tirer à l'unité qu'à la
« diversité, et à un qu'à plusieurs ; parce que viser
« à l'unité et à l'un, c'est viser à la conservation,
« à la force, au bien et à l'estre ; mais viser à la
« diversité et multitude, c'est viser à la division, à
« la foiblesse, à la ruine, au mal et au non estre.
« Arrestons donc qu'il n'y a qu'une seule nature
« au dessus de l'homme, et qui luy commande. »
(*Extrait de la Théologie naturelle de Raymond Sebon*,
t. V, p. 313-315.)

Dieu est esprit.

« Et parce qu'il est tout intellectuel, nous n'y
« pouvons attaindre de nostre veüe corporelle,

« d'autant qu'il n'est capable ni de couleur, ni de
« figure; aussi n'est-il palpable, ny sensible à nul
« des sens, que nous avons communs avecques les
« bestes; car la force de ces sens-là corporels, ne
« s'estend que iusques aux choses et qualitez, qui
« sont aussi corporelles. Ainsi la veüe sert à nous
« descouvrir les couleurs, les figures et la lumiere,
« l'ouye à recevoir les sons qui se font en l'air; le
« fleurer, les odeurs; le gouster, les saveurs; le
« toucher nous apprend le chaud et le froid. Or
« d'autant que Dieu est tout esprit et tout ame, il
« ne peut estre comprins ou apperceu que par l'in-
« telligence. Voilà comme de toutes ses creatures,
« le seul homme peut parvenir à sa cognoissance,
« et luy à Dieu faict present de ceste grande et
« particuliere partie de l'entendement, afin qu'il le
« puisse recognoistre. »

Dieu esprit ne peut être compris que par l'intelligence.

« Il y a relation entre le Createur et l'homme.
« Attendu que nous sommes capables de louer,
« glorifier et benir, Dieu est benissable, glorifiable
« et louable. Attendu que nous sommes capables
« de cognoistre les bienfaicts, Dieu est bienfaicteur
« et liberal donneur, et est ouvrier esmerveillable,
« attendu que nous nous pouvons esmerveiller. Si
« nous pouvons croire, Dieu est croyable. Si nous
« sommes aptes à esperer, il nous faut esperer en
« luy. Si nous sommes prouveuz de confiance,
« Dieu est fiable, et c'est en luy que nous devons
« mettre nostre fiance; il est desirable, veu que
« nous sommes capables de desirer. Veu que

Dieu répond parfaitement à l'âme humaine.

« l'homme est tousiours en queste de la verité,
« Dieu est veritable. Veu qu'il desire continuelle-
« ment le bien, Dieu est très bon. Parce que
« l'homme est capable d'infiniment demander,
« Dieu est capable d'infiniment donner. Parce
« qu'il peut infiniment souhaitter, Dieu peut infi-
« niment assouvir et satisfaire. Parce que nous
« sommes aptes à bien faire, Dieu est apte à remu-
« nerer ; et d'autant que nous pouvons pecher et
« faillir, Dieu nous peut punir et chastier. »

Dieu, rémunérateur de l'homme.

« Aux choses visibles respond l'œil, pour les
« veoir ; à celles qu'il faut ouyr, l'oreille ; aux intel-
« lectuelles, l'entendement, et ainsi du reste ; à fin
« qu'il n'y ait rien pour neant. Pourquoy ne res-
« pondra tout de mesme aux choses recompen-
« sables un recompenseur, aux punissables un
« punisseur, aux iugeables un iuge ; et cela à fin
« que le merite et le demerite n'ayent pas esté
« frustratoirement produicts par nature, qui n'en-
« gendre rien sans son effect ? Tenons donc cer-
« tainement qu'il y a quelque payeur ou chastieur
« plus grand que nous, auquel l'homme se rap-
« porte pour le regard de ses operations. » (*Extrait de la Théologie naturelle de Raymond Sebon*, t. V, p. 316-318.)

Rétribution future.

« Puisque nous sommes tels que nos actions ont
« du demerite ou du merite, et qu'elles sont punis-
« sables ou dignes de recognoissance, il s'ensuit,
« veu que l'homme n'a de quoy recompenser ou
« punir ses œuvres, qu'il y en a quelqu'un au des-

« sus de luy qni le peut faire ; autrement cette
« qualité particuliere lui auroit esté frustratoire-
« ment attribuee ; ses actions mesmes seroient de
« neant et inutiles ; voire qui plus est sa creation
« seroit entierement vaine, et par consequent, at-
« tendu qu'il est la principale piece du monde, que
« tout respond à luy, qu'il n'y a rien du reste qui
« n'ait esté faict pour son service, il s'ensuyvroit
« que l'entier bastiment de cet univers seroit inu-
« tile, et que tout y seroit confuz et sans ordre. »
(*Extrait de la Théologie naturelle de Raymond Sebon*).

§ .

Montaigne ne croit pas que l'on arrive par des moyens purement humains à cette « chose si divine et si haultaine, et surpassant de si loing l'humaine intelligence, comme est cette Verité de laquelle il a pleu à la bonté de Dieu nous esclairer. » Mais si « Dieu donne la sagesse à ceux qui la lui demandent, » il faut que l'homme la demande. Or, on ne demande que les choses que l'on désire. C'est donc à l'homme de détacher son cœur de toutes les vanités qui le séduisent, et de rechercher les biens réels. « Cette faveur extraordinaire et privilegiee » dont nous parle Montaigne, est à la portée de tous les hommes, car « Dieu veut que tous les hommes soient sauvés et qu'ils parviennent à la connaissance de la vérité. » (I Tim. II, v. 4.) Mais il faut chercher pour trouver, demander pour recevoir. Si l'on ne trouve pas la foi par la raison, la raison ne contredit pas cependant la foi dans ce qu'elle a de plus essentiel et de plus parfait, elle la fortifie au contraire et la rend personnelle. Et comme nous le dit Montaigne : « il fault accommoder au service de nostre foy les utils naturels et humains que Dieu nous a donnez ; il ne fault pas doubter que ce ne soit l'usage le plus honorable que nous leur sçaurions donner, et qu'il n'est occupation ny desseing plus digne d'un homme chrestien, que de veoir, par touts ses estudes et pensements à embellir, estendre et amplifier la verité de sa creance. » Nous croyons que la volonté de l'homme a une grande part dans sa foi. Qu'il ne confonde pas le désir de croire, désir qui n'est pas assez puissant pour surmonter l'indifférence et la paresse naturelle, avec la volonté qui, sans attendre une illumination extraordinaire, agit avec le peu de lumière qu'elle a, et se porte avec ardeur vers ce qui se présente à la conscience comme étant la vérité. « Agissez comme si vous croyiez, » non pas en prenant de l'eau bénite ou en faisant tout autre acte prescrit par l'Eglise, mais en accomplissant les préceptes de l'Evangile, qui s'imposent à la conscience avant que l'âme soit illuminée sur le chemin de Damas. « Le sentier du juste, nous dit l'Ecriture, est une lumière resplendissante qui augmente en clarté jusqu'à ce que le jour soit dans sa perfection. » « Va, avec cette force que tu as, » nous dit-elle encore. Le cœur droit qui aime le bien emploie fidèlement les moyens qui sont à sa disposition pour l'accomplir, et grâce à sa fidélité, il en reçoit toujours davantage. C'est là le sens que nous attachons à cette promesse : « Il sera donné à celui qui a déjà. » Comment donc justifier la lâcheté de l'âme qui attend la grâce divine pour agir ! Le sentiment moral qui l'incite à agir n'est-il donc pas une inspiration divine suffisante pour ébranler sa volonté ? « Si quelqu'un veut faire la volonté de mon père, dit Jésus-Christ, il éprouvera si ma doctrine est de Dieu ou si je parle de moi-même. » Il dépend donc de notre volonté de recevoir cette foi fervente qui nous rend fermes et inébranlables dans le bien, qui unit notre âme à Dieu pour la rendre « participante de sa sainteté. » Montaigne nous parle de cette foi vivante et personnelle, comme s'il en avait éprouvé toute la joie :

« Si nous tenions à Dieu par l'entremise d'une foy vifve, dit-il, les occasions humaines n'auroient pas le pouvoir de nous esbranler.... Si ce rayon de la divinité nous touchoit aulcunement, il y paroistroit partout ; non seulement nos paroles, mais encore nos opérations, en porteroient la lueur et le lustre ; tout ce qui partiroit de nous, on le verroit illuminé de cette noble clarté. » Quel orateur sacré pourroit mieux nous faire sentir l'harmonie qui doit exister entre nos croyances et notre vie, et l'obligation contractée par tout chrétien de devenir parfait, comme notre Père qui est dans les cieux? Quelle forte censure et quelle vigoureuse injonction dans ces paroles : « Comparez nos mœurs à un mahometan, à un païen ; vous demeurez tousiours au dessoubs : là où, au regard de l'advantage de nostre religion, nous debvrions luire en excellence d'une extrême et incomparable distance, et debvroit on dire : « Sont-ils si iustes, si charitables, si bons ? ils sont donc chrestiens... La marque peculiere de nostre verité debvroit estre nostre vertu, comme elle est aussi la plus celeste marque et la plus difficile, et comme c'est la plus digne production de la verité. » Quel sens profond il a de la sainte parole ! « Si nous avions une seule goutte de foy, dit-il, nous renverserions les montagnes de leur place : nos actions qui seroient guidees et accompagnees de la Divinité, ne seroient pas simplement humaines, elles auroient quelque chose de miraculeux comme nostre croyance : *Brevis est institutio vitæ honestæ beatæque si credas* (Quintilien). » Quel émouvant commentaire de l'épître de St-Jacques sur la foi vivante ! La foi est en effet la vie même, lorsque l'âme régénérée par le souffle de Dieu, progresse dans la verité, la justice et la charité, pour réfléchir parfaitement l'image de Dieu.

Foi.

« Je iuge ainsi, qu'à une chose si divine et si
« haultaine, et surpassant de si loing l'humaine in-
« telligence, comme est cette Verité de laquelle il a
« pleu à la bonté de Dieu nous esclairer, il est bien
« besoing qu'il nous preste encore son secours,

« d'une faveur extraordinaire et privilegiee, pour
« la pouvoir concevoir et loger en nous, et ne crois
« pas que les moyens purement humains en soient
« aulcunement capables ; et, s'ils l'estoient, tant
« d'ames rares et excellentes, et si abondamment
« garnies de forces naturelles ez siecles anciens,
« n'eussent pas failly, par leur discours, d'arriver
« à cette cognoissance. C'est la foy seule qui em-
« brasse vifvement et certainement les haults mys-
« teres de nostre religion; mais ce n'est pas à dire
« que ce ne soit une tres belle et tres louable en-
« treprinse d'accommoder encore au service de
« nostre foy les utils naturels et humains que Dieu
« nous a donnez; il ne fault pas doubter que ce ne
« soit l'usage le plus honnorable que nous leur
« sçaurions donner, et qu'il n'est occupation ny
« desseing plus digne d'un homme chrestien, que
« de veoir, par toutes ses estudes et pensements,
« à embellir, estendre et amplifier la verité de sa
« creance. Nous ne nous contentons point de ser-
« vir Dieu d'esprit et d'ame ; nous luy debvons
« encore, et rendons, une reverence corporelle,
« nous appliquons nos membres mesmes, et nos
« mouvements, et les choses externes, à l'honorer :
« il en fault faire de mesme, et accompaigner
« nostre foy de toute la raison qui est en nous ;
« mais tousiours avecques cette reservation, de
« n'estimer pas que ce soit de nous qu'elle des-
« pende, ny que nos efforts et arguments puissent
« atteindre une si supernaturelle et divine science.

On ne peut parvenir à la vérité par les moyens humains.

La foi seule embrasse les mystères de la religion.

Si notre foi était vive, les occasions humaines n'auraient pas le pouvoir de nous ébranler.

« Si elle n'entre chez nous par une infusion ex-
« traordinaire ; si elle y entre non-seulement par
« discours, mais encore par moyens humains, elle
« n'y est pas en sa dignité ny en sa splendeur : et
« certes ie crains pourtant que nous ne la iouis-
« sions que par cette voye. Si nous tenions à Dieu
« par l'entremise d'une foy vifve ; si nous tenions à
« Dieu par luy, non par nous ; si nous avions un
« pied et un fondement divin, les occasions humai-
« nes n'auroient pas le pouvoir de nous esbranler
« comme elles ont ; nostre fort ne seroit pas pour
« se rendre à une si foible batterie ; l'amour de la
« nouvelleté, la contraincte des princes, la bonne
« fortune d'un party, le changement temeraire et
« fortuite de nos opinions, n'auroient pas la force
« de secouer et alterer nostre croyance ; nous ne
« la laisserions pas troubler à la mercy d'un nouvel
« argument, et à la persuasion, non pas de toute
« la rhetorique qui feut oncques ; nous soutien-
« drions ces flots, d'une fermeté inflexible et im-
« mobile : si ce rayon de la divinité nous touchoit
« aulcunement, il y paroistroit partout, non-seule-
« ment nos paroles, mais encore nos opérations,
« en porteroient la lueur et le lustre ; tout ce qui
« partiroit de nous, on le verroit illuminé de cette
« noble clarté. Nous debvrions avoir honte, qu'ez
« sectes humaines il ne feust jamais partisan, quel-
« que difficulté et estrangeté que mainteinst sa
« doctrine, qui n'y conformast aulcunement ses
« desportements et sa vie ; et une si divine et ce-

« leste institution ne marque les chrestiens que par
« la langue ! Voulez-vous veoir cela ? Comparez
« nos mœurs à un mahometan, à un païen ; vous
« demeurez tousiours au dessoubs : là où, au
« regard de l'advantage de nostre religion, nous
« debvrions luire en excellence, d'une extreme et
« incomparable distance, et debvroit on dire :
« Sont-ils si iustes, si charitables, si bons ? ils sont
« donc chrestiens. » Toutes aultres apparences
« sont communes à toutes religions ; esperance,
« confiance, evenements, cerimonies, penitence,
« martyres, la marque peculiere de nostre verité
« debvroit estre notre vertu, comme elle est aussi
« la plus celeste marque et la plus difficile, et
« comme c'est la plus digne production de la
« verité.

La foi devrait nous rendre justes, charitables et bons.

. . . .

« Si nous avions une seule goutte de foy, nous
« renverserions les montaignes de leur place, dict
« la saincte Parole : nos actions qui seroient gui-
« dees et accompaignees de la Divinité, ne seroient
« pas simplement humaines, elles auroient quel-
« que chose de miraculeux comme nostre croyance :
« *Brevis est institutio vitæ honestæ beatæque, si*
« *credas* (1). » (Quintilien).

Apologie de Raimond Sebon, t. III, p. 7-10.

(1) Croyons, nous connaîtrons bientôt la route de
la vertu et du bonheur.

§

Ce qui témoigne encore du respect de Montaigne pour la religion, c'est son indignation contre tous ceux qui s'en servent pour satisfaire leurs passions égoïstes, les hypocrites qui s'en parent pour mieux tromper les autres ; les ambitieux qui, sous prétexte de défendre la religion, poursuivent leurs desseins et confondent leurs haines personnelles avec la vengeance divine. « Dieu, dit Montaigne, doibt son secours extraordinaire à la foy et à la religion, non pas à nos passions : les hommes y sont conducteurs, et s'y servent de la religion ; ce debvroit estre tout le contraire. » Il nous parle aussi de ceux qui se trompent eux-mêmes, en se faisant accroire qu'ils ont la foi. Peut-être y a-t-il de ces aveugles plus qu'on ne pense. Les uns se figurent qu'ils croient parce qu'ils acceptent passivement la foi de leurs pères ; mais la croyance qu'ils ne se sont pas assimilée, n'exerce aucune influence sur leur vie. Les autres se contentent d'une foi de tête qui n'est qu'une conviction de certaines vérités ; mais ils ne comprennent pas « les raisons que la raison ne connaît pas », qui seules peuvent gagner la volonté. Aussi Montaigne constate-t-il que « la iustice, qui est l'un des partis qui divisent la France, n'y est que pour ornement et couverture, elle y est bien allignee, mais elle n'y est ny receue, ny logee, ny espousee. » Rien n'est facile en religion comme de se payer de belles paroles ou de vaines formalités qui laissent le cœur vide, et ne servent qu'à tromper les autres et à nous tromper nous-mêmes. Mais à mesure que disparaît le culte en esprit et en vérité, les hommes n'emploient la religion que pour leurs entreprises violentes et ambitieuses et « s'y conduisent d'un progrez si conforme en desbordement et iniustice, qu'ils rendent doubteuse et malaysee à croire la diversité qu'ils prétendent de leurs opinions, en chose de laquelle despend la conduicte et loy de nostre vie. » Ces graves réflexions sont suggérées à Montaigne par les événements et les hommes de son temps; mais combien elles sont justes dans tous les temps. Que d'iniquités se commettent au nom de la religion! Avec quelle fureur tous les partis se combattent, la haine dans le cœur, et des paroles d'amour sur les lèvres. « Nostre zele faict merveilles, dit Montaigne, quand il va secondant nostre pente vers la haine, la cruauté, l'ambition, l'avarice, la détraction, la rébellion; à contrepoil, vers la bonté, la bénignité, la tempérance, si, comme par miracle, quelque rare complexion ne l'y porte, il ne va ny de pied, ny d'aile. Nostre religion est faicte pour extirper les vices : elle les couvre, les nourrit, les incite. Le meilleur de nous ne craint pas d'oultrager Dieu, comme il craint d'oultrager son voisin, son parent, son maistre. » En lisant ces paroles si fortes et si bien senties, chacun fait un retour sur soi-même et se demande si c'est Dieu ou les hommes qu'il craint. Et lequel, même d'entre les meilleurs, comme nous le dit Montaigne, n'a pas quelque lâcheté à se reprocher ? « Si nous croyions et cognoissions Dieu, comme une aultre histoire, comme l'un de nos compaignions, nous l'aimerions au-dessus de toutes aultres choses, pour l'infinie bonté et beauté qui reluict en luy. »

Fausse dévotion.

La vraie dévotion est dans le cœur, non dans la bouche.

« Les uns font accroire au monde qu'ils croyent
« ce qu'ils ne croyent pas; les aultres, en plus
« grand nombre, se le font accroire à eulx-mesmes,
« ne sçachants pas penetrer que c'est que croire :
« et nous trouvons estrange si, aux guerres qui
« pressent à cette heure nostre estat, nous voyons
« flotter les evenements et diversifier d'une ma-
« nière commune et ordinaire; c'est que nous n'y
« apportons rien que le nostre. La iustice, qui
« est en l'un des partis, elle n'y est que pour
« ornement et couverture, elle y est bien allignee,
« mais elle n'y est ny receue, ny logee, ny espou-
« see : elle y est comme en la bouche de l'advocat,
« non comme dans le cœur et affection de la
« partie. Dieu doibt son secours extraordinaire à
« la foy et à la religion, non pas à nos passions ;
« les hommes y sont conducteurs, et s'y servent de
« la religion, ce debvroit estre tout le contraire.
« Sentez, si ce n'est par nos mains que nous la
« menons : à tirer, comme de cire, tant de figures
« contraires d'une regle si droicte et si ferme quand
« s'est-il veu mieulx, qu'en France, en nos iours ?

« Ceux qui l'ont prinse à gauche, ceulx qui l'ont
« prinse à droicte, ceulx qui en disent le noir,
« ceulx qui en disent le blanc, l'employent si pa-
« reillement à leurs violentes et ambitieuses entre-
« prinses, s'y conduisent d'un progrez si conforme
« en desbordement et iniustice, qu'ils rendent
« doubteuse et malaysee à croire la diversité qu'ils
« pretendent de leurs opinions, en chose de la-
« quelle despend la conduicte et loy de nostre vie,
« peut on veoir partir de mesme eschole et disci-
« pline des mœurs plus unies, plus unes? Voyez
« l'horrible impudence de quoy nous pelotons les
« raisons divines ; et combien irreligieusement
« nous les avons et reiectees, et reprinses, selon
« que la fortune nous a changé de place en ces
« orages publicques. Cette proposition si solenne,
« s'il est permis au subiect de se rebeller et armer
« contre son prince, pour la deffense de la reli-
« gion, » souvienne vous en quelles bouches, cette
« année passée, l'affirmative d'icelle estoit l'arc
« boutant d'un party ; la negative de quel autre
« party c'estoit l'arc boutant ; et oyez à present de
« quel quartier vient la voix et instruction de
« l'un et de l'aultre, et si les armes bruyent moins
« pour cette cause que pour celle-là. Et nous
« bruslons les gents qui disent qu'il fault faire
« souffrir à la verité le ioug de nostre besoing, et
« de combien faict la France pis que de le dire ?
« Confessons la verité, qui trieroit de l'armee,
« mesme legitime, ceulx qui y marchent par le

« seul zele d'une affection religieuse, et encore
« ceulx qui regardent seulement la protection des
« loix de leur païs, au service du prince, il n'en
« sçauroit bastir une compaignie de gents d'armes
« complette. D'où vient cela, qu'il s'en treuve si
« peu qui ayent maintenu mesme volonté et
« mesme progrez en nos mouvements publicques,
« et que nous les voyons tantost n'aller que le
« pas, tantost y courir à bride avalée, et mesmes
« hommes tantost gaster nos affaires par leur
« violence et aspreté, tantost par leur froideur,
« mollesse et pesanteur, si ce n'est qu'ils y sont
« poulsez par des considérations particulieres et
« casuelles, selon la diversité desquelles ils se
« remuent?

Nous prétons à la dévotion les offices qui flattent nos passions.

« Je veois cela evidemment, que nous ne prestons volontiers à la devotion que les offices qui
« flattent nos passions, il n'est point d'hostilité
« excellente comme la chrestienne ; notre zele
« faict merveilles, quand il va secondant nostre
« pieté vers la haine, la cruauté, l'ambition, l'ava-
« rice, la detraction, la rebellion ; à contre-poil,
« vers la bonté, la benignité, la temperance, si,
« comme par miracle, quelque rare complexion ne
« l'y porte, il ne va ny de pied, ny d'aile. Nostre
« religion est faicte pour extirper les vices : elle
« les couvre, les nourrit, les incite. Il ne fault
« point faire barbe de foarre à Dieu (comme on
« dit). Si nous le croyions, ie ne dis pas par foy,
« mais d'une simple croyance, voire (et ie le dis à

« nostre grande confusion) si nous le croyions et
« cognoissions, comme une aultre histoire, comme
« l'un de nos compaignons, nous l'aimerions au
« dessus de toutes aultres choses, pour l'infinie
« bonté et beauté qui reluict en luy; au moins
« marcherait-il au mesme rang de nostre affection
« que les richesses, les plaisirs, la gloire, et nos
« amis; le meilleur de nous ne craint point de
« l'oultrager comme il craint d'oultrager son voi-
« sin, son parent, son maistre. Est-il si simple
« entendement, lequel, ayant d'un costé l'obiect
« d'un de nos vicieux plaisirs, et de l'aultre, en
« pareille cognoissance et persuasion, l'estat d'une
« gloire immortelle entrant en troque de l'un
« pour l'aultre? et si, nous y renonceons souvent
« de pur mespris : car quelle envie nous attire au
« blaspheme, sinon à l'adventure l'envie mesme de
« l'offense? » (*Apologie de Raymond Sebon*, t. III,
p. 10-13.)

§

L'âme ne saurait se passer de Dieu qui est sa
vie, sa force, sa grandeur. Montaigne reproche à
Platon d'avoir dit « que les enfants et les vieillards
se trouvent plus susceptibles de religion », mais,
certes, l'âme de Platon était profondément religieuse ; et quand il parlait de la divinité, de la justice et de la beauté absolue, il était inspiré de Dieu.
Ce qui nous surprend péniblement, c'est que

Montaigne prétend « que les actions vertueuses de Socrate et de Caton demeurent vaines et inutiles pour n'avoir eu leur fin et n'avoir regardé l'amour et obéissance du vray createur de toutes choses, et pour avoir ignoré Dieu. » Socrate a-t-il pu ignorer Dieu, quand toute sa vie, il a obéi à l'inspiration de Dieu qui parlait à son âme ? Et ses actions vertueuses qui ravissent et transportent l'humanité, seraient inutiles parce qu'il rend hommage à Dieu d'une autre manière, dans un autre langage que les chrétiens ? Mais, il n'y a pas, dans toute l'ancienne alliance, une vertu aussi haute que celle de Socrate à qui le plus croyant des patriarches ne saurait être comparé, et que Jésus-Christ a seul surpassé. St-Paul répondrait à Montaigne : « Quand les Gentils, qui n'ont point la loi, font naturellement les choses qui sont selon la loi, n'ayant point la loi, ils se tiennent lieu de loi à eux-mêmes. Ils font voir que ce qui est prescrit par la loi est écrit dans leurs cœurs, puisque leur conscience leur rend témoignage, et que leurs pensées les accusent ou les défendent ; ce qui arrivera au jour où Dieu jugera les actions secrètes des hommes, par Jésus-Christ. » (Rom. chap. II, v. 14, 15, 16.) Nous sommes convaincue que Socrate avait l'esprit de Dieu, et nous souhaitons que tous les chrétiens soient comme lui courageux, fermes et inébranlables dans le bien. Plus ils seront unis à Dieu, plus ils seront parfaits. « Le nœud qui debvroit attacher nostre iugement et nostre volonté, qui debvroit estreindre nostre ame et ioindre à nostre Createur, ce debvroit estre un nœud prenant ses replis et ses forces, non pas de nos considerations, de nos raisons et passions, mais d'une estreinte divine et supernaturelle. »

« L'erreur du paganisme et l'ignorance de nos-
« tre saincte verité, laissa tomber cette grande
« ame de Platon, mais grande d'humaine grandeur
« seulement, en cet abus « que les enfants et les
« vieillards se treuvent plus susceptibles de reli-
« gion » : comme si elle naissoit et tiroit son cre-
« dit de nostre imbecillité. Le nœud qui debvroit
« attacher nostre iugement et nostre volonté, qui
« debvroit estreindre nostre ame et ioindre à nostre
« Createur, ce debvroit estre un nœud prenant
« ses replis et ses forces, non pas de nos conside-
« rations, de nos raisons et passions, mais d'une
« estreinte divine et supernaturelle, n'ayant qu'une
« forme, un visage, et un lustre, qui est l'autorité
« de Dieu et sa grace. Or, nostre cœur et nostre
« ame estant regie et commandee par la foy, c'est
« raison qu'elle tire au service de son desseing
« toutes nos aultres pieces, selon leur portée.

La foi lie l'homme au Créateur.

« Nos raisons et nos discours humains, c'est
« comme la matiere lourde et sterile, la grace de
« Dieu en est la forme, c'est elle qui y donne la
« façon et le prix. Tout ainsi que les actions ver-
« tueuses de Socrate et de Caton demeurent vaines
« et inutiles pour n'avoir eu leur fin et n'avoir re-
« gardé l'amour et obeissance du vray createur de

La grâce de Dieu doit s'ajouter aux discours humains pour former la vraie foi.

« toutes choses et pour avoir ignoré Dieu : ainsi
« est-il de nos imaginations et discours, ils ont
« quelque corps, mais non une masse informe,
« sans façon et sans iour, si la foy et la grace de
« Dieu n'y sont ioinctes. La foy venant à teindre
« et illustrer les arguments de Sebon, elle les rend
« fermes et solides. » (*Apologie de Raymond Sebon*,
t. III, p. 17-20..)

L'âme est en communion avec Dieu par l'obéissance, par la méditation et par la prière. Dans des pages pleines d'élévation qui semblent inspirées par l'esprit de l'Evangile, Montaigne nous montre ce que doit être la prière, et dans quelles dispositions il faut s'approcher de Dieu. « Il faut, dit-il, avoir l'ame nette, au moins en ce moment auquel nous prions Dieu, et deschargee de passions vicieuses, aultrement nous luy presentons nousmesmes les verges de quoy nous chastier. » Prier, c'est élever son âme à Dieu, l'âme ne peut donc faire cet acte de foi si ses intentions ne sont pas droites, si elle est en révolte contre la loi parfaite, ou qu'elle ait des sentiments d'animosité ou de haine contre le prochain. Se présenter à Dieu, le cœur plein de désirs contraires à sa loi sainte, c'est vouloir faire de Dieu le complice de ses passions mauvaises. Nous croyons aussi que l'homme ne doit pas se servir de la prière pour exposer à Dieu ses désirs égoïstes, il nous semble que nous ne pouvons réclamer le secours de Dieu, en toute sincérité, que si notre volonté est d'accord avec la sienne, et que, soumis à ses commandements, nous nous en remettions entièrement à lui pour toutes les autres choses qui nous regardent. Il nous serait difficile de croire que, par nos prières, nous pouvons changer la volonté de Dieu dans les événements de notre vie : cette volonté, toujours sage et parfaite, cesserait de l'être si elle se laissait influencer par les désirs d'êtres faibles et ignorants qui ne savent pas ce qui peut contribuer à leur vrai bien. Nous pouvons prier en toute confiance lorsque notre âme, pressée par la tentation, ne peut se confier en elle-même pour la repousser, lorsque, en face d'un devoir difficile, elle n'a pas assez de lumière ni de force pour l'accomplir, et que, dans le doute, elle ne discerne plus le chemin où elle doit marcher. Montaigne veut mettre des limites à la prière : « Il y a, ce me semble en Xénophon, dit-il, un tel discours où il montre que nous debvons plus rarement prier Dieu, d'autant qu'il n'est pas aysé que nous puissions si souvent remettre notre ame en cette assiette, reglee, reformee et devotieuse, où il fault qu'elle soit pour ce faire. » Mais c'est précisément pour maintenir notre âme en présence de Dieu, c'est-à-dire dans une région sereine où la vie extérieure ne puisse l'agiter, c'est pour lui conserver l'empire sur elle-même, que l'apôtre nous a dit : « Priez sans cesse ! » Et il ne s'agit pas ici de se prosterner et de faire de longues prières, il suffit d'élever son âme par la pensée de Dieu, pour qu'elle ait en tout temps force, lumière, paix et sérénité. On reconnaît ceux qui prient ainsi à leur calme, leur patience, leur douceur et leur charité. Ce n'est point par le seul stoïcisme, c'est en suivant son inspiration divine que Socrate est arrivé à cette inaltérable tranquillité d'âme que nul homme n'a surpassée.

Prière.

« Il fault avoir l'ame nette, au moins en ce
« moment auquel nous prions Dieu, et deschargee
« de passions vicieuses, aultrement nous luy pre-
« sentons nous-mesmes les verges de quoy nous
« chastier : au lieu de rabiller nostre faulte, nous la

Prier Dieu d'une âme pure.

« redoublons, presentant à celuy à qui nous avons
« à demander pardon, une affection pleine d'irre-
« verence et de haine. Voylà pourquoy ie ne loue
« pas volontiers ceulx que je veois prier Dieu plus
« souvent et plus ordinairement, si les actions voi-
« sines de la priere ne me tesmoignent quelque
« amendement et reformation.

« Et l'assiette d'un homme meslant à une vie
« exsecrable la devotion, semble estre aulcune-
« ment plus condamnable que celle d'un homme

Ne pas prier par usage et coutume.

« conforme à soy et dissolu partout, pourtant
« refuse nostre Eglise touts les iours la faveur de
« son entree et societé aux mœurs obstinees à
« quelque insigne malice. Nous prions par usage
« et par coustume, ou, pour mieulx dire, nous
« lisons ou prononceons nos prieres, ce n'est enfin
« que mine : et me desplaist de veoir faire trois
« signes de croix au *Benedicite*, autant aux *Graces*
« (et plus m'en desplaist-il de ce que c'est un signe

« que i'ay en reverence et continuel usage, mes-
« mement quand ie baaille) ; et cependant toutes
« les aultres heures du iour les veoir occupees à la
« haine, l'avarice, l'iniustice ; aux vices leur heure,
« son heure à Dieu, comme par compensation et
« composition. C'est miracle de veoir continuer
« des actions si diverses, d'une si pareille teneur,
« qu'il ne s'y sente point d'interruption et d'alte-
« ration, aux confins mesmes et passage de l'une
« à l'aultre. Quelle prodigieuse conscience se peult
« donner repos, nourrissant en mesme giste, d'une
« société si accordante et si paisible, le crime et
« le iuge ? (*Des prières,* t. II, p. 185 et 186.)

« On m'a dict que ceulx mesmes qui ne sont
« pas des nostres, deffendent pourtant entre eulx
« l'usage du nom de Dieu en leurs propos com-
« muns, ils ne veulent pas qu'on s'en serve par une
« manière d'interiection ou d'exclamation, ny pour
« tesmoignage, ny pour comparaison, en quoy ie
« treuve qu'ils ont raison, et en quelque maniere
« que ce soit que nous appellons Dieu à nostre
« commerce et societé, il fault que ce soit serieu-
« sement et religieusement.

Ne pas abuser du nom de Dieu.

« Il y a, ce me semble en Xenophon, un tel dis-
« cours où il montre que nous debvons plus rare-
« ment prier Dieu, d'autant qu'il n'est pas aysé
« que nous puissions si souvent remettre nostre
« ame en cette assiette reglee, reformee et devo-
« tieuse, où il fault qu'elle soit pour ce faire : aul-
« trement nos prieres ne sont pas seulement vai-

« nes et inutiles, mais vicieuses. « Pardonne,
« disons-nous, comme nous pardonnons à ceulx
« qui nous ont offensez : » que disons-nous par
« là, sinon que nous luy offrons nostre ame
« exempte de vengeance et de rancune ? Toutes-
« fois nous invoquons Dieu et son ayde au complot
« de nos faultes, et le convions à l'iniustice.
(Idem. p. 195.)

Pour appeler Dieu à son assistance, il faut avoir la conscience pure.

« Une vraye priere, et une religieuse reconci-
« liation de nous à Dieu, elle ne peult tumber en
« une ame impure, et soubmise, lors mesme, à la
« domination de Satan. Celuy qui appelle Dieu à
« son assistance pendant qu'il est dans le train du
« vice, il faict comme le coupeur de bourse qui
« appelleroit la iustice à son ayde, ou comme ceux
« qui produisent le nom de Dieu en tesmoignage
« de mensonge. (*Idem*, t. II, p. 197.)

Dieu ne veut pas de la prière des méchants.

« Il n'est rien si aysé, si doulx et si favorable,
« que la loy divine ; elle nous appelle à soy, ainsi
« faultiers et detestables comme nous sommes ;
« elle nous tend les bras, et nous receoit en son
« giron, pour vilains, ords et bourbeux que nous
« soyons et que nous ayons à estre à l'advenir ;
« mais encores, en recompense, la fault-il regar-
« der de bon œil ; encores fault-il recevoir ce par-
« don avecques actions de graces ; et au moins,
« pour cet instant que nous nous adressons à elle,
« avoir l'ame desplaisante de ses faultes, et enne-
« mie des passions qui nous ont poulsé à l'offen-
« ser. Ny les dieux, ni les gents de bien, dict Pla-

« ton, n'acceptent le présent d'un meschant. »
(*Ibidem*, t. II, p. 199.)

§

La foi chrétienne développe des vertus que le stoïcisme n'a peut-être pas assez connues : telles sont l'humilité, la soumission à Dieu et la résignation. Les âmes d'élite de l'antiquité étaient modestes, elles avaient conscience de leur vertu, et elles ne s'en prévalaient point, parce qu'elles sentaient trop bien que cette vertu n'était point parfaite. Tel était le sentiment de Socrate, d'Epictète, de Marc-Aurèle. Mais il s'y joint chez le chrétien une profonde connaissance de sa misère, de sa faiblesse, de son impuissance pour le bien ; et c'est à Dieu seul qu'il rend la gloire de toutes les bonnes actions qu'il accomplit avec l'aide de Dieu. « C'est à Dieu seul, dit Montaigne, à qui gloire et honneur appartiennent : et il n'est rien si esloingné de raison que de nous mettre en queste pour nous, car, estant indigents et necessiteux au dedans, nostre essence estant imparfaicte, et ayant continuellement besoing d'amelioration, c'est là à quoy nous debvons travailler.... Nous sommes en disette de beauté, santé, sagesse, vertu ; et telles parties essentielles. » L'humilité, loin d'abaisser l'âme, l'élève et la perfectionne, car ce qu'elle ne trouve pas en elle-même, elle le cherche en Dieu qui donne toujours sans jamais s'appauvrir. Plus le chrétien a conscience de la valeur de son âme, plus il souffre de son dénûment et sent la nécessité de la rendre digne de sa vocation céleste ; plus aussi se désabuse-t-il de tous les biens qui n'ont que l'apparence, pour rechercher le royaume de Dieu et sa justice. C'est à ces pauvres en esprit que Jésus-Christ a promis le royaume des cieux, c'est-à-dire la justice, la sainteté, la paix et la joie. Et ces biens ne viennent pas avec éclat, ils naissent et s'accroissent dans la vie cachée : c'est pourquoi le chrétien qui est humble devant Dieu, l'est aussi devant les hommes, il n'aspire pas aux choses relevées, mais, riche en Dieu, il se détache de tout ce qui fait la convoitise des yeux et l'orgueil de la vie.

Humilité.

« Dieu, qui est en soy toute plenitude et le com-
« ble de toute perfection, il ne peult s'augmenter
« et accroistre au dedans ; mais son nom se peult
« augmenter et accroistre par la benediction et
« louange que nous donnons à ses ouvrages exte-
« rieurs ; laquelle louange, puisque nous ne la pou-
« vons incorporer en luy, d'autant qu'il n'y peut
« avoir accession de bien, nous l'attribuons à son
« nom, qui est la piece hors de luy la plus voisine ;
« voilà comment c'est à Dieu seul à qui gloire et
« honneur appartiennent : et il n'est rien si esloin-
« gné de raison, que de nous en mettre en queste
« pour nous, car estant indigents et necessiteux au
« dedans, nostre essence estant imparfaicte, et ayant
« continuellement besoing d'amelioration, c'est là à
« quoy nous debvons travailler ; nous sommes tout

« creux et vuides ; ce n'est pas de vent et de voix
« que nous avons à nous remplir, il nous fault de la
« substance plus solide à nous reparer ; un homme
« affamé seroit bien simple de chercher à se pour-
« veoir plustost d'un beau vestement que d'un bon
« repas ; il fault courir au plus pressé. Comme
« disent nos ordinaires prieres, *Gloria in excelsis*
« *Deo, et in terra pax hominibus* (St-Luc). Nous
« sommes en disette de beauté, santé, sagesse,
« vertu, et telles parties essentielles : les ornements
« externes se chercheront, aprez que nous aurons
« pourveu aux choses necessaires. La theologie
« traicte amplement et plus pertinemment ce sub-
« iect ; mais ie n'y suis gueres versé. » (*De la
gloire*, t. III, p. 382 et 383.)

Nous sommes en disette de beauté, sagesse et vertu qui ne se trouvent qu'en Dieu.

§

Les stoïciens se croyaient autorisés à quitter la vie, quand le fardeau leur en semblait trop pesant ou qu'ils trouvaient leur existence inutile. Ils voyaient une certaine grandeur dans le suicide qu'ils commettaient avec ostentation. Mais la vertu supérieure de Socrate lui inspirait une entière soumission à la volonté de la Divinité qui l'avait envoyé dans le monde ; et il eût regardé comme une lâcheté d'abandonner son poste avant d'être rappelé par son maître. Tel est aussi le sentiment du chrétien, et Montaigne l'exprime par des paroles qui nous rappellent celles de Socrate devant ses juges : « Plusieurs tiennent que nous ne pouvons abandonner cette garnison du monde, sans le commandement exprez de celuy qui nous y a mis ; et que c'est à Dieu, qui nous a icy envoyez, non pour nous seulement, ouy bien pour sa gloire, et service d'aultruy, de nous donner congé quand il luy plaira, non à nous de le prendre. » Tout en admirant Caton, Montaigne met au-dessus de lui Régulus et tous ceux qui ont eu le courage « d'user la chaisne, plutost que de la rompre. » « Nuls accidents, dit-il, ne font tourner le dos à la vifve vertu. » Le chrétien, sachant que toutes choses viennent de Dieu, ne recevrait-il pas de sa main les biens et les maux ? Et ce que, dans sa courte vie, l'homme considère comme des maux, est peut-être ce qui contribue le plus à son perfectionnement. « Nostre vie, dit Montaigne, est composee, comme l'harmonie du monde, de choses contraires, aussi de divers tons, doulx et aspres, aigus et plats, mols et graves, le musicien qui n'en aimeroit que les uns, que vouldroit-il dire ? il fault qu'il s'en sçache servir en commun, et les mesler ; et nous aussi, les biens et les maulx, qui sont consubstantiels à nostre vie : nostre estre ne peult, sans ce meslange. » Il y a des vertus qui ne se développent en effet que dans l'adversité et qui sont indispensables à l'harmonie de l'âme. C'est pourquoi St-Paul a dit : « Il est vrai que tout châtiment semble d'abord un sujet de tristesse, et non pas de joie ; mais il produit ensuite un fruit paisible de justice à ceux qui ont été ainsi exercés. »

« Plusieurs tiennent que nous ne pouvons aban- *Soumission*
« donner cette garnison du monde, sans le com- *à Dieu.*
« mandement exprez de celuy qui nous y a mis ;
« et que c'est à Dieu, qui nous a icy envoyez, non
« pour nous seulement, ouy bien pour sa gloire,
« et service d'aultruy, de nous donner congé
« quand il luy plaira, non à nous de le prendre :
« Que nous ne sommes pas nays pour nous, mais *Nous som-*
« aussi pour notre païs, par quoy les loix nous *mes ici par la*
« redemandent compte de nous pour leur interest, *volonté de*
« et ont action d'homicide contre nous; aultre- *Dieu.*
« ment, comme deserteurs de nostre charge, nous
« sommes punis en l'aultre monde.

« Il y a bien plus de constance à user la chaisne *Il y a plus*
« qui nous tient, qu'à la rompre, et plus d'espreuve, *de constance*
« de fermeté en Regulus qu'en Caton; c'est l'in- *à user sa chaî-*
« discretion et l'impatience qui nous haste le pas. *rompre.*
« Nuls accidents ne font tourner le dos à la vifve
« vertu; elle cherche les maulx et la douleur
« comme son aliment, les menaces des tyrans, les
« gehennes et les bourreaux l'animent et la vivi-
« fient ;

« *Duris ut ilex tonsa bipennibus*
« *Nigrae feraci frondis in Algido,*
« *Per damna, per cædes, ab ipso*
« *Ducit opes animumque ferro* (1).
(*Coustume de l'île de Cea*, t. II, p. 241.)

(1) Tel le chêne dont la hache tond le feuillage, dans les noires forêts de l'Algide, ses pertes, ses bles-

Résignation.

Se soumettre aux maux qui nous sont nécessaires.

« Il fault apprendre à souffrir ce qu'on ne peult
« eviter : nostre vie est composee, comme l'har-
« monie du monde, de choses contraires, aussi de
« divers tons, doulx et aspres, aigus et plats, mols
« et graves, le musicien qui n'en aimeroit que les
« uns, que vouldroit-il dire ? il fault qu'il s'en
« sçache servir en commun, et les mesler ; et nous
« aussi, les biens et les maulx, qui sont consub-
« stantiels à nostre vie : nostre estre ne peult, sans
« ce meslange ; et y est l'une bande non moins
« necessaire que l'aultre. D'essayer à regimber
« contre la necessité naturelle, c'est représenter la
« folie de Ctésiphon, qui entreprenoit de faire à
« coups de pied avec sa mule.
(*De l'expérience*, t. V, p. 175.)

« La tribulation est à l'ame comme un marteau
« qui la frappe, et qui, en la battant, la fourbit et
« derouille, c'est la fournaise à recuire l'âme. »
(Pensée de Raymond Sebon.)

§

Toutes les vertus se confondent dans l'amour de
Dieu qui les purifie et les rend parfaites. « L'amour
de Dieu consiste à garder ses commandements, et
ses commandements ne sont pas pénibles. » En
effet, quand l'homme aime sincèrement, toutes ses

sures, le fer même qui le frappe, lui donnent une nouvelle vigueur. Horace.

forces se concentrent dans cette passion, d'autant plus féconde qu'elle est plus élevée. Les forts dédaignent ce puissant auxiliaire pour ne se conduire que par la raison. Mais jusqu'à quel point ces natures héroïques qui aiment à sentir toute l'âpreté du devoir, peuvent-elles l'accomplir sans le sentiment qui pousse et soulève l'âme ? Pourquoi priver l'homme de sa véritable grandeur en fermant son cœur aux nobles passions ? Il n'y en a pas de plus sublime que l'amour de Dieu qui les absorbe toutes. « L'homme n'a rien, dit Montaigne, qu'il puisse dire à la vérité et proprement sien que l'amour, d'autant qu'il est logé en la volonté, seule maîtresse, royne et emperiere, seule ayant commandement et puissance en l'homme. L'amour est donc tout son thresor, et le ioyau le plus honorable, le plus précieux, le plus cher, et le plus sien qu'il puisse donner. » A qui pourrions-nous le consacrer, si ce n'est à celui qui nous a tout donné et que notre âme veut aimer, parce qu'il est la perfection même et surtout parce qu'il nous a aimés le premier ? Il est le principe et la fin de toute vertu, et par lui nous devons parfaitement accomplis en toute bonne œuvre, pour sa gloire.

Amour de Dieu.

« L'homme n'a rien qu'il puisse dire à la vérité
« et proprement sien que l'amour, d'autant qu'il
« est logé en la volonté, seule maistresse, royne
« et emperiere, seule ayant commandement et
« puissance en l'homme. L'amour est donc tout

« son thresor, et le ioyau leplus honorable, le plus
« precieux, le plus cher, et le plus sien qu'il
« puiss. donner. Enfin ay-ie trouvé ce que ie cher-
« chois, et tout tel que ie le cherchois : quelque
« chose en nous qui ne fust pas hors de nous,
« mais en nous, non en nostre corps, mais en
« sa plus noble partie. Or sus, voilà donc l'homme
« fourny de bonne et loyale monnoye pour satis-
« faire à sa debte, et contenter ce grand crean-
« cier : mais aussi qu'il la garde, qu'il la mes-
« nage et reserve toute à ce besoing, qu'il se
« ressouvienne que tout son amour est voué et
« destiné à cest usage, qu'il le doibt tout à Dieu
« pour la descharge de son obligation. »

(Pensée extraite de la *Théologie naturelle*.
de Raymond Sebon, t. V, p. 340).

L'homme doit à Dieu tout son amour pour la décharge de son obligation.

MONTAIGNE PÉDAGOGUE

CHAPITRE Ier

BUT DE L'ÉDUCATION
DEVOIRS ET VERTUS DE L'ÉDUCATEUR

Elever un être humain, c'est le rendre capable de se diriger lui-même, selon la loi morale universelle et le caractère individuel qui le distingue. Montaigne nous dit « que la plus grande difficulté et importante de l'humaine science semble estre en cet endroict, où il se traicte de la nourriture et institution des enfants. » Les premiers éducateurs n'ont, en effet, que des principes généraux pour se guider dans leur œuvre ; car la plus grande pénétration ne leur ferait pas discerner dans le jeune enfant les éléments qui doivent constituer son individualité. Alors même qu'ils n'ont point d'idée préconçue, ils sont exposés à se tromper souvent sur ses inclinations : tantôt ils lui prêtent les leurs, avec une naïve complaisance, tantôt ils se créent un être chimérique dont ils s'évertuent de reproduire chaque trait dans le pauvre petit patient livré à leurs expériences. Ils se préoccupent de tout, excepté de la seule chose nécessaire, savoir, d'étudier sa nature avec la clairvoyance et le désintéressement que donne la vraie tendresse. Cependant l'une et l'autre sont indispensables pour saisir dans ses moindres manifestations l'âme qui s'éveille à la vie. « La montre de leurs inclinations, dit Montaigne, est si tendre en ce bas aage et si obscure, les promesses si incertaines et faulses, qu'il est malaysé d'y establir aulcun solide iugement. » Aussi les plus sages se résignent-ils à de perpétuels tâtonnements, ils font abnégation de leurs idées propres et renoncent à tout système pour suivre avec patience l'enfant dans son développement plus ou moins rapide, et ils n'attendent la lumière que de cette calme et scrupuleuse observation. Ce qu'il faut à cette tâche c'est moins encore la sûreté du coup d'œil que l'oubli de soi et de toutes les préoccupations de l'amour-propre. Aussi ne doit-on pas s'étonner de voir tant d'hommes « qui se sont disconvenus à eulx-mesmes. » Et ce n'est pas, en réalité, eux-mes qu'ils semblent démentir, c'est l'influence trop tyrannique de leur première éducation qui leur a donné une nature étrangère à la leur. Cette œuvre factice ne peut durer ; cette création ne peut se continuer indéfiniment; elle cesse avec la cause qui la produit, pour faire place à la nature vraie qui se développe avec d'autant plus de vigueur dans un sens opposé, chez les puissantes individualités. C'est surtout dans celles-ci que se montre avec le plus d'évidence le frappant contraste entre l'œuvre artificielle d'une fausse éducation, et le travail merveilleux de la nature qui se venge avec violence de toutes les contraintes que d'imprudentes mains lui avaient imposées. « Voyez Cimon, voyez Themistocles, et mille autres, dit Montaigne, combien ils se sont disconvenus à eulx-mesmes. » Mais si nulle force ne peut retenir en dehors de sa voie une puissante organisation, il n'en est pas de même d'une organisation faible ou même moyenne, trop disposée à subir toutes les influences et à faire de l'habitude sa nature. « Les hommes, se iectants incontinent en des accoustumances, en des opinions, en des loys, se changent ou se desguisent facilement. » Et s'il « est difficile de forcer les propensions naturelles qui constituent le caractère, on peut les comprimer, les détourner de leur but, « pour dresser les enfants aux choses ausquelles ils ne peuvent prendre pied, » et dissiper ainsi un grand nombre d'années à une œuvre absolument inutile, sinon nuisible. Montaigne qui nous signale le danger de méconnaître la nature de l'enfant, et d'abuser de sa faiblesse pour enchaîner sa liberté, nous indique aussi la règle de conduite à suivre, au milieu de toutes les difficultés qui résultent de l'incertitude et de l'obscurité de ses premiers mouvements : « C'est de l'acheminer tousiours aux meilleures choses et plus proufitables. » Mais le préjugé, l'ignorance et l'égoïsme peuvent aveugler l'éducateur même sur ce qui est excellent et profitable, et surtout sur les moyens d'y conduire l'enfant. Quelles sont les choses, même excellentes, dont l'utilité n'ait pas été contestée, ou qui ne puissent dégénérer par l'abus? Nous convenons donc avec Montaigne que celui qui élève un enfant « se charge d'un soing divers, plein d'embesongnement et de crainte. » Mais cette crainte est salutaire, puisqu'elle inspire à l'éducateur une sage défiance de lui-même et le rend attentif pour discerner et assurer le vrai bien de l'enfant. Plus sa tendresse sera éclairée et ferme, plus aussi sera-t-elle désintéressée et respectueuse des droits de cette jeune âme qu'il ne doit point priver de sa liberté, sous prétexte de lui apprendre à mieux s'en servir.

Difficulté de l'éducation.

« A la vérité ie n'y entends, sinon cela, que la
« plus grande difficulté et importante de l'humaine
« science semble estre en cet endroit, où il se
« traicte de la nourriture et institution des en-

Inclinations des enfants obscures, variables.

« fants. Tout ainsi qu'en l'agriculture, les façons
« qui vont avant le planter sont certaines et aysees,
« et le planter mesme ; mais, depuis que ce qui
« est planté vient à prendre vie, à l'eslever il y a
« une grande variété de façons, et difficulté : pa-
« reillement aux hommes, il y a peu d'industrie à
« les planter ; mais depuis qu'ils sont nays, on se
« charge d'un soing divers, plein d'embesongne-
« ment et de crainte à les dresser et nourrir. La
« montre de leurs inclinations est si tendre en ce
« bas aage et si obscure, les promesses si incer-

« taines et faulses, qu'il est malaysé d'y establir
« aulcun solide iugement. Voyez Cimon, voyez
« Thèmistocles, et mille aultres, combien ils se
« sont disconvenus à eulx-mesmes. Les petits des
« ours et des chiens montrent leur inclination
« naturelle : mais les hommes, se iectants incon-
« tinent en des accoustumances, en des opinions,
« en des loys, se changent ou se desguisent facile-
« ment : si est-il difficile de forcer les propensions
« naturelles. D'où il advient que par faulte d'avoir
« bien choisi leur route, pour neant se travaille-
« on souvent, et employe-l'on beaucoup d'aage,
« à dresser des enfants aux choses ausquelles ils
« ne peuvent prendre pied. Toutesfois, en cette
« difficulté, mon opinion est de les acheminer
« tousiours aux meilleures choses et plus proufi-
« tables ; et qu'on se doibt peu appliquer à ces
« legieres divinations et prognostiques que nous
« prenons des mouvements de leur enfance : Pla-
« ton, en sa Republique, me semble leur donner
« trop d'auctorité. »

(*Institution des enfants*, t. I, p. 287 et 288.)

§

Mais le respect de la liberté de l'enfant a un principe trop élevé pour être compatible avec une indulgente faiblesse. C'est le sentiment de l'excellence de la nature humaine qui empêche l'éducateur d'entraver son développement par une intervention trop agissante ; mais avant que l'être humain ait trouvé son assiette et qu'il puisse révéler toute la perfection dont il est capable, il est sujet à toutes sortes d'oscillations et à des écarts d'autant plus grands que son individualité est plus forte. Il faut donc surveiller, contrôler, et souvent même réprimer et contenir les inclinations naturelles. « Je treuve, dit Montaigne, que nos plus grands vices prennent leur ply dez nostre plus tendre enfance, et que nostre principal gouvernement est entre les mains des nourrices. » C'est recommander à celles qui donnent les premiers soins à l'enfant la plus exacte vigilance et la plus courageuse sollicitude. Leur indifférence ou leur négligence ne serait pas, à coup sûr, aussi dangereuse que la tendresse aveugle des parents et leur criminelle complaisance qui encourage les caprices et les mauvais instincts de leurs enfants. « C'est passe-temps aux meres, dit Montaigne, de veoir un enfant tordre le col à un poulet, et s'esbattre à blecer un chien et un chat ; et tel père est si sot de prendre à bon augure d'une ame martiale, quand il veoit son fils gourmer iniurieusement un païsan ou un laquay qui ne se deffend point ; et à gentillesse, quand il le veoit affiner son compaignon par quelque malicieuse desloyauté et tromperie. Ce sont pourtant les vrayes semences et racines de la cruauté, de la tyrannie, de la trahison : elles se germent là ; et s'eslèvent aprez gaillardement, et proufitent à force entre les mains de la coustume. » Ce sévère avertissement aux parents faibles est de nature à faire réfléchir ceux qui, dans leur admiration idolâtre, se refusent à reconnaître le mal sous les grâces naïves et les innocentes séductions de l'enfance. Que de tyrans et de traîtres ont eu pour complice leur mère, et peut-être même leur père ! Montaigne ne semble pas sur ce point attribuer plus de discernement au sexe qui a reçu en partage plus de force et de décision. Le père et la mère, à l'envi, prodiguent leurs hommages enthousiastes à ce petit être dont les mille caprices sont pour eux des lois. Si déjà ils en souffrent, ils sont si ingénieux à trouver des excuses pour justifier leur coupable indulgence : Il est si jeune et si charmant, disent-ils ; dans quelques années, la raison le corrigera, et quand il le voudra, il sera un ange ! « C'est une tres dangereuse institution, dit Montaigne, d'excuser ces vilaines inclinations par la foiblesse de l'aage et legiereté du subject ; c'est nature qui parle, de qui la voix est lors plus pure et plus naïfve, qu'elle est plus graile et plus neufve. » Et cette nature devient une première habitude qui se fortifie chaque jour par la répétition des mêmes actes dont la gravité s'accroît toujours. C'est ainsi qu'en étendant à leurs enfants cette lâche complaisance qu'ils ont pour eux-mêmes, les parents perdent les âmes qui leur sont confiées, au lieu de les préparer par une discipline sage et libérale à prendre le gouvernement d'eux-mêmes, et à se donner cette éducation autonome à laquelle les éducateurs ne font que les initier. Montaigne l'indique par ces paroles : « Il fault apprendre soigneusement aux enfants de haïr les vices de leur propre contexture, et leur en fault apprendre la naturelle difformité, à ce qu'ils les fuyent non en leur action seulement, mais surtout en leur cœur ; que la pensee mesme leur en soit odieuse, quelque masque qu'ils portent. »

Importance de la première éducation.

« Ie treuve que nos plus grands vices prennent
« leur ply dez nostre plus tendre enfance, et que
« nostre principal gouvernement est entre les
« mains des nourrices. C'est passe-temps aux mè-
« res de veoir un enfant tordre le col à un poulet,
« et s'esbattre à blecer un chien et un chat : et tel
« pere est si sot, de prendre à bon augure d'une
« ame martiale, quand il veoid son fils gourmer
« injurieusement un païsan ou un laquay qui ne
« se deffend point ; et à gentillesse, quand il le

Surveiller les inclinations de l'enfant.

« veoid affiner son compaignon par quelque mali-
« cieuse desloyauté et tromperie. Ce sont pour-
« tant les vrayes semences et racines de la cruauté,
« de la tyrannie, de la trahison : elles se germent
« là ; et s'eslevent aprez gaillardement, et proufi-
« tent à force entre les mains de la coustume. Et
« est une tres dangereuse institution d'excuser ces
« vilaines inclinations par la foiblesse de l'aage et
« legiereté du subject : premierement, c'est na-
« ture qui parle, de qui la voix est lors plus pure
« et plus naïfve, qu'elle est plus graile et plus
« neufve : secondement, la laideur de la piperie

« ne despend pas de la difference des escus aux
« espingles ; elle despend de soy. Ie treuve bien
« plus iuste de conclure ainsi : « Pourquoy ne
« tromperoit-il aux escus, puisqu'il trompe aux
« espingles ? » que comme ils font : « Ce n'est
« qu'aux espingles ; il n'auroit garde de le faire
« aux escus. » Il fault apprendre soigneusement
« aux enfants de haïr les vices de leur propre con-
« texture, et leur en fault apprendre la naturelle
« difformité, à ce qu'ils les fuyent non en leur ac-
« tion seulement, mais surtout en leur cœur ; que
« la pensee mesme leur en soit odieuse, quelque
« masque qu'ils portent.

Ne pas souf-frir la finesse ni la triche-rie dans les jeux enfan-tins.

« Ie sçais bien que pour m'estre duict, en ma
« puerilité, de marcher tousiours mon grand et
« plain chemin, et avoir eu à contrecœur de mes-
« ler ny tricotterie ny finesse à mes ieux enfantins
« (comme de vray il fault noter que les ieux des
« enfants ne sont pas ieux, et les fault iuger en
« eulx comme leurs plus serieuses actions), il
« n'est passe-temps si legier où ie n'apporte, du
« dedans et d'une propension naturelle et sans es-
« tude, une extreme contradiction à tromper. Ie
« manie les chartes pour les doubles, et tiens
« compte comme pour les doubles doublons ;
« lorsque le gaigner et le perdre, contre ma
« femme et ma fille, m'est indifferent, comme
« lorsqu'il va de bon. En tout et par tout, il y a
« assez de mes yeulx à me tenir en office ; il n'y en
« a point qui me veillent de si prez, ny que ie

« respecte plus. (*De la coustume*, t. I, p. 210, 211, 212.)

« Ie treuve qu'on s'amuse ordinairement à chas-
« tier aux enfants des erreurs innocentes, tres mal
« à propos, et qu'on les tormente pour des actions
« temeraires qui n'ont ny impression ny suitte. La
« menterie seule et, un peu au-dessoubs, l'opi-
« niastreté, me semblent estre celles desquelles
« on debvroit à toute instance combattre la nais-
« sance et le progrez : elles croissent quand et
« eulx. »

(*Des menteurs*, t. I, p. 111.)

§

Il n'est pas étonnant que Montaigne, connaissant si bien la faiblesse des parents, leur conseille de confier l'éducation de leurs enfants à un précepteur : « Aussi bien, dit-il, est-ce une opinion receue d'un chascun, que ce n'est pas raison de nourrir un enfant au giron de ses parents ; cette amour naturelle les attendrit trop et relasche, voire les plus sages ; ils ne sont capables ny de chastier ses faultes, ny de le veoir nourry grossierement comme il fault et hazardeusement. » Le jugement de Montaigne est peut-être trop absolu ; mais l'experience nous prouve que la plupart des parents élèvent trop mollement leurs enfants, et qu'un petit nombre ont le courage de reconnaître et de réprimer leurs défauts. Même les meilleurs, ceux que la connaissance d'eux-mêmes devrait rendre plus clairvoyants à l'égard d'autrui, se font d'étranges illusions sur ces êtres charmants qu'ils aiment plus que leur vie, et leur attribuent toutes sortes de qualités, plus ou moins chimériques. C'est qu'il est bien difficile de conserver la liberté du jugement quand le cœur est dominé par une affection absolue ; et il faut un courage presque héroïque pour s'imposer l'obligation de faire souffrir un enfant par un châtiment nécessaire. Faut-il conclure de là que l'éducation d'un précepteur doit être préférée à celle des parents ? Nous n'avons garde de le penser. D'ailleurs, nous disons avec Montaigne, que « l'auctorité du gouverneur, qui doibt estre souveraine, s'interrompt et s'empesche par la presence des parents. » Malgré tout ce qu'il y a de défectueux dans l'éducation de la famille, nous croyons que les parents sont les premiers éducateurs naturels et qu'ils doivent se rendre capables de contribuer à la création morale de leurs enfants par leur exemple encore bien plus que par leurs enseignements. Ils ont un moyen d'action qu'il n'est pas toujours donné aux précepteurs d'exercer, leur affection sans bornes à laquelle l'enfant répond dans la mesure de sa faiblesse. Et c'est surtout par le cœur qu'il est conduit dans les premières années de sa vie. La présence de ses frères et de ses sœurs corrige un peu ce qu'il y a d'excessif dans l'amour maternel ; ainsi l'enfant est obligé de borner ses désirs égoïstes et d'obéir à quelques règles de justice pour vivre en paix avec ses frères. Mais les parents les plus sages ne peuvent éviter que leurs enfants, en ne sortant jamais de la famille, soient plus longtemps étrangers aux sentiments humains et qu'ils apprennent plus difficilement les devoirs de l'homme envers ses semblables. Là où les parents sont les seuls éducateurs de leurs enfants, ceux-ci sont plus personnels et plus vains : l'amour dévoué dont ils sont l'objet leur donne une idée exagérée de leur importance ; et les témoignages d'approbation et les tendres encouragements qui soutiennent tous leurs efforts, leur persuadent trop aisément qu'ils accomplissent des choses extraordinaires. Puisque l'être humain est destiné à vivre dans le monde, c'est avec le monde qu'il faut le mettre en rapport aussitôt qu'on peut l'exposer sans danger à d'inévitables et salutaires froissements. Là il apprend à mieux se connaître et se juger, et son cœur s'ouvre à des sentiments de justice et d'humanité. Il comprend par degrés que la famille, tout en restant l'objet de ses plus chères affections, doit l'initier à ses devoirs envers la patrie et envers tous les hommes. Selon nous, la plus parfaite éducation serait donc celle qui réunirait l'influence de la famille et celle de l'éducation publique.

Les parents élèvent leurs enfants trop mollement.

« Aussi bien est-ce une opinion receue d'un
« chascun, que ce n'est pas raison de nourrir un
« enfant au giron de ses parents : cette amour

« naturelle les attendrit trop et relasche, voire les
« plus sages ; ils ne sont capables ny de chastier
« ses faultes, ny de le veoir nourry grossierement
« comme il fault et hazardeusement ; ils ne le
« sçauroient souffrir revenir suant et pouldreux de
« son exercice, boire chaud, boire froid, ny le
« veoir sur un cheval rebours, ny contre un rude
« tireur le floret au poing, ou la premiere arque-
« buse qui se rencontre. Car il n'y a remede : qui
« en veult faire un homme de bien, sans doubte
« il ne le fault pas espargner en cette ieunesse ; et
« fault souvent chocquer les règles de la mede-
« cine :

« *Vitamque sub dio et trepidis agat*
« *In rebus.* (Horace) (1).

« Ce n'est pas assez de luy roidir l'ame ; il luy *Il faut roi-*
« fault aussi roidir les muscles : elle est trop pres- *dir les mus-*
« see, si elle n'est secondee ; et a trop à faire de, *cles.*
« seule, fournir à deux offices. Ie sçais combien
« ahanne la mienne en compagnie d'un corps si
« tendre, si sensible, qui se laisse si fort aller sur
« elle ; et apperceois souvent, en ma leçon, qu'en
« leurs escripts mes maistres font valoir, pour
« magnanimité et force de courage, des exemples
« qui tiennent volontiers plus de l'espessissure de
« la peau et dureté des os.

« I'ay veu des hommes, des femmes et des en-

(1) Qu'il n'ait de toit que le ciel, qu'il vive au mil.
des alarmes.

« fants ainsi nays, qu'une bastonnade leur est
« moins qu'à moy une chiquenaude ; qui ne re-
« muent ny langue ny sourcil aux coups qu'on
« leur donne : quand les athletes contrefont les
« philosophes en patience, c'est plustost vigueur
« de nerfs que de cœur. Or, l'accoustumance à
« porter le travail est accoustumance à porter la
« douleur : *labor callum obducit dolori* (1). (Cicéron.)
« Il le fault rompre à la peine et aspreté des exer-
« cices, pour le dresser à la peine et aspreté de la
« dislocation, de la cholique, du cautere, et de la
« geaule aussi et de la torture ; car de ces dernie-
« res icy, encores peult-il estre en prinse, qui
« regardent les bons, selon le temps, comme les
« meschants : nous en sommes à l'espreuve ; qui-
« conque combat les loix, menace les plus gents
« de bien d'escourgees et de la chorde. Et puis,
« l'auctorité du gouverneur, qui doibt estre souve-
« raine sur luy, s'interrompt et s'empesche par la
« presence des parents : ioinct que ce respect que
« la famille luy porte, la cognoissance des moyens
« et grandeurs de sa maison, ce ne sont pas, à
« mon opinion, legieres incommoditez en cet
« aage. »

(*Institution des enfants*, t. I, p. 296, 298).

(1) Le travail nous endurcit à la douleur.

§

« C'est du choix du gouverneur que vous donrez à l'enfant, nous dit Montaigne, que despend tout l'effect de son institution. » Que ce gouverneur soit le père, la mère ou tout autre éducateur, il vaut mieux qu'il ait « la tête bien faite que bien pleine, » et qu'il ait « les mœurs et l'entendement, plus que la science. » Que veut dire Montaigne par une tête bien faite, si ce n'est un esprit ouvert, droit, sans préjugé, capable de juger et de raisonner sainement de toutes choses. Et combien n'a-t-on pas vu, en effet, de parents simples et ignorants, mais sensés et droits, exercer sur leurs enfants plus d'influence que les maîtres les plus savants, en leur communiquant le bon sens, la droiture, le courage et la persévérance! La science n'est pas pour Montaigne une chose secondaire, ni accessoire ; mais il met bien au-dessus de la science les mœurs et l'entendement. Jean Paul a dit de même que « l'éducation dépend plus du caractère que de l'intelligence, et que pour être éducateur il suffit d'être honnête homme. » C'est par ses qualités morales que le maître inspire le respect et donne de l'autorité à ses paroles; et cette autorité, la mère ou le père le plus dépourvu d'instruction peut l'exercer pour le bien de ses enfants ; tandis que la science seule remplit la tête, sans amener aucune transformation dans la vie.

Importance du choix d'un gouverneur.

Mœurs et entendement plus que science.

« La charge du gouverneur que vous donnerez
« à l'enfant, du chois duquel despend tout l'effect
« de son institution, elle a plusieurs aultres gran-
« des parties, mais ie n'y touche point pour n'y
« sçavoir rien apporter qui vaille ; et de cet article
« sur lequel ie me mesle de luy donner advis, il
« m'en croira autant qu'il y verra d'apparence. Ie
« vouldrois qu'on feust soingneux de luy choisir
« un conducteur qui eust plustost la teste bien
« faicte que bien pleine ; et qu'on y requist touts
« les deux, mais plus les mœurs et l'entendement,
« que la science ; et qu'il se conduisît en sa
« charge d'une nouvelle manière. »

(*Institution des enfants*, t. I, p. 289 et 290).

§

C'est par la connaissance de lui-même que l'éducateur procède à l'étude des âmes. Ce n'est pas qu'il doive les observer et juger par ce qu'il voit en lui-même ; mais le regard impartial et clairvoyant qu'il s'est habitué à diriger sur lui, pénètre aussi les autres. Cependant la pénétration et la justice ne suffiraient pas à cette étude, c'est la sympathie, l'affection qui ouvre les cœurs et en dévoile les replis les plus cachés. Que l'éducateur aime, et son œuvre est à moitié accomplie ; qu'il aime l'âme humaine comme l'image de l'Être parfait, et il l'entourera naturellement de tout le respect dont elle est digne, et trouvera par intuition les moyens d'agir sur elle. Qu'il aime en particulier l'âme de l'enfant qui est commis à sa garde ; et que cet amour ne soit pas à proportion de ses inclinations : qu'il s'y attache d'une affection désintéressée comme à l'œuvre qu'il doit faire, à la création qu'il doit aider à mettre au jour. Ainsi devinera ou découvrira-t-il ses propensions naturelles. Il aimait l'âme humaine et il était convaincu de son excellence, celui qui a dit : « Il n'est point ame si chestive et brutale, en laquelle on ne veoye reluire quelque faculté particuliere ; il n'y en a point de si ensepvelie, qui ne face une saillie par quelque bout : et comment il advienne qu'une ame, aveugle et endormie à toutes aultres choses, se treuve vifve, claire et excellente à certain particulier effect, il s'en fault enquerir aux maistres. » C'est à l'éducateur d'aider cette faculté particulière à se manifester, d'animer de son souffle généreux cette étincelle divine, afin qu'elle grandisse et embrase l'âme tout entière. Qu'il ne se lasse ni ne se décourage, alors même que les résultats ne répondent pas à ses espérances et à ses efforts ! L'œuvre d'amour qu'il accomplit ne saurait être vaine. Qui sait si cette âme encore enveloppée et obscure pour lui, ne brisera pas tout d'un coup ses entraves pour se révéler dans toute sa beauté ? Et si cette joie est refusée à l'éducateur, il ne perd pas pour cela le fruit de l'expansion de sa propre âme qui a grandi par le dévouement et la patience.

On se demande si l'éducation peut faire naître les inclinations qui n'existent pas et dont le germe n'est pas dans l'âme. Montaigne paraît en douter : « Les inclinations naturelles s'aydent et fortifient par institution, dit-il ; mais elles ne se changent ou surmontent gueres : mille natures, de mon temps, ont eschappé vers la vertu, ou vers le vice, au travers d'une discipline contraire ; on n'extirpe pas ces qualitez originelles, on les couvre, on les cache. » Dire que l'éducation aide et fortifie les inclinations naturelles, c'est déjà en affirmer l'efficacité. Et qui peut connaître jusqu'au fond l'âme humaine qui est infinie dans ses révélations ? Qui peut y lire d'un regard assez sûr pour discerner parfaitement ce qui appartient à sa nature ?

Sans doute, il y a des inclinations qui se manifestent trop vivement pour que nous puissions douter de leur origine. Mais d'autres peuvent exister à l'état latent et n'attendre que l'occasion de s'éveiller, ou une main assez délicate et forte pour les mettre en branle. Montaigne nous parle bien de l'impuissance des opinions pour réformer les mœurs ; mais il oublie la puissance de la volonté que le cœur rend irrésistible pour soumettre tout à son empire.

Culture de l'âme.

Dans toute âme même chétive et

« Il n'est point ame si chestive et brutale, en
« laquelle on ne veoye reluire quelque faculté par-
« ticuliere ; il n'y en a point de si ensepvelie, qui
« ne face une saillie par quelque bout : et com-
« ment il advienne qu'une ame, aveugle et endor-

BUT DE L'ÉDUCATION

« mie à toutes aultres choses, se treuve vifve,
« claire et excellente à certain particulier effect, il
« s'en fault enquerir aux maistres. Mais les belles
« ames, ce sont les ames universelles, ouvertes et
« prestes à tout; si non instruictes, au moins ins-
« truisables : ce que ie dis pour accuser la mienne ;
« car, soit par foiblesse ou nonchalance (et de
« mettre à nonchaloir ce qui est à nos pieds, ce
« que nous avons entre mains, ce qui regarde de
« plus prez l'usage de la vie, c'est chose bien es-
« loignee de mon dogme), il n'en est point une
« si inepte et si ignorante que la mienne de plu-
« sieurs telles choses vulgaires, et qui ne se peu-
« vent sans honte ignorer.

(*De la presumption*, t. III, p. 451).

brutale, il y a quelques facultés particulières que l'éducation développe.

« Les inclinations naturelles s'aydent et forti-
« fient par institution ; mais elles ne se changent
« ou surmontent gueres : mille natures, de mon
« temps, ont eschappé vers la vertu, ou vers le
« vice, au travers d'une discipline contraire ; on
« n'extirpe pas ces qualitez originelles, on les cou-
« vre, on les cache.

Effets de l'éducation.

Les inclinations naturelles se fortifient par l'éducation.

. . . .

« Ceulx qui ont essayé de r'adviser les mœurs
« du monde, de mon temps, par nouvelles opi-
« nions, reforment les vices de l'apparence ; ceulx
« de l'essence, ils les laissent là, s'ils ne les aug-
« mentent : et l'augmentation y est à craindre ;
« on se seiourne volontiers de tout aultre bien-

« faire, sur ces reformations externes, arbitraires,
« de moindre coust et de plus grand merite ; et
« satisfaict-on à bon marché, par là, les aultres
« vices naturels, consubstantiels et intestins. Re-
« gardez un peu comment s'en porte nostre expe-
« rience : il n'est personne, s'il s'escoute, qui ne
« descouvre en soy une forme sienne, une forme
« maistresse qui luicte contre l'institution, et con-
« tre la tempeste des passions qui luy sont con-
« traires. De moy, ie ne me sens gueres agiter
« par secousse ; ie me treuve quasi tousiours en ma
« place, comme font les corps lourds et poisans :
« si ie ne suis chez moy, i'en suis tousiours bien
« prez. Mes desbauches ne m'emportent pas fort
« loing, il n'y a rien d'extreme et d'estrange ; et si
« ay des r'advissements sains et vigoreux. »

(*Du repentir*, t. IV, p. 192-191).

CHAPITRE II

LA CONFIANCE — LA LIBERTÉ ET L'AMOUR DANS L'ÉDUCATION
EFFETS DE CE SYSTÈME ET DU SYSTÈME CONTRAIRE

Persuader le cœur et gagner par le cœur la volonté, c'est le principal point de l'éducation. Quand ce résultat est atteint, le gouvernement autonome commence, et l'enfant devient homme. L'expérience nous a prouvé que la persuasion la plus efficace, c'est la confiance : aucune nature droite n'y résiste ; et il n'est pas rare même que des natures moins heureuses y répondent par des efforts, moins soutenus, il est vrai, mais toujours fructueux. « C'est un excellent moyen, dit Montaigne, de gagner le cœur et volonté d'aultruy, de s'y aller soubmettre et fier, pourveu que la fiance soit pure et nette. » Le désir de devenir digne de l'estime qui est au fond de cette confiance, est une puissante incitation au bien. Heureux et fier de la bonne opinion d'une personne qu'il respecte, l'enfant ou l'homme se sent la force de tout accomplir pour la mériter : il surmonte son apathie et ne songe plus aux ruses par lesquelles il excusait son inaction ; il court plutôt qu'il ne marche dans la voie du devoir où il se maintient par l'espoir d'être approuvé de celui qui n'a pas douté de sa bonne volonté et de sa capacité. Il faut nécessairement que la confiance témoignée à l'enfant par l'éducateur soit sincère, qu'elle parte du cœur pour toucher le cœur ; qu'elle naisse dans une âme qui a un profond sentiment de la dignité humaine, une foi ferme dans le bien que l'homme peut réaliser, et des intentions droites à l'égard de tous. Si l'enfant soupçonne quelque artifice, s'il sent que ces témoignages de confiance ne sont pour l'éducateur que des moyens de gouvernement, ayant pour but de le soumettre à l'obéissance, il les considère comme des paroles creuses et il perd tout respect pour celui qui trafique ainsi d'un sentiment sacré. Il vaudrait encore mieux employer la force brutale que de séduire ainsi l'enfant pour l'amener à obéir. Le subterfuge comme la violence est indigne du noble but que poursuit l'éducateur, celui de former une âme libre, capable de choisir et d'accomplir le bien par amour du bien.

« J'accuse toute violence, dit Montaigne, en l'éducation d'une ame tendre qu'on dresse pour l'honneur et la liberté. Il y a ie ne sçais quoy de servile en la rigueur et en la contraincte ; et tiens que ce qui ne se peult faire par la raison et par prudence et addresse, ne se faict iamais par la force. » C'est en effet renier la raison et la volonté qui font la grandeur de l'homme, que de se servir de la contrainte comme on ferait pour un être privé de raison et irresponsable. Si par ce moyen indigne d'une créature humaine et dégradant pour celui qui s'en sert comme pour celui qui en est l'objet, on parvient à intimider un être faible au point de lui extorquer des actes de soumission, ce n'est là qu'une soumission feinte dont il se venge par toutes sortes de ruses et de dissimulations. Il n'y a que des êtres grossiers ou hypocrites qui puissent recourir à de tels moyens et se contenter de l'obéissance servile qu'ils produisent : incapables eux-mêmes de se déterminer pour le bien par des motifs élevés et désintéressés, ils ne peuvent se fier aux sentiments généreux d'autrui, et ils poursuivent leur fin par des procédés que condamne la conscience humaine. Ainsi, comme le dit Montaigne, rendent-ils « les ames plus lasches et plus malicieusement opiniastres. »

Confiance dans autrui.

« C'est un excellent moyen de gaigner le cœur
« et volonté d'aultruy, de s'y aller soubmettre et
« fier, pourveu que ce soit librement et sans con-
« traincte d'aulcune necessité, et que ce soit en
« condition qu'on y porte une fiance pure et
« nette, le front au moins deschargé de tout scru-
« pule. »

(*Divers evesnements de même conseil*, t. I, p. 252).

Liberté, affection et confiance dans l'éducation.

« J'accuse toute violence en l'education d'une ame tendre qu'on dresse pour l'honneur et la liberté. Il y a ie ne sçais quoy de servile en la rigueur et en la contraincte ; et tiens que ce qui ne se peult faire par la raison et par prudence et addresse, ne se faict iamais par la force. On m'a ainsin élevé : ils disent qu'en tout mon premier aage, ie n'ai tasté des verges qu'à deux coups, et bien mollement. I'ay deu la pareille aux enfants que j'ay eu : ils me meurent touts en nourrice ; mais Leonor, une seule fille qui est eschappee à cette infortune, a atteint six ans et plus, sans qu'on ayt employé à sa conduicte, et pour le chastiement de ses faultes pueriles (l'indulgence de sa mere s'y appliquant aysement), aultre chose que paroles, et bien doulces : et quand mon desir y seroit frustré, il est assez d'aultres causes ausquelles nous prendre, sans entrer en reproche avecques ma discipline, que ie sçais estre iuste et naturelle. I'eusse esté beaucoup plus religieux encores en cela envers des masles, moins nays à servir, et de condition plus libre : j'eusse aimé à leur grossir le cœur d'ingenuité et de franchise. Ie n'ay veu aultre effect aux verges, sinon de rendre les ames plus lasches, ou plus malicieusement opiniastres. Voulons-nous estre aimez de nos enfants ? leur voulons-nous oster l'occasion de souhaiter nostre mort (combien que nulle occasion d'un si horrible souhait ne peult estre ny iuste ny

La verge rend les enfants plus lâches ou plus opiniâtres.

« excusable, *nullum scelus rationem habet?* (1), (Tite
« Live) accommodons leur vie raisonnablement de
« ce qui est en nostre puissance. »

(*De l'affection des pères aux enfants*, t. II, p. 310).

§

Montaigne se souvient avec une pieuse reconnaissance de l'amour éclairé de son père « qui lui faisoit gouster la science et le debvoir par une volonté non forcee et de son propre desir; et qui eslevoit son ame en toute doulceur et liberté, sans rigueur et contraincte. » Et ce qui nous donne une idée des tendres ménagements dont il était l'objet, c'est la précaution employée pour lui épargner un trop brusque réveil. « Cet exemple, comme le dit Montaigne, suffit pour en iuger le reste, et pour recommender aussi et la prudence et l'affection d'un si bon père, auquel il ne se fault prendre, s'il n'a recueilly aulcuns fruicts respondants à une si exquise culture. » Il semblerait qu'une éducation si délicate dût amollir le courage et rendre l'âme impropre à tous les devoirs de la vie. Mais Montaigne nous affirme qu'il goûte la science et le devoir par son propre désir. C'est que son père, en gagnant le cœur de son fils, à gagné aussi sa volonté, de manière à la diriger vers toutes les choses qu'il jugeait dignes d'être

---

(1) Nul crime n'est fondé en raison.

aimées. L'expérience nous prouve que ce ne sont pas les enfants entourés des soins les plus tendres et les plus délicats qui supportent plus difficilement les épreuves de la vie : la loi du devoir, pour être entrée dans leur cœur par le chemin le plus doux, ne s'y grave pas moins profondément lorsqu'elle s'y confond avec la voix des plus saintes affections qui toujours inspirent, soutiennent et fortifient l'âme. Ce qui nuit aux enfants, ce n'est pas de les abreuver de la tendresse infinie dont le cœur d'un père ou d'une mère renferme d'inépuisables trésors ; c'est, au contraire, de n'aimer pas assez leur âme pour lui donner la culture dont elle a besoin, de leur prodiguer un amour plus ou moins matériel qui croit se mieux témoigner en satisfaisant tous leurs caprices, tous leurs désirs insensés. Ainsi les laissent-ils croître sans leur faire connaître d'autre loi que leurs passions égoïstes ; et de cet amour si peu digne d'eux et de leurs enfants, ils ne recueillent pas même l'affection et le respect.

La profonde vénération de Montaigne pour son père est une preuve de l'excellence de l'éducation qu'il a reçue : on n'éprouve un tel sentiment que pour ceux qui le méritent par la dignité et l'autorité de leur caractère ; il honore à la fois et le père et le fils, car il est l'indice d'une âme élevée en qui l'amour paternel a engendré la piété filiale, c'est-à-dire le culte des parents et celui du bien dont ils sont la personnification.

L'éducation si douce de Montaigne n'a pas privé son âme du ressort si nécessaire pour se gouverner soi-même. « Mon ame, nous dit-il, ne laissoit pourtant en mesme temps d'avoir, à part soy, des remuements fermes, et des iugements seurs et ouverts autour des obiects qu'elle cognoissoit ; et les digeroit seule, sans aulcune communication : et, entre aultres choses, ie crois, à la verité, qu'elle eust esté du tout incapable de se rendre à la force et violence. » Ce sont précisément les âmes élevées dans la liberté, qui résistent le mieux à toute espèce de tyrannie, et surtout à la plus honteuse de toutes, celle des passions. Habituées à juger, à se déterminer et à agir par elles-mêmes, elles se révoltent contre tout joug autre que celui du devoir qu'elles ont volontairement accepté et que l'amour leur rend doux et aisé.

Que les parents n'essaient donc pas de mettre des bornes à leur amour, par la crainte de rendre leurs enfants trop délicats et d'affaiblir leur courage en augmentant leur sensibilité. Il ne s'agit pas de diminuer ce qui en soi est excellent et destiné à une grande fin, savoir le perfectionnement des jeunes âmes pour qui l'amour est la chaleur et la lumière indispensable à la vie, le souffle divin qui les élève vers le bien. Ce n'est pas à aimer moins qu'il faut s'appliquer, mais à aimer mieux. Plus l'amour est élevé, moins il est excessif ; car il s'agrandit en se purifiant, au lieu qu'il se rétrécit et se rapetisse, s'il se concentre dans le cercle étroit de la vie extérieure. Ce qui est vrai des parents, est vrai aussi de tous les éducateurs : plus ils aiment, plus ils sont puissants.

Qu'ils n'imposent donc pas à eux-mêmes et aux enfants tant de contraintes inutiles et même nuisibles en bannissant de leurs rapports ce qui en fait la force et la joie, c'est-à-dire les témoignages d'affection, et la douce familiarité qui établit la confiance. Qu'ils ne croient pas diminuer leur autorité en étant simples, affables, bienveillants, toujours accessibles. Quand l'autorité du caractère manque, il est naturel qu'on essaye d'y suppléer par la raideur et qu'on s'entoure d'un appareil de formes plus ou moins cérémonieuses, pour tenir à distance ceux dont on exige le respect; mais la vraie dignité n'a pas besoin de ces formidables apparences, pour obtenir ce qui lui est dû. « J'essayerois, dit Montaigne, par une doulce conversation, de nourrir en mes enfants une vive amitié et bienveillance, non feincte, en mon endroict.... C'est folie et iniustice de les priver de la familiarité des pères, et vouloir maintenir en leur endroict une morgue austere et desdaigneuse, esperant par là les tenir en crainte et obeissance : car c'est une farce tres inutile, qui rend les peres ennuyeux aux enfants et, qui pis est, ridicules..... Quand ie pourrois me faire craindre, i'aimerois encore mieulx me faire aimer. »

« Entre aultres choses, il avoit esté conseillé de

« me faire gouster la science et le debvoir par une *Elever l'âme en douceur et liberté.*
« volonté non forcee, et de mon propre desir ; et
« d'eslever mon ame en toute doulceur et liberté,
« sans rigueur et contraincte : ie dis iusques à
« telle superstition, que, parce qu'aulcuns tien-
« nent que cela trouble la cervelle tendre des en-
« fants de les esveiller le matin en sursault, et de
« les arracher du sommeil (auquel ils sont plon-
« gez beaucoup plus que nous ne sommes) tout à
« coup et par violence ; il me faisoit esveiller par
« le son de quelque instrument; et ne feus iamais
« sans homme qui m'en servist.

« Cet exemple suffira pour en iuger le reste, et
« pour recommender aussi et la prudence et l'af-
« fection d'un si bon pere, auquel il ne se fault
« prendre, s'il n'a recueilly aulcuns fruicts respon-
« dants à une si exquise culture.

(*Institution des enfants*, t. I, p. 341).

« Mon ame ne laissoit pourtant en mesme temps
« d'avoir, à part soy, des remuements fermes, et
« des iugements seurs et ouverts autour des ob-
« iects qu'elle cognoissoit ; et les digeroit seule,
« sans aulcune communication : et, entre aultres
« choses, ie crois, à la verité, qu'elle eust esté du
« tout incapable de se rendre à la force et vio-
« lence.

(*Idem*, p. 345).

« I'essayerois, par une doulce conversation, de *Liberté et affection dans l'éducation.*
« nourrir en mes enfants une vive amitié et bien-

« veillance, non feincte, en mon endroict ; ce
« qu'on gaigne aysement envers des natures bien
« nees : car si ce sont bestes furieuses, comme
« nostre siecle en produict à milliers, il les fault
« haïr et fuyr pour telles.

« Ie veulx mal à cette coustume, d'interdire aux
« enfants l'appellation paternelle, et leur en en-
« ioindre une estrangiere, comme plus reveren-
« tiale, nature n'ayant volontiers pas suffisamment
« pourveu à nostre auctorité ! Nous appellons Dieu
« tout puissant Pere ; et desdaignons que nos en-
« fants nous en appellent : i'ay reformé cette erreur
« en ma famille. C'est aussi folie et iniustice de pri-
« ver les enfants, qui sont en aage, de la familia-
« rité des peres, et vouloir maintenir en leur
« endroict une morgue austere et desdaigneuse,
« esperant par là les tenir en crainte et obeis-
« sance : car c'est une farce tres inutile, qui rend
« les peres ennuyeux aux enfants, et, qui pis est,
« ridicules. Ils ont la ieunesse et les forces en la
« main, et par consequent le vent et la faveur du
« monde ; et receoivent avec mocquerie ces mi-
« nes fieres et tyranniques d'un homme qui n'a
« plus de sang ny au cœur ny aux veines ; vrais
« espovantails de chenevière. Quand ie pourrois
« me faire craindre, i'aimerois encore mieulx me
« faire aimer : il y a tant de sortes de defauts en
« la vieillesse, tant d'impuissance, elle est si pro-
« pre au mespris, que le meilleur acquest qu'elle
« puisse faire, c'est l'affection et amour des

Les pères doivent plus se faire aimer que se faire craindre.

« siens ; le commandement et la crainte, ce ne
« sont plus ses armes. »
(*De l'affection des pères pour les enfants*, t. II,
p. 318 et 319).

§

L'amour, loin d'exclure une sage discipline, la fait respecter et aimer. A mesure que l'être humain apprend à se discipliner lui-même, la règle extérieure doit s'élargir, pour laisser plus de place à la libre initiative. Mais cette règle est nécessaire, surtout là où plusieurs enfants sont réunis. Plus elle est simple et précise, plus elle rend l'obéissance facile. Ce n'est pas dans la multiplicité des prescriptions et des défenses que se trouve la force de la règle : c'est dans l'esprit du maître dont la bonté, à la fois indulgente et ferme, sait la faire aimer. Montaigne reproche aux maîtres de son temps « la violence et la force qui abastardissent et estourdissent une nature bien nee. » Il blâme sévèrement le système des collèges : « Cette police de la pluspart de nos colleges, dit-il, m'a tousiours desplu : on eust failly, à l'adventure, moins dommageablement s'inclinant vers l'indulgence. C'est une vraye geaule de ieunesse captive. » Serait-il beaucoup plus satisfait de nos établissements d'aujourd'hui ? A coup sûr, il n'y entendrait plus les cris des enfants suppliciés ; il n'y verrait plus les maîtres armés de fouets, ni les classes jonchées de tronçons d'osier sanglants. Les instruments de la violence et de la colère ont disparu, à la vérité ; mais « nostre façon de chastiement et nostre maniere d'esveiller l'appetit envers la leçon » seraient-elles plus approuvées de celui qui « accuse toute violence en l'éducation d'une ame tendre qu'on dresse pour l'honneur et la liberté ; » et qui aurait voulu faire « pourtraire dans les classes la Joye, l'Alaigresse, et Flora et les Grâces ? »

Bannir de l'éducation la sévérité excessive.

« Au demourant, cette institution se doibt con-
« duire par une severe doulceur, non comme il
« se faict : au lieu de convier les enfants aux let-
« tres, on ne leur presente, à la verité, que hor-
« reur et cruauté. Ostez moy la violence et la
« force : il n'est rien, à mon advis, qui abastar-
« disse et estourdisse si fort une nature bien née.
« Si vous avez envie qu'il craigne la honte et le
« chastiement, ne l'y endurcissez pas : endurcis-
« sez le à la sueur et au froid, au vent, au soleil,
« et aux hazards qu'il luy fault mespriser ; ostez
« luy toute mollesse et delicatesse au vestir et cou-
« cher, au manger et au boire ; accoustumez le à
« tout : que ce ne soit pas un beau garson et da-
« meret, mais un garson vert et vigoreux. Enfant,
« homme, vieil, i'ay tousiours creu et iugé de
« mesme. Mais, entre aultres choses, cette police
« de la pluspart de nos colleges m'a tousiours des-
« plu : on eust failly, à l'adventure, moins dom-
« mageablement s'inclinant vers l'indulgence.
« C'est une vraye geaule de ieunesse captive : on

« la rend desbauchee, l'en punissant avant qu'elle
« le soit. Arrivez y sur le poinct de leur office,
« vous n'oyez que cris, et d'enfants suppliciez, et
« de maistres enyvrez en leur cholere. Quelle ma-
« niere, pour esveiller l'appetit, envers leur leçon,
« à ces tendres ames et craintifves, de les y guider
« d'une trongne effroyable, les mains armees de
« fouets ! Inique et pernicieuse forme ! ioinct, ce
« que Quintilien en a tres bien remarqué, que
« cette imperieuse auctorité tire des suittes peril-
« leuses, et nommeement à nostre façon de chas-
« tiement. Combien leurs classes seroient plus
« decemment ionchees de fleurs et de feuillees,
« que de tronçons d'osier sanglants ! I'y ferois
« pourtraire la Joye, l'Alaigresse et Flora, et les
« Grâces, comme feit en son eschole le philosophe
« Speusippus. Où est leur proufit, que là feust
« aussi leur esbat : on doibt ensucrer les viandes
« salubres à l'enfant, et enfieller celles qui luy
« sont nuisibles. C'est merveille combien Platon
« se montre soingneux, en ses loix, de la gayeté
« et passetemps de la ieunesse de sa cité ; et com-
« bien il s'arreste à leurs courses, ieux, chansons,
« saults et danses, desquelles il dict que l'anti-
« quité a donné la conduicte et le patronnage aux
« dieux mesmes, Apollon, les Muses et Minerve :
« il s'estend à mille preceptes pour ses gymnases ;
« pour les sciences lettrees, il s'y amuse fort peu,
« et semble ne recommender particulierement la
« poësie que pour la musique. »

(*Institution des enfants*, t. I, p. 322-324).

§

L'éducateur sera d'autant plus indulgent qu'il se connaîtra mieux lui-même, et que l'expérience lui aura démontré avec plus d'évidence que la plupart des fautes des enfants, ainsi que des hommes, ont pour cause la faiblesse. Il doit exiger l'obéissance, comme le dit Jean Paul, non « pour faciliter sa tâche, mais pour obtenir de l'enfant la disposition à obéir, l'amour, la confiance, la force de renoncement, le respect de ce qu'il y a de meilleur. » Il n'aura pas le courage de se montrer sévère s'il sent, ainsi que nous le fait remarquer Montaigne, combien « nous nous soustrayons volontiers du commandement, soubs quelque pretexte, et usurpons sur la maistrise ; combien chascun aspire naturellement à la liberté et auctorité. » Sans doute, l'éducation publique exige plus de rigueur dans l'obéissance que l'éducation de la famille ; mais toujours et partout l'éducateur doit s'efforcer d'éveiller le sentiment de la responsabilité morale, et d'obtenir la soumission volontaire, moins aux ordres du maître qu'aux injonctions de la loi morale. Il serait impossible et dangereux même de discuter chaque commandement, mais en remontant au principe même de l'obéissance, elle s'impose d'elle-même à toute conscience droite, jusque dans les détails d'un règlement extérieur. « On corrompt l'office de commander, dit

Montaigne, quand on y obeït par discretion, non par subiection. » Nous croyons que Montaigne a voulu mettre ici en opposition la soumission passive, qui ne raisonne pas et qui cède à la nécessité ou à la force ; et la soumission volontaire, dans laquelle l'esprit est convaincu, et le cœur est persuadé. L'une, toute superficielle, se tient à la lettre ; tandis que l'autre entre dans l'esprit du commandement pour l'accomplir selon son pouvoir ; et c'est la seule qui prépare l'âme à se gouverner elle-même, tandis que celle-là n'exerce nullement le libre arbitre et, au lieu de former des hommes, fait des machines plus ou moins perfectionnées. L'éducateur qui voit au-delà du résultat présent, et qui considère, non le succès apparent de sa tâche, mais le bien réel des enfants, supportera patiemment de leur part quelques résistances, pour les amener par degrés à cette obéissance libre, la seule digne de la créature humaine. L'indulgence est ici la justice et il l'appliquera à toutes les fautes qui n'auront pas leur source dans la malice ; il ne sera sévère que pour celles qu'ils commettront contre leur conscience. Si jamais le châtiment est efficace, c'est dans ce cas qu'il faut l'infliger. Montaigne croit que le châtiment est inutile au coupable : « C'est un usage de nostre iustice, dit-il, d'en condamner aulcuns pour l'advertissement des aultres. De les condamner, parce qu'ils ont failly, ce seroit bestise, comme dict Platon, car ce qui est faict ne se peult desfaire ; mais c'est afin qu'ils ne faillent plus de mesme, ou qu'on fuye l'exemple de leur faulte : on ne corrige pas celui qu'on pend ; on corrige les aultres par luy. » Ainsi, selon Montaigne, le châtiment ne servirait qu'à avertir ceux qui ont été témoins de la faute et à les empêcher d'y tomber eux-mêmes. Et, dans un autre passage, il doute même, sur ce point, de l'utilité des pénalités : « A ce propos, dit-il, se pourroit ioindre l'opinion d'un ancien « que les supplices aiguisent les vices, plustost qu'ils ne les amortissent ; qu'ils n'engendrent point le soing de bien faire, c'est l'ouvrage de la raison et de la discipline, mais seulement un soing de n'estre surpřins, en faisant mal. » Puis il ajoute : « Ie ne sçais pas qu'elle soit vraye ; mais cecy sçais ie par experience, que iamais police ne se treuve reformee par là : l'ordre et reglement des mœurs despend de quelque aultre moyen. » Et il cite des peuples « qui vivent sans verge et sans baston, » et qui sont choisis, à cause de leur vertu et de la sainteté de leur vie, pour être les arbitres des autres nations.

Nous croyons que, dans l'éducation, l'absence de tous châtiments serait moins nuisible que l'abus des châtiments. Cependant il nous semble qu'ils sont utiles et même nécessaires tant que la conscience ne parle pas encore assez haut pour que sa censure soit la plus efficace des peines ; mais ils doivent être écartés dès que le sentiment moral est assez développé pour être à lui-même sa sanction.

La souffrance d'un juste châtiment peut aider à éveiller dans un jeune enfant la voix de la conscience ; mais nous doutons qu'elle puisse produire ce résultat chez un adolescent dont la raison est assez cultivée pour qu'il comprenne la gravité de sa faute. Si la conscience ne se fait pas entendre dans ce cas, c'est qu'elle est oblitérée, et nul châtiment n'aura le pouvoir de ramener au bien celui qui s'en est ainsi éloigné. On ne persuade point par des pénalités quelque équitables qu'elles soient, et quelque charitables que soient les intentions de ceux qui les infligent. C'est par les raisons du cœur qu'on produit le repentir et l'amendement.

« C'est raison qu'on face grande difference en- *Justice.*
« tre les faultes qui viennent de nostre faiblesse,
« et celles qui viennent de nostre malice : car en
« celles icy nous nous sommes bandez à nostre
« escient contre les regles de la raison que nature
« a empreintes en nous ; et en celles là, il semble
« que nous puissions appeller à garant cette *Distinction entre les faultes par malice et par ignorance.*
« mesme nature, pour nous avoir laissez en telle
« imperfection et defaillance. De manière que
« prou de gents ont pensé qu'on ne se pouvoit
« prendre à nous de ce que nous faisons contre
« nostre conscience : et, sur cette regle, est en
« partie fondée l'opinion de ceulx qui condamnent
« les punitions capitales aux heretiques et mes-
« creans, et celle qui establit qu'un advocat et un
« iuge ne puissent estre tenus de ce que par igno-
« rance ils ont failly en leur charge.

« Mais quant à la couardise, il est certain que
« la plus commune façon est de la chastier par
« honte et ignominie.

(*De la punition de la couardise*, t. I, p. 136
et 137).

Obéissance.

« Nous nous soustrayons si volontiers du com-
« mandement, soubs quelque pretexte, et usur-
« pons sur la maistrise ; chascun aspire si naturel-
« lement à la liberté et auctorité, qu'au superieur
« nulle utilité ne doibt estre si chere, venant de
« ceulx qui le servent, comme luy doibt estre
« chere leur naïfve et simple obeïssance. On cor-
« rompt l'office du commander, quand on y obeït
« par discretion, non par subiection.

(*Un traict de quelques ambassadeurs*, t. I, p. 143).

Châtiments.

« C'est un usage de nostre iustice, d'en con-
« damner aulcuns pour l'advertissement des aul-
« tres. De les condamner, parce qu'ils ont failly,
« ce seroit bestise, comme dict Platon, car ce qui
« est faict, ne se peult desfaire ; mais c'est à fin

Le châti-
ment corrige
celui qui en
est témoin.

« qu'ils ne faillent plus de mesme, ou qu'on fuye
« l'exemple de leur faulte : on ne corrige pas celuy
« qu'on pend ; on corrige les aultres par luy. Ie
« fois de mesme : mes erreurs sont tantost natu-
« relles, incorrigibles et irremediables ; mais ce
« que les honnestes hommes proufitent au public
« en se faisant imiter, ie le proufiteroy à l'adven-
« ture à me faire eviter ; publiant et accusant mes

« imperfections, quelqu'un apprendra de les crain-
« dre. Les parties que j'estime le plus en moy,
« tirent plus d'honneur de m'accuser, que de me
« recommender : voilà pourquoy i'y retombe, et
« m'y arreste plus souvent. Mais quand tout est
« compté, on ne parle iamais de soy, sans perte :
« les propres condamnations sont tousiours ac-
« crues ; les louanges, mescrues. »

(*De l'art de conferer*, t. IV, p. 419 et 420).

« *Quod licet, ingratum est ; quod non licet, acrius* *Inutilité des*
« *urit* (1). (Ovide). A ce propos, se pourroit ioindre *pénalités.*
« l'opinion d'un ancien, « que les supplices aigui-
« sent les vices, plustost qu'ils ne les amortissent ;
« qu'ils n'engendrent point le soing de bien faire,
« c'est l'ouvrage de la raison et de la discipline,
« mais seulement un soing de n'estre surprins, en *Les suppli-*
ces aiguisent
« faisant mal : » *les vices plutôt qu'ils ne*
« Ie ne sçais pas qu'elle soit vraye ; mais cecy *les amortis-*
« sçais ie par experience, que iamais police ne se *sent.*
« trouva reformee par là : l'ordre et reglement
« des mœurs despend de quelque autre moyen.

« Les histoires grecques font mention des Ar-
« gippees, voisins de la Scythie, qui vivent sans
« verge et sans baston à offenser ; que non seule- *Certains*
« ment nul n'entreprend d'aller attaquer, mais *peuples vivent
sans verge et*
« quiconque s'y peult sauver, il est en franchise, *sans bâton.*
« à cause de leur vertu et saincteté de vie ; il n'est

(1) Ce qui est permis n'a aucun attrait pour nous ;
ce qui est défendu, irrite nos désirs.

« aulcun si osé d'y toucher : on recourt à eulx
« pour appoincter les differends qui naissent entre
« les hommes d'ailleurs. Il y a nation où la clos-
« ture des iardins et des champs qu'on veult con-
« server, se faict d'un filet de coton, et se treuve
« bien plus seure et plus ferme que nos fossez et
« nos hayes.

« *Furem signata sollicitant.... Aperta effractarius*
« *præterit* (1). » (Sénèque).

(*Que nostre desir s'accroist par la malaysance*,
t. III, p. 378 et 379).

§

Que l'éducateur se serve donc avec discernement des châtiments, même dans le premier âge. Qu'il s'observe afin de ne dispenser aucun châtiment qui ne soit juste. Qu'il se garde de proportionner la peine à la faute : ainsi deviendrait-il aisément cruel. Et surtout qu'il ne punisse jamais étant en colère. Qu'il ne se regarde pas comme étant personnellement offensé par les fautes de l'enfant : ce n'est pas lui-même qu'il doit venger, ce n'est pas sa volonté qu'il doit faire prévaloir, c'est la loi morale dont sa volonté n'est que l'expression. Ce calme exercice du pouvoir dont il est le dépositaire, le défendra contre les exagérations de l'amour-propre blessé, et contre l'irritation, l'impa-

---

(1) Les serrures attirent les voleurs ; ceux qui brisent les portes, n'entrent pas dans les maisons ouvertes.

tience et la colère qui en résultent. Alors même que son indignation est juste et désintéressée, et qu'il ne se mêle rien de personnel à la sentence qu'il va prononcer, il faut qu'il laisse passer la colère avant que de parler ou d'agir. Le châtiment, loin de ramener l'enfant à de meilleurs sentiments, ne servirait qu'à l'exaspérer et à l'endurcir dans le mal, si le maître, dominé par la colère, lui faisait sentir qu'il a « faim et soif » de vengeance. « Il ne pense pas, dit Montaigne, avoir esté iustement condamné par un homme agité d'ire et de furie ; et allegue, pour sa iustification, les mouvements extraordinaires de son maistre, l'inflammation de son visage, les serments inusitez, et cette sienne inquietude et precipitation temeraire. » Se posséder soi-même, c'est ce qui fait la force de l'éducateur, c'est ce qui donne de l'autorité à ses enseignements et de l'efficacité à sa discipline.

En présence d'un juge qui est maître de lui-même, l'enfant comprend qu'il ne s'agit pas d'une offense personnelle ; et l'opiniâtreté et le défi qu'il était prêt à opposer au ressentiment et à la colère, tombe tout d'un coup sous l'influence d'une parole grave et triste, impartiale et haute comme la voix de la conscience elle-même. L'enfant est donc déjà à moitié vaincu par la victoire du maître sur lui-même ; et la douce persuasion de l'amour assurera le triomphe de la loi morale.

« La philosophie veult qu'au chastiement des

Empire sur soi.

« offenses receues, nous en distrayons la cholere;
« non à fin que la vengeance en soit moindre,
« ains, au rebours, à fin qu'elle en soit d'autant
« mieulx assenee et plus poisante, à quoy il lui
« semble que cette impetuosité porte empesche-

Ne pas châtier en colère.

« ment. Non seulement la cholere trouble; mais,
« de soy, elle lasse aussi les bras de ceulx qui
« chastient; ce feu estourdit et consomme leur
« force : comme en la precipitation, *festinatio tarda*
« *est* (1) (Quinte-Curce), la hastiveté se donne elle-
« mesme la iambe, s'entrave et s'arreste, *ipsa se*
« *velocitas implicat* (2). (Sénèque). Pour exemple,
« selon ce que i'en veois par usage ordinaire,
« l'avarice n'a point de plus grand destourbier
« que soy-mesme : plus elle est tendue et vigo-
« reuse, moins elle en est fertile; communement
« elle attrappe plus promptement les richesses,
« masque d'une image de liberalité.

(*De mesnager sa volonté*, t. V, p. 11 et 12.)

« Nous-mesmes, pour bien faire, ne debvrions
« iamais mettre la main sur nos serviteurs, tandis
« que la cholere nous dure. Pendant que le pouls
« nous bat et que nous sentons de l'esmotion,
« remettons la partie : les choses nous sembleront
« à la verité aultres quand nous serons r'accoysez
« et refroidis. C'est la passion qui commande
« lors, c'est la passion qui parle, ce n'est pas

(1) La précipitation retarde plus qu'elle n'avance.
(2) La hâte s'entrave.

« nous : au travers d'elle, les faultes nous appa-
« roissent plus grandes, comme les corps au tra-
« vers d'un brouillas. Celuy qui a faim use de
« viande ; mais celuy qui veult user de chastie-
« ment n'en doibt avoir faim ny soif. Et puis, les
« chastiements qui se font avecques poids et dis-
« cretion se receoivent bien mieulx et avecques
« plus de fruict de celuy qui les souffre : aultre-
« ment, il ne pense pas avoir esté iustement con-
« damné par un homme agité d'ire et de furie ; et
« allegue, pour sa iustification, les mouvements
« extraordinaires de son maistre, l'inflammation
« de son visage, les serments inusitez, et cette
« sienne inquietude et précipitation temeraire. »
(*De la cholere*, t. IV, p. 6 et 7).

CHAPITRE III

CE QU'IL FAUT SURTOUT ENSEIGNER
MOYENS DE L'ENSEIGNER
PERSUADER A LA VERTU PAR LE PRÉCEPTE
ET L'EXEMPLE

La tâche de l'éducateur ne se borne pas à l'observation et à la répression qui ne suffiraient pas à former le caractère et à instruire dans la pratique de la vertu : il faut qu'il dispense un enseignement positif par le précepte et par l'exemple. La vie de l'enfant ne fournit pas encore des textes à toutes les leçons utiles ; mais si l'éducateur ne trouve pas, dans les faits et les événements de chaque jour, la matière de son enseignement, il vaut mieux la chercher dans l'histoire ou dans les contes, que de présenter les préceptes dans toute leur aridité. Une vérité abstraite se grave aisément dans les jeunes esprits lorsqu'elle est démontrée par un fait concret auquel l'enfant rapporte spontanément tous les faits analogues. Sa mémoire, il est vrai, n'est pas incapable de retenir une maxime ou une sentence de morale qui peut prendre vie et germer dans son âme dès qu'une circonstance extérieure la lui rappelle ; mais nous croyons qu'il vaut mieux procéder avec lui par induction que par déduction. Plus l'enseignement sera vivant, plus l'enfant sera disposé à l'appliquer à sa propre conduite : « Il me semble, dit Montaigne, que les premiers discours de quoy on lui doibt abruver l'entendement, ce doibvent estre ceulx qui reglent ses mœurs et son sens ; qui luy apprendront à se cognoistre, et à sçavoir bien mourir et bien vivre. Entre les arts liberaux, commenceons par l'art qui nous fait libres. » Et plus loin : « Il ne dira pas tant sa leçon, comme il la fera ; il la repetera en ses actions ; on verra s'il y a de la prudence en ses entreprinses ; s'il y a de la bonté et de la iustice en ses desportements ; s'il a du iugement et de la grace en son parler, de la vigueur en ses maladies, de la modestie en ses ieux, de la temperance en ses voluptez, de l'ordre en son œconomie, de l'indifference en son goust. Le vray mirouer de nos discours est le cours de nos vies. » Toute la vie morale n'est-elle pas là ? Grâce au bon sens et à la vertu de l'éducateur, l'initiation se fait si naturellement, l'enfant apprend si bien à confondre l'action avec le précepte, qu'il ne songe plus à les séparer dans sa conduite. Mais ce qui troublerait profondément en lui le sens moral, ce serait d'être dirigé par des maîtres « qui disent et ne font pas », qui rédigent par écrit de belles ordonnances et ne les respectent pas eux-mêmes.

Dans l'atmosphère de moralité qu'il respire au milieu d'honnêtes gens, sa foi dans le bien s'épanouit spontanément et devient une vie pleine de vertu.

<small>*Enseigner de bons préceptes, plutôt que l'artifice de faire de bons syllogismes.*</small>

« Ie suis de l'advis de Plutarque, qu'Aristote
« n'amusa pas tant son grand disciple à l'artifice
« de composer syllogismes, ni aux principes de
« geometrie, comme à l'instruire des bons pre-
« ceptes, touchant la vaillance, prouesse, la ma-
« gnanimité et temperance, et l'asseurance de ne
« rien craindre ; et, avecques cette munition, il
« l'envoya encores enfant subiuguer l'empire du
« monde à tout seulement trente mille hommes
« de pied, quatre mille chevaulx, et quarante deux
« mille escus. Les aultres arts et sciences, dict-il,
« Alexandre les honoroit bien, et louoit leur ex-
« cellence et gentillesse ; mais, pour plaisir qu'il y
« prinst, il n'estoit pas facile à se laisser sur-
« prendre à l'affection de les vouloir exercer.

« *Petite hinc, iuvenesque senesque,*
« *Finem animo certum, miserisque viatica canis* (1). »
(Perse, sat. 5).

<small>*Apprendre à bien vivre.*</small>

« C'est ce que dict Epicurus au commencement
« de sa lettre à Meniceus : « Ny le plus ieune re-
« fuye à philosopher, ny le plus vieil s'y lasse. »

(1) Jeunes gens, vieillards, tirez de là de quoi régler votre conduite ; faites-vous des provisions pour le triste hiver de la vie.

« Qui faict aultrement, il semble dire, ou qu'il
« n'est pas encores saison d'heureusement vivre,
« ou qu'il n'en est plus saison. (*Institution des en-*
« *fants*, t. I, p. 318 et 319).

« Aux exemples se pourront proprement as-
« sortir touts les plus proufitables discours de la
« philosophie, à laquelle se doibvent toucher les
« actions humaines comme à leur regle. On luy
« dira :

« *Quid fas optare, quid asper*
« *Utile nummus habet ; patriæ charisque propinquis*
« *Quantum elargiri deceat ; quem te Deus esse*
« *Jussit, et humanâ quâ parte locatus es in re ;*
« *Quid sumus, aut quidnam victuri gignimur...* (1).
                                                   (Perse, sat. 3).

« que c'est que sçavoir et ignorer, qui doibt estre
« le but de l'estude ; que c'est que vaillance, tem-
« perance et iustice ; ce qu'il y a à dire entre
« l'ambition et l'avarice, la servitude et la subiec-
« tion, la haine et la liberté ; à quelles marques
« on cognoit le vray et solide contentement ; ius-
« ques où il fault craindre la mort, la douleur et
« la honte ;

(1) Ce qu'on peut désirer ; à quoi doit servir l'ar-
gent ; ce qu'on doit faire pour sa patrie et pour sa famille ; ce que Dieu a voulu que l'homme fût sur la
terre, et quel rang il lui a assigné dans le monde ; ce
que nous sommes, et dans quel dessein il nous a donné
l'être.

« *Et quo quemque modo fugiatque feratque laborem* (1);
(Énéide).

« quels ressorts nous meuvent, et le moyen de
« tant de divers bransles en nous : car il me semble
« que les premiers discours de quoy on lui doibt
« abruver l'entendement, ce doibvent estre ceulx
« qui reglent ses mœurs et son sens ; qui luy ap-
« prendront à se cognoistre, et à sçavoir bien
« mourir et bien vivre. Entre les arts liberaux,
« commenceons par l'art qui nous fait libres : elles
« servent toutes voirement en quelque maniere à
« l'instruction de nostre vie et à son usage, comme
« toutes aultres choses y servent en quelque ma-
« niere aussy ; mais choisissons celle qui y sert
« directement et professoirement. Si nous sçavions
« restreindre les appartenances de nostre vie à
« leurs iustes et naturels limites, nous trouverions
« que la meilleure part des sciences qui sont en
« usage est hors de nostre usage ; et en celles
« mesmes qui le sont, qu'il y a des estendues et
« enfonceures tres inutiles que nous ferions mieulx
« de laisser là ; et, suyvant l'institution de Socrates,
« borner le cours de nostre estude en icelles où
» fault l'utilité :

« ...*Sapere aude,*
« *Incipe : vivendi rectè qui prorogat horam,*

(1) Et comment nous devons éviter ou supporter les peines.

« *Rusticus expectat dum defluat amnis ; at ille*
« *Labitur, et labetur in omne volubilis ævum* (1).
(Horace, épître 2).

(*Institution des enfants*, t. I, p. 307-309).

« Il ne dira pas tant sa leçon, comme il la fera ; *Les précep-*
« il la repetera en ses actions : on verra s'il y a *tes doivent*
« de la prudence en ses entreprinses ; s'il y a de *passer dans la vie.*
« la bonté et de la iustice en ses deportements ;
« s'il a du iugement et de la grace en son parler,
« de la vigueur en ses maladies, de la modestie en
« ses ieux, de la temperance en ses voluptez, de
« l'ordre en son œconomie ; de l'indifference en
« son goust, soit chair, poisson, vin ou eau : *qui*
« *disciplinam suam non ostentationem scientiæ, sed*
« *legem vitæ putet ; quique obtemperet ipse sibi, et de-*
« *cretis pareat* (2). Le vray mirouer de nos discours
« est le cours de nos vies. Zeuxidamus respondit
« à un qui luy demanda pourquoy les Lacede-
« moniens ne redigeoient par escript les ordon-
« nances de la prouesse, et ne les donnoient à lire
« à leurs ieunes gents, « que c'estoit, parce qu'ils
« les vouloyent accoustumer aux faicts, non pas

---

(1) Ose être vertueux; commence : différer de régler sa conduite, c'est imiter la simplicité du voyageur qui, trouvant un fleuve sur son chemin, attend qu'il soit écoulé; le fleuve coule, et coulera éternellement.

(2) Si ce qu'il sait lui sert, non à montrer qu'il sait, mais à régler ses mœurs; s'il s'obéit à lui-même et agit conformément à ses principes.

(Cicéron, Tusc.)

« aux paroles. » Comparez, au bout de quinze ou
« seize ans, à cettuy-cy un de ces latineurs de col-
« lege, qui aura mis autant de temps à n'apprendre
« simplement qu'à parler. Le monde n'est que
« babil ; et ne veis iamais homme qui ne die plus-
« tôt plus que moins qu'il ne doibt. Toutesfois la
« moitié de nostre aage s'en va là : on nous tient
« quatre ou cinq ans à entendre les mots, et les
« coudre en clauses ; encores autant à en propor-
« tionner un grand corps estendu en quatre ou
« cinq parties ; aultres cinq, pour le moins, à les
« sçavoir briefvement mesler et entrelacer de
« quelque subtile façon : laissons-le à ceulx qui en
« font profession expresse. » (*Institution des enfants*, t. 1, p. 328).

§

C'est à cause de la faiblesse et de l'inconstance
des hommes qui ne peuvent mettre leur vie d'accord avec leurs principes, que la philosophie, au
lieu d'être, ainsi que dit Montaigne, « la formatrice
des iugements et des mœurs, n'est plus qu'un nom
vain et fantastique qui se treuve de nul usage et de
nul prix, et par opinion et par effect. » Plus les
soi-disant philosophes ont séparé leur doctrine et
leur vie, plus ils ont rendu la doctrine abstruse,
inaccessible aux cœurs simples et droits. Montaigne croit que leurs ergotismes en sont cause ;
mais il me semble qu'on n'ergote sur les mots que

lorsqu'on n'entre pas dans l'esprit de la doctrine; car il n'y a jamais plus de disputes de mots, plus de malentendus entre les hommes qui prétendent suivre la même doctrine, que lorsqu'ils s'attachent à la lettre qui tue au lieu de se pénétrer de l'esprit qui vivifie. La vraie philosophie, celle de Socrate et de tous les sages, c'est-à-dire la science de la vie, est simple, claire, accessible à toute conscience droite. Aussi Montaigne dit-il : « Puisque la philosophie est celle qui nous instruit à vivre, et que l'enfance y a sa leçon comme les aultres aages, pourquoy ne la luy communique lon? On nous apprend à vivre quand la vie est passée... Les simples discours de la philosophie sont plus aysez à concevoir qu'un conte de Boccace; un enfant en est capable au partir de la nourrice, beaucoup mieulx que d'apprendre à lire ou escrire. La philosophie a des discours pour la naissance des hommes, comme pour la decrepitude..., elle a ce privilege de se mesler par tout. » Que de philosophie saine, en effet, dans les questions simples et ingénues de l'enfance ! Que de justesse dans ses raisonnements sur les hommes et les choses ! Que de logique dans ces esprits neufs qui ne se doutent pas de tous les subterfuges par lesquels notre faiblesse cherche à accommoder la théorie à la pratique ! Au lieu de les déformer par les subtilités épineuses de notre prétendue science, laissons-nous plutôt instruire par leur naïf bon sens, et recherchons avec eux les enseignements philosophiques contenus pour tous les âges dans les faits les plus ordinaires de la vie. Que la philosophie soit réellement pour les éducateurs et pour la jeunesse la science de la vertu, ainsi qu'elle l'a été pour tous les vrais philosophes dont Montaigne dit : « Comme ils estoient grands en science, ils estoient encores plus grands en toute action...... Si quelquefois on les a mis à la preuve de l'action, on les a vus voler d'une aile si haulte qu'il paroissoit bien leur cœur et leur ame s'estre merveilleusement grossis et enrichis par l'intelligence des choses. » (*Du Pédantisme*). Nous aimons à croire que la philosophie se confondait dans l'âme de Montaigne avec la vertu ainsi que dans sa pensée. Pour lui, enseigner aux enfants la philosophie, c'est donc leur enseigner la vertu. En nous peignant la sérénité et la joie dont elle est la source, on ne peut s'empêcher de songer à Socrate, dont la vie était si profondément empreinte dans l'esprit de Montaigne. « L'ame qui loge la philosophie, dit-il, doibt, par sa santé, rendre sain encores le corps ; elle doibt faire luire iusques au dehors son repos et son aise ; doibt former à son moule le port exterieur, et l'armer, par consequent, d'une gratieuse fierté, d'un maintien actif et alaigre et d'une contenance contente et debonnaire. La plus expresse marque de la sagesse, c'est une esiouissance constante ; son estat est, comme des choses au-dessus de la lune, tousiours serein. » La philosophie, pour Montaigne, est donc, ainsi que la vertu, l'harmonie de l'âme.

Sans doute, on n'arrive pas, dès le début de la vie, à cette « belle plaine fertile et fleurissante, d'où l'ame veoid bien soubs soy toutes choses ; » et nous ne pensons pas non plus que les routes qui y conduisent soient toujours « ombrageuses, gazonnées et doux fleurantes. » Mais, par une sage direction, l'enfant parvient presque facilement à cet heureux équilibre moral qui se montre au dehors par l'enjouement, la grâce, la paix, la douceur et la bonté. En lui faisant goûter la joie de bien faire, la satisfaction de suivre les préceptes de son guide, lesquels bientôt se confondent avec les prescriptions de la conscience, on le mène par degrés à cette inaltérable sérénité, indice de cette « vertu suprême, belle, triomphante, amoureuse, délicieuse pareillement et courageuse, ennemie professe et irréconciliable d'aigreur, de desplaisir, de crainte et de contraincte. »

La vraie philosophie est accessible aux enfants, gaie, gaillarde, enjouée, etc.

« C'est grand cas que les choses en soyent là, « en nostre siecle, que la philosophie soit, iusques « aux gents d'entendement, un nom vain et fan- « tastique, qui se treuve de nul usage et de nul « prix, et par opinion et par effect. Ie croy que « ces ergotismes en sont cause, qui ont saisi ses « avenues. On a grand tort de la peindre inaccessible aux enfants, et d'un visage renfrongné, « sourcilleux et terrible : qui me l'a masquee de ce « faulx visage, pasle et hideux ? Il n'est rien plus « gay, plus gaillard, plus enioué, et à peu que ie « ne die follastre ; elle ne presche que feste et bon

« temps : une mine triste et transie montre que
« ce n'est pas là son giste. Demetrius le gram-
« mairien rencontrant, dans le temple de Delphes,
« une troupe de philosophes assis ensemble, il
« leur dict : « Ou ie me trompe, ou, à vous veoir
« la contenance si paisible et si gaye, vous n'estes
« pas en grand discours entre vous. » A quoy l'un
« d'eux, Heraclius le Megarien, respondit : « C'est
« à faire à ceulx qui cherchent si le futur du verbe
« lancer a double *l* ou qui cherchent la dérivation
« des comparatifs pejor et melior, qu'il fault rider
« le front s'entretenant de leur science ; mais quant
« aux discours de la philosophie, ils ont accous-
« tumé d'esgayer et de resiouir ceulx qui les
« traictent, non les renfrongner et contrister. »
(*Institution des enfants*, t. I, p. 311 et 312).

Il faut enseigner la philosophie à l'enfance.

« Puisque la philosophie est celle qui nous ins-
« truit à vivre, et que l'enfance y a sa leçon comme
« les aultres aages, pourquoy ne la luy commu-
« nique lon ?

« *Udum et molle lutum est; nunc nunc properandus*
« *Fingendus sine fine rotâ* (1). (Perse, satire 3).[*et acri*

« On nous apprend à vivre quand la vie est
« passée. Cicéro disoit que, quand il vivroit la
« vie de deux hommes, il ne prendroit pas le
« loisir d'estudier les poëtes lyriques ; et ie treuve

(1) L'argile est encore molle et humide ; vite, hâtons-nous, et, sans perdre un instant, façonnons-la sur la roue.

« ces ergotistes plus tristement encores inutiles.
« Nostre enfant est bien plus pressé : il ne doibt
« au paidagogisme que les premiers quinze ou
« seize ans de sa vie; le demourant est deu à l'ac-
« tion. Employons un temps si court aux instruc-
« tions necessaires. Ce sont abus : ostez toutes ces
« subtilitez espineuses de la dialectique, de quoy
« nostre vie ne se peult amender ; prenez les sim-
« ples discours de la philosophie, sçachez les
« choisir et traicter à poinct : ils sont plus aysez
« à concevoir qu'un conte de Boccace; un enfant
« en est capable au partir de la nourrice, beaucoup
« mieulx que d'apprendre à lire ou escrire. La
« philosophie a des discours pour la naissance des
« hommes, comme pour la decrepitude. (*Institu-*
« *tion des enfants*, t. I, p. 317 et 318). »

« Au nostre, un cabinet, un iardin, la table et
« le lict, la solitude, la compaignie, le matin et le
« vespre, toutes heures luy seront unes, toutes
« places luy seront estude : car la philosophie, qui,
« comme formatrice des iugements et des mœurs,
« sera sa principale leçon, a ce privilege de se
« mesler par tout. En la partie où elle traicte de
« l'homme et de ses debvoirs et offices, ç'a esté
« le iugement commun de touts les sages, que,
« pour la doulceur de sa conversation, elle ne
« debvoit estre refusee ny aux festins ny aux ieux;
« et Platon, l'ayant invitee à son Convive, nous
« veoyons comme elle entretient l'assistance,
« d'une façon molle et accommodee au temps et

La philosophie se mêle à tout.

« au lieu, quoyque ce soit de ses plus haults dis-
« cours et plus salutaires.

« Ainsi, sans doubte, il choumera moins que
« les aultres. Mais, comme les pas que nous em-
« ployons à nous promener dans une galerie, quoy
« qu'il y en ayt trois fois autant, ne nous lassent
« pas comme ceulx que nous mettons à quelque
« chemin desseigné ; aussi nostre leçon, se pas-
« sant comme par rencontre, sans obligation de
« temps et de lieu, et se meslant à toutes nos ac-
« tions, se coulera sans se faire sentir ; les ieux
« mesmes et les exercices seront une bonne partie
« de l'estude ; la course, la luicte, la musique, la
« danse, la chasse, le maniement des chevaulx et
« des armes. Ie veulx que la bienseance exterieure,
« et l'entregent, et la disposition de la personne,
« se façonne quand et quand l'ame. Ce n'est pas
« une ame, ce n'est pas un corps qu'on dresse,
« c'est un homme : il n'en fault pas faire à deux ;
« et, comme dict Platon, il ne fault pas les dresser
« l'un sans l'aultre, mais les conduire egualement,
« comme une couple de chevaulx attelez à mesme
« timon ; et, à l'ouyr, semble il pas prêster plus de
« temps et plus de sollicitude aux exercices du
« corps, et estimer que l'esprit s'en exerce quand
« et quand, et non au rebours ? (*Institution des en-*
« *fants*, t. I, p. 320-322).

La joie et la sérénité, marques de la vraie philoso-

« L'ame, qui loge la philosophie, doibt, par sa
« santé, rendre sain encores le corps ; elle doibt
« faire luire iusques au dehors son repos et son

« aise ; doibt former à son moule le port extérieur, *phie, de la sa-*
« et l'armer, par consequent, d'une gratieuse fierté, *gesse.*
« d'un maintien actif et alaigre, et d'une conte-
« nance contente et debonnaire. La plus expresse
« marque de la sagesse, c'est une esiouissance
« constante ; son estat est, comme des choses au-
« dessus de la lune, tousiours serein ; c'est Baroco
« et Baralipton, qui rendent leurs supposts ainsi
« crottez et enfumez; ce n'est pas elle : ils ne la
« cognoissent que par ouyr dire. Comment ? elle
« faict estat de sereiner les tempestes de l'ame, et
« d'apprendre la faim et les fiebvres à rire, non
« par quelques epicycles imaginaires, mais par
« raisons naturelles et palpables ; elle a pour son
« but la vertu, qui n'est pas, comme dict l'es-
« chole, plantee à la teste d'un mont coupé, ra-
« botteux et inaccessible ; ceulx qui l'ont appro-
« chee la tiennent, au rebours, logee dans une belle
« plaine fertile et fleurissante, d'où elle veoid bien
« soubs soy toutes choses ; mais si peult-on y ar-
« river, qui en sçait l'addresse, par des routes om-
« brageuses, gazonnees et doux fleurantes, plai-
« samment et d'une pente facile et polie comme
« est celle des voultes célestes. Pour n'avoir hanté
« cette vertu supreme, belle, triomphante, amou-
« reuse, delicieuse pareillement et courageuse,
« ennemie professe et irréconciliable d'aigreur, de
« desplaisir, de crainte et de contraincte, ayant
« pour guide nature, fortune et volupté pour com-
« paignes ; ils sont allez, selon leur faiblesse,

« feindre cette sotte image, triste, querelleuse,
« despite, menaceuse, mineuse, et la placer sur un
« rochier à l'escart, emmy des ronces ; fantosme
« à estonner les gents. » (*Institution des enfants*,
t. I, p. 313 et 314).

§

L'exemple de quelques nations vertueuses de l'antiquité nous démontre l'efficacité d'une bonne éducation pour réformer l'entendement et les mœurs. Ce qui a donné aux Perses et aux Lacédémoniens une vertu si robuste et si ferme, c'est leur éducation si vigoureuse et si active ; les préceptes chez eux, s'enseignaient en action, et passaient immédiatement dans la vie, que dis-je ? ils étaient la vie même. Nous ne nous lassons pas d'admirer la manière dont la justice était enseignée au grand Cyrus. Grâce à Xénophon, nous connaissons l'éducation des enfants des rois que l'on confiait, après l'éducation physique, à quatre précepteurs d'élite ; « le plus sage, le plus iuste, le plus temperant, le plus vaillant de la nation : le premier leur apprenait la religion ; le second, à estre tousiours veritable ; le tiers, à se rendre maistre des cupiditez ; le quart, à ne rien craindre. » Il est facile de juger par là de l'éducation de la jeunesse perse en général, car les vertus des premiers de la nation devaient infailliblement produire des vertus correspondantes chez tous les sujets d'un roi si digne de régner.

Les Lacédémoniens se refusaient à rédiger par écrit « les ordonnances de la prouesse » pour les donner à lire à leurs jeunes gens, parce qu'ils « vouloient les accoustumer aux faicts, non pas aux paroles. » « C'est chose digne de très grande consideration, nous dit Montaigne, que, en cette excellente police de Lycurgus, et à la vérité monstrueuse par sa perfection, si soingneuse pourtant de la nourriture des enfants comme de sa principale charge, et au giste même des muses, il s'y face si peu de mention de la doctrine : comme si cette genereuse ieunesse, desdaignant tout aultre ioug que de la vertu, on luy aye deu fournir au lieu de nos maistres de science, seulement des maistres de vaillance, prudence et iustice. » Le grand législateur voulait qu'ils fussent instruits, « non par ouïr dire, mais par l'essay de l'action, afin que ce ne feust pas une science en leur ame, mais sa complexion et habitude. » C'est ce que résume d'ailleurs, sous une forme saisissante, la réponse d'Agesilaus à celui qui lui demandait ce qu'il fallait enseigner aux enfants : « Ce qu'ils doibvent faire estants hommes. »

Education.

« En cette belle institution que Xénophon preste
« aux Perses, nous trouvons qu'ils apprenoient la
« vertu à leurs enfants, comme les aultres nations
« font les lettres. Platon dict que le fils aisné, en
« leur succession royale, estoit ainsi nourry : aprez
« sa naissance, on le donnoit, non à des femmes
« mais à des eunuches de la première auctorité

Les Perses apprenaient la vertu à leurs enfants.

« autour des roys, à cause de leur vertu. Ceulx cy
« prenoient charge de luy rendre le corps beau et
« sain ; et aprez sept ans le dressoient à monter à
« cheval et aller à la chasse. Quand il estoit arrivé
« au quatorzieme, ils le deposoient entre les mains
« de quatre : le plus sage, le plus iuste, le plus
« temperant, le plus vaillant de la nation ; le pre-
« mier lui apprenoit la religion ; le second, à
« estre touiours veritable ; le tiers, à se rendre
« maistre des cupiditez ; le quart, à ne rien
« craindre.

« C'est chose digne de tres grande considera-
« tion, que, en cette excellente police de Lycurgus,
« et à la vérité monstrueuse par sa perfection, si
« soingneuse pourtant de la nourriture des enfants
« comme de sa principale charge, et au giste
« mesme des muses, il s'y face si peu de mention
« de la doctrine : comme si cette genereuse ieu-
« nesse, desdaignant tout aultre ioug que de la
« vertu, on luy aye deu fournir, au lieu de nos
« maistres de science, seulement des maistres de
« vaillance, prudence et iustice : exemple que Pla-
« ton a suivy en ses loys. La façon de leur disci-
« pline, c'estoit leur faire des questions sur le iu-
« gement des hommes et de leurs actions ; et,
« s'ils condamnoient et louoient ou ce personnage
« ou ce faict, il falloit raisonner leur dire ; et, par
« ce moyen, ils aiguisoient ensemble leur enten-
« dement, et apprenoient le droict. Astyagis, en
« Xénophon, demande à Cyrus compte de sa der-

« nière leçon : C'est, dict-il, qu'en nostre eschole,
« un grand garçon ayant un petit saye, le donna à
« l'un de ses compaignons de plus petite taille, et
« luy osta son saye qui estoit plus grand : nostre
« precepteur, m'ayant faict iuge de ce differend, ie
« jugeay qu'il fallait laisser les choses en cet estat,
« et que l'un et l'aultre sembloit estre mieux
« accommodé en ce poinct : sur quoy il me re-
« monstra que i'avais mal faict ; car ie m'estois
« arresté à considerer la bienseance et il falloit pre-
« mierement avoir prouveu à la iustice, qui vou-
« loit que nul ne feust forcé en ce qui luy appar-
« tenoit : et dict qu'il en feut fouetté, tout ainsi
« que nous sommes en nos villages, pour avoir
« oublié le premier aoriste de Τύπτω (je frappe).
« Mon regent me feroit une belle harangue
« *in genere demonstrativo*, avant qu'il me per-
« suadast que son eschole vault cette là. Ils ont
« voulu couper chemin : et puisqu'il est ainsi que
« les sciences, lors même qu'on les prend de droict
« fil, ne peuvent que nous enseigner la prudence,
« la preud'hommie et la resolution, ils ont voulu
« d'arrivee mettre leurs enfants au propre des
« effects, et les instruire non par ouïr dire, mais
« par l'essay de l'action, en les formant et moulant
« vifvement, non seulement de preceptes et pa-
« roles, mais principalement d'exemples et d'œu-
« vres, à fin que ce ne feust pas une science en
« leur ame, mais sa complexion et habitude; que ce
« ne feust pas un acquest, mais une naturelle pos-

Les Spartiates donnaient à la jeunesse des maîtres de vaillance, de prudence et de justice.

« session. A ce propos, on demandoit à Agesilaus
« ce qu'il seroit d'advis que les enfants apprins-
« sent : « Ce qu'ils doibvent faire estants hom-
« mes, » respondit-il. Ce n'est pas merveille, si
« une telle institution a produict des effects si
« admirables.

 « On alloit, dict-on, aux autres villes de Grece
« chercher des rhetoriciens, des peintres et des
« musiciens; mais en Lacedemone, des législateurs,
« des magistrats et empereurs d'armée ; à Athè-
« nes, on apprenoit à bien dire ; et icy à bien
« faire ; là, à se desmesler d'un argument sophis-
« tique et à rabattre l'imposture des mots captieu-
« sement entrelacez ; icy, à se desmesler des
« appasts de la volupté, et à rabattre, d'un grand
« courage, les menaces de la fortune et de la
« mort ; ceulx là s'embesongnoient aprez les pa-
« roles ; ceulx cy aprez les choses ; là, c'estoit une
« continuelle exercitation de la langue ; icy, une
« continuelle exercitation de l'ame. Parquoy il
« n'est pas estrange si Antipater, leur demandant
« cinquante enfants pour ostages, ils respondirent,
« tout au rebours de ce que nous ferions, qu'ils
« aymoient mieulx donner deux fois autant d'hom-
« mes faicts : tant ils estimoient la perte de l'édu-
« cation de leur pays ! Quand Agesilaus convie
« Xénophon d'envoyer nourrir ses enfants à
« Sparte, ce n'est pas pour y apprendre la rheto-
« rique ou dialectique, mais « pour apprendre (ce
« dict il) la plus belle science qui soit à sçavoir,

A Sparte on apprenait à bien faire.

« la science d'obeir et de commander. » (*Du pédantisme*, t. I, p. 274-278.)

§

Puisque la vie, c'est l'action, c'est par la vertu en action qu'il faut faire aimer le bien. L'exemple des éducateurs, fussent-ils les plus parfaits, ne suffit pas ; l'imagination de l'enfance et surtout de la jeunesse réclame d'autres acteurs que les parents et les maîtres, et d'autres théâtres que ceux de la vie domestique. L'enfant subit indirectement l'influence de la vertu de ses guides, mais il n'en a pas plus conscience que de l'air qu'il respire. C'est dans le cours de sa vie, peut-être aussi dans la poésie du lointain, qu'il la reconnaîtra et sentira redoubler sa gratitude pour ces maîtres vénérés à qui il doit sa vertu. Il vit trop près d'eux pour que la familiarité de ce commerce si doux et si bienfaisant ne diminue pas le prestige de leurs actes les plus vertueux même ; et d'ailleurs un grand nombre de ces actes échappent à son observation, parce que son œil n'est pas ouvert pour les voir, ni son entendement assez cultivé pour les comprendre. C'est rétrospectivement qu'il les connaîtra, pour les juger en les comparant à ce que l'expérience de la vie lui apprendra des hommes et des choses. Il faut donc lui donner, à la fois pour son instruction présente et future, des exemples qu'il puisse comprendre et suivre. Mais, comme nous le dit fort bien Montaigne, « il est fort peu d'exemples de vie, pleine et pure, et faict on tort à nostre instruction de nous en proposer touts les iours d'imbecilles et manques, à peine bons à un seul ply, qui nous tirent en arriere, plus tost; corrupteurs plus tost que correcteurs. Le peuple se trompe, on va bien plus facilement par les bouts, où l'extrémité sert de borne, d'arrest et de guide, que par la voye du milieu large et ouverte; et selon l'art, que selon la nature, mais bien moins noblement aussi, et moins recommandablement. » (*De l'expérience.*)

Et Pascal nous dit de même en parlant d'un illustre mais imparfait exemple : « Il n'est pas honteux de n'être pas aussi vertueux que lui et il semble excusable de n'être pas plus vicieux que lui. On croit n'être pas tout à fait dans les vices du commun des hommes quand on se voit dans les vices de ces grands hommes; et cependant on ne prend pas garde qu'ils sont en cela du commun des hommes. On tient à eux par le bout par où ils tiennent au peuple....... » Il nous semble que Montaigne et Pascal ont confondu les modèles et les exemples. Assurément, aucun être humain ne saurait servir de modèle aux autres, au point que ceux-ci puissent l'imiter trait pour trait. En supposant que ce modèle parfait pût exister dans l'humanité et que nous fussions capables de l'imiter, l'homme ne renoncerait-il pas plus ou moins à son individualité en essayant de reproduire si parfaitement son semblable? Et la préoccupation constante de ce modèle ne l'exposerait-elle pas à faire une contrefaçon superficielle plutôt qu'une imitation vraie? Ne vaut-il pas mieux que le modèle soit dans l'idée, et que cet idéal s'élève et se perfectionne à mesure que la raison grandit, que la conscience se purifie? Avec les traits épars d'une infinité de beaux exemples, recueillis dans la vie réelle, dans l'histoire ou dans la fiction poétique, cet idéal se forme naturellement dans l'âme; et c'est à cette création que l'éducateur doit travailler par son enseignement et sa vie.

§

Nous avons dit que c'est surtout par l'exemple qu'on fait aimer la vertu. C'est en la représentant sereine, aimable, douce, indulgente, enjouée même, qu'elle persuade et subjugue ceux que l'aridité des préceptes sans vie aurait rebutés. Mais ce n'est pas à ses débuts qu'elle a ce caractère de sérénité, irrésistible pour tous ceux qui la voient : tant qu'elle n'est pas devenue par une pratique constante, l'habitude, la complexion, la vie même de l'âme, il s'y joint quelque chose d'austère, de rigide, qui témoigne des douloureux efforts qu'il faut faire sur soi-même pour soumettre son âme à la loi morale. Il serait dangereux de chercher à dissimuler à l'enfant les souffrances de la lutte et du sacrifice; il faut lui faire comprendre au contraire que les choses les plus excellentes, les seules bien réelles, ne se conquièrent qu'au prix de douloureux combats ; et pour stimuler son courage, et soutenir sa constance, lui laisser contempler la sérénité, la paix et la joie de la vertu triomphante. C'est là cette « leçon nouvelle » donnée par Montaigne en ces paroles : « Que le prix et haulteur de la vraye vertu est en la facilité, utilité et plaisir de son exercice ; si esloingné de difficulté, que les enfants y peuvent comme les hommes, les simples comme les subtils. Le reglement, c'est son util, non pas la force. Socrates, son premier mignon, quitte à escient sa force, pour glisser en la naïfveté et aysance de son progrez. » Avec quelle tendre complaisance Montaigne revient à Socrate, qu'il appelle le « premier mignon de la vertu, » expression charmante et pleine de justesse qui nous semble signifier que Socrate a été le plus heureux par la vertu, parce qu'il l'a élevée au plus haut point qui soit accessible à l'humanité.

La vertu facile à acquérir, source des vrais plaisirs.

« Il luy fera cette nouvelle leçon : Que le prix
« et haulteur de la vraye vertu est en la facilité,
« utilité et plaisir de son exercice ; si esloingné de
« difficulté, que les enfants y peuvent comme les
« hommes, les simples comme les subtils. Le re-
« glement, c'est son util, non pas la force. So-
« crates, son premier mignon, quitte à escient sa
« force, pour glisser en la naïfveté et aysance de
« son progrez. C'est la mere nourrice des plaisirs

« humains, en les rendant iustes elle les rend
« seurs et purs ; les moderant, elle les tient en
« haleine et en goust ; retranchant ceulx qu'elle
« refuse, elle nous aiguise envers ceulx qu'elle
« nous laisse, et nous laisse abondamment touts
« ceulx que veult nature, et iusques à la satiété,
« sinon iusques à la lasseté, maternellement ; si
« d'adventure nous ne voulons dire que le régime
« qui arreste le beuveur avant l'yvresse, le man-
« geur avant la crudité, le paillard avant la pelade,
« soit ennemy de nos plaisirs. Si la fortune com-
« mune luy fault, elle luy eschappe ; ou elle s'en
« passe, et s'en forge une aultre toute sienne, non
« plus flottante et roulante. Elle sçait estre riche,
« et puissante, et sçavante, et coucher dans des
« matelas musquez ; elle aime la vie, elle aime la
« beauté, et la gloire, et la santé, mais son office
« propre et particulier, c'est sçavoir user de ces
« biens là reglement, et les sçavoir perdre cons-
« tamment ; office bien plus noble qu'aspre, sans
« lequel tout cours de vie est desnaturé, turbulent
« et difforme, et y peult on iustement attacher ces
« escueils, ces halliers et ces monstres. Si ce dis-
« ciple se rencontre de si diverse condition, qu'il
« aime mieulx ouyr une fable, que la narration
« d'un beau voyage, ou un sage propos, quand il
« l'entendra ; qui, au son du tabourin qui arme
« la ieune ardeur de ses compaignons, se des-
« tourne à un aultre qui l'appelle au ieu des batte-
« leurs ; qui, par souhait, ne treuve plus plaisant

« et plus doulx revenir pouldreux et victorieux
« d'un combat, que de la paulme ou du bal, avec-
« ques le prix de cet exercice : ie n'y treuve aultre
« remede, sinon qu'on le mette pastissier dans
« quelque bonne ville feust il fils d'un duc ; suy-
« vant le precepte de Platon, qu'il fault colloquer
« les enfants, non selon les facultez de leur pere,
« mais selon les facultez de leur ame. » (*Institution des enfants*, t. I, p. 315-317.)

§

De toutes les vertus qu'il faut enseigner aux enfants, Montaigne, dans son admirable chapitre de « l'Institution des enfants, » ne nomme en particulier que la modestie et l'amour de la vérité. Parle-t-il surtout de la modestie, parce qu'elle est la condition essentielle de tout progrès, en donnant à l'homme le sentiment de ce qui lui manque ; ou bien envisage-t-il, dans cette vertu, l'indice de toutes les autres? En effet le vrai mérite est modeste, non pas qu'il soit aveugle sur le bien qu'il a déjà réalisé, mais parce qu'il a conscience de l'imperfection de ses actes et qu'il compare sans cesse le peu qu'il accomplit avec l'immense étendue de ce qui lui reste à faire. Nous croyons que, suivant Montaigne, la modestie est non pas une vertu particulière, mais l'empreinte de la vertu même ; car en nous la recommandant, il touche à plusieurs autres vertus, telles que la patience et le support : « Ne se formalizer point des sottises et fables qui se disent en sa présence » l'indulgence, la justice et la charité : « Qu'il se contente de se corriger soy mesme, et ne semble pas reprocher à aultruy tout ce qu'il refuse à faire, » la douceur, la politesse, la simplicité et le respect d'autrui : « Fuye ces images regenteuses et inciviles, et cette puerile ambition de vouloir paroistre plus fin, pour estre aultre. »

Nous en concluons que si, dans la pensée de Montaigne, on doit « dresser l'enfant à estre espargnant et mesnagier de sa suffisance, quand il l'aura acquise, » la modestie n'a pas sa raison d'être quand l'âme est encore dépourvue de tout, et qu'elle convient surtout à l'âme qui possède déjà la vertu et la science.

« En cette eschole du commerce des hommes, « j'ay souvent remarqué le vice, qu'au lieu de « prendre cognoissance d'aultruy, nous ne travail- « lons qu'à la donner de nous, et sommes plus en « peine de debiter nostre marchandise, que d'en « acquérir de nouvelle : le silence et la modestie « sont qualitez tres commodes à la conversation. « On dressera cet enfant à estre espargnant et « mesnagier de sa suffisance, quand il l'aura « acquise ; à ne se formalizer point des sottises et « fables qui se disent en sa presence : car c'est « une incivile importunité de chocquer tout ce qui « n'est pas de nostre appetit. Qu'il se contente de « se corriger soy mesme, et ne semble pas repro-

Enseigner la modestie à la jeunesse.

« cher à aultruy tout ce qu'il refuse à faire, ny
« contraster aux mœurs publicques : *Licet sapere,*
« *sine pompâ, sine invidiâ* (1). Fuye ces images re-
« genteuses et inciviles, et cette puerile ambition
« de vouloir paroistre plus fin, pour estre aultre ;
« et, comme si ce feust marchandise malaysee que
« reprehensions et nouvelletez, vouloir tirer, de
« là, nom de quelque peculiere valeur. Comme il
« n'affiert qu'aux grands poëtes d'user des licences
« de l'art; aussi n'est-il supportable qu'aux grandes
« ames et illustres de se privilegier au-dessus de
« la coustume. *Si quid Socrates et Aristippus contra
« morem et consuetudinem fecerunt, idem sibi ne arbi-
« tretur licere : magnis enim illi et divinis bonis hanc
« licentiam assequebantur* (2). (Cicéron). (*Institution
« des enfants*, t. I, p. 298 et 299.)

L'amour de la vérité pour la vérité même, ne nous semble pas être non plus une vertu élémentaire ; nous dirions plutôt qu'elle est le fruit d'une sage éducation ayant pour but de « former pour l'honneur et pour la liberté. » Nous ne croyons pas que le jeune enfant soit naturellement hostile

---

(1) On peut être sage sans ostentation et sans se rendre odieux à personne. (Sénèque).

(2) Si Aristippe ou Socrate n'ont pas toujours respecté les coutumes et les mœurs de leur pays, ce serait une erreur de croire que vous puissiez les imiter. Leur mérite transcendant et presque divin autorise cette liberté.

à la vérité, et nous affirmons même que s'il est élevé avec affection et avec douceur, il sera moins enclin à mentir que sous la pression de la crainte, ou sous les mille restrictions d'une discipline trop rigide. Mais le sentiment qui porte l'âme « à se rendre et à quitter les armes à la vérité, tout aussitôt qu'elle l'appercevra », ne se développe que par une raison cultivée et une conscience droite, habituée déjà à se conduire elle-même. Il en est de même de la noblesse d'âme qui fait « confesser la faulte qu'on découvre en son propre discours, encore qu'elle ne soit apperçue que de nous. » Cet « effect de iugement et de sincerité » ne peut être exigé de l'enfant qui ne répète encore que les enseignements d'autrui, et n'a pas de mérite à convenir d'une erreur, puisqu'il n'a encore ni expérience, ni opinion personnelle. Mais l'éducateur ne saurait lui inspirer trop tôt l'amour de la vérité qui se manifeste d'abord par l'aveu sincère de ses fautes, par la simplicité et la franchise de sa parole, par l'absence de toute feinte et de toute dissimulation dans sa contenance et dans ses actes. A mesure que l'âme se fortifie, les fruits de la véracité sont plus parfaits ainsi que ceux de la justice, dont la même vertu est le principe.

« Qu'on l'instruise surtout à se rendre et à
« quitter les armes à la vérité, tout aussitost qu'il
« l'appercevra, soit qu'elle naisse en luy mesme
« par quelque radvissement : car il ne sera pas mis
« en chaise pour dire un roolle prescript, il n'est

Amour de la vérité.

« engagé à aulcune cause, que parce qu'il l'ap-
« preuve ; ny ne sera du mestier où se vend à
« purs deniers comptants la liberté de se pouvoir
« repentir et recognoistre : *neque, ut omnia quæ*
« *præscripta et imperata sint defendat, necessitate*
« *ullâ cogitur* (1). (Cicéron).(*Institution des enfants*,
t. I, p. 299.)

Courage d'avouer l'erreur ou la faute.

« Que sa conscience et sa vertu reluisent en son
« parler, et n'ayent que la raison pour conduicte.
« Qu'on luy face entendre que de confesser la
« faulte qu'il descouvrira en son propre discours,
« encore qu'elle ne soit apperceue que par luy,
« c'est un effect de iugement et de sincerité, qui
« sont les principales parties qu'il cherche ; que
« l'opiniastrer et contester sont qualitez com-
« munes, plus apparentes aux plus basses ames ;
« que se r'adviser et se corriger, abandonner un
« mauvais party sur le cours de son ardeur, ce sont
« qualitez rares, fortes et philosophiques. » (*Institution des enfants*, t. I, p. 301.)

(1) Nulle nécessité ne l'oblige de défendre les choses qui lui ont été enseignées et prescrites.

CHAPITRE IV

LA SCIENCE SELON MONTAIGNE MANIÈRE DE L'ENSEIGNER A L'ENFANT ET DE DÉVELOPPER SES FACULTÉS

Montaigne, ainsi que Socrate, n'estime que la science qui rend l'âme plus sage et meilleure : il subordonne donc tout le savoir à la vertu, et n'apprécie la connaissance humaine qu'à proportion qu'elle rend la vertu plus ferme, plus droite et plus parfaite. « Quel dommage, dit-il, si les sciences ne nous apprennent ny à bien penser ny à bien faire ! *Postquam docti prodierunt, boni desunt* (1). (Sénèque.) » Ainsi le but de toute culture intellectuelle doit être de faire mieux aimer le bien, d'en donner à l'âme des notions plus claires, et surtout d'accroître sa lumière et sa force pour l'accomplir. On est heureux de l'hommage si sincère rendu par Montaigne à la grandeur et à la beauté morale, dans cette éloquente parole : « Toute aultre science est dommageable à celuy qui n'a la cience de la bonté. » Ainsi cette âme si haute, dont la puissante intelligence a sondé la connaissance humaine, la regarde comme une chose « dommageable sans la bonté ». Le génie de Pascal, si

(1) Depuis que l'on voit tant de savants, il n'y a plus de gens de bien.

simple dans sa grandeur, s'est rencontré avec celui de Montaigne pour exalter l'excellence de la charité. « Tous les corps ensemble, et tous les esprits ensemble, et toutes leurs productions, ne valent pas le moindre mouvement de charité ; cela est d'un ordre plus élevé. » Ces traits sublimes qui sont les inspirations du cœur, donnent une haute idée de la grandeur à laquelle l'âme humaine peut atteindre lorsqu'elle ne se sert de la science que « pour regler ses allures, pour amender son état imparfait. » Montaigne qui « aime et honore le sçavoir comme le plus noble et puissant acquest des hommes, » quand il est versé dans une âme saine qui ne puisse ni le corrompre ni l'altérer, l'appelle aussi « un dangereux glaive qui empesche et offense son maistre, s'il est en main foible, et qui n'en sçache l'usage. En quelque main c'est un sceptre, en quelque aultre une marotte. » Sans parler des intelligences subtiles et déliées qui ne se servent de leur pénétration que pour leurs passions et leurs intérêts, combien y en a-t-il de vives et brillantes qui seraient aptes à tout avec la grandeur du caractère, et qui gâtent tout par leur égoïsme et leur vanité ! C'est donc toujours à la culture du cœur qu'il faut en revenir, ainsi que nous le font comprendre tous ceux qui ont le mieux aimé et compris l'humanité, dont les grandes pensées viennent du cœur. Et l'éducateur qui prétend « attacher le sçavoir à l'ame, sans l'y incorporer, » fait une œuvre dangereuse. Il met entre les mains de son élève un glaive qui offensera son maître, parce qu'il ne lui a pas appris à s'en servir. Mais, au contraire, s'il prépare l'âme, par de bonnes habitudes morales, à recevoir la science ; si, par le cœur, il fraye le chemin à l'intelligence, elle grandit de toute la force de la vertu et de toute l'ardeur des nobles sentiments qu'il a cultivés. La droiture de l'âme augmente la clarté de l'intelligence, et celle-ci réagit sur l'âme, à son tour, par la vivacité de l'appréhension et la justesse du jugement.

« Quel dommage si les sciences ne nous appren- *Toutes les*
« nent ny à bien penser ny à bien faire ? *Postquam* *sciences dommageables*
« *docti prodierunt, boni desunt.* (Sénèque.) Toute *sans la science*
« aultre science est dommageable à celuy qui n'a *de la bonté.*
« la science de la bonté.

« La science n'est pas pour donner iour à l'ame
« qui n'en a point, ny pour faire veoir un aveugle ;
« son mestier est, non de luy fournir de veue,
« mais de la luy dresser, de lui regler ses allures,
« pourveu qu'elle ayt de soy les pieds et les iam- *La science*
« bes droictes et capables. C'est une bonne drogue *doit regler*
« que la science ; mais nulle drogue n'est assez *l'âme.*
« forte pour se preserver, sans alteration et corrup-
« tion, selon le vice du vase qui l'estuye. Tel a
« la veue claire, qui ne l'a pas droicte ; et par con-
« séquent veoid le bien, et ne le suyt pas, et veoid
« la science, et ne s'en sert pas. (*Du pédantisme,*
t. I, p. 272-273.)

« Or, il ne fault pas attacher le sçavoir à l'ame,

Incorporer la science à l'âme. « il l'y fault incorporer; il ne l'en fault pas arrouser, il l'en faut teindre; et s'il ne la change et ameliore son estat imparfait, certainement il vault beaucoup mieulx le laisser là; c'est un dangereux glaive, et qui empesche et offense son maistre, s'il est en main foible, et qui n'en sçache l'usage; *ut fuerit melius non didicisse* (1). (Cicéron). (*Du pédantisme*, t. I, p. 271-272.)

« En mon pays et de mon temps, la doctrine amende assez les bourses, nullement les ames : si elle les rencontre mousses, elle les aggrave et suffoque, masse crue et indigeste; si desliees, elle les purifie volontiers, clarifie et subtilise iusques à l'exinanition. C'est chose de qualité à peu prez indifferente, tres utile accessoire à une ame bien nee, pernicieux à une aultre ame, et dommageable; ou plustost, chose de tres precieux usage, qui ne se laisse pas posseder à vil prix : en quelque main c'est un sceptre; en quelque aultre, une marotte. » (*De l'art de conferer*, t. IV, p. 431.)

§

Montaigne nous rappelle, d'après Plutarque, que chez les Romains « grec et escholier estoient mots de reproche et de mespris. » En effet, cette nation vigoureuse qui, pendant longtemps, ne

(1) De sorte qu'il aurait mieux valu n'avoir rien appris.

connaissait que l'action, devait avoir d'autant moins d'estime pour la culture grecque, que cette culture raffinée ne rendait les Grecs ni plus vertueux ni plus heureux. Ils voyaient au contraire leur vertu et leur prospérité diminuer à mesure que leur civilisation se perfectionnait. C'est qu'à Athènes, on apprenait à bien dire, non à bien faire ; on s'exerçait « à se démêler d'un argument sophistique et à rabattre l'imposture des mots captieusement entrelacés, plutôt qu'à se démêler des appâts de la volupté et à rabattre d'un grand courage les menaces de la fortune et de la mort. » Les Grecs « logeaient en eux, sans s'amender, les discours et les iugements des plus excellents esprits· » Tel est l'état de tous ceux qui attachent la science à l'âme au lieu de l'y incorporer. Pour que l'âme puisse s'élargir, il faut qu'elle se remplisse ; et la science, qui ne fait que meubler la tête, ne donne ni plus de jugement ni plus de vertu. Avec quelle fine et mordante ironie Montaigne raille les esprits vulgaires qui se laissent éblouir par la fausse science et paient leur tribut d'admiration aux doctes écoliers, tandis qu'ils n'aperçoivent pas même ceux qui sont le plus dignes de respect par leur bonté et leur vertu ! « O les lourdes testes ! s'écrie-t-il. Nous nous enquerons volontiers s'il sçait du grec ou du latin, s'il escrit en vers ou en prose ? Mais s'il est devenu meilleur ou plus advisé, c'estoit le principal, et c'est ce qui demeure derriere. Il falloit s'enquerir qui est mieulx sçavant, non qui est plus sçavant. » Et il nous donne ensuite l'idée du travail inutile des pédants, par une charmante comparaison, celle « des oyseaux qui vont quelquesfois à la queste du grain, et le portent au bec sans le taster pour en faire bechee à leurs petits ; ainsi, dit-il, nos pedantes vont pillotants la science dans les livres, et ne la logent qu'au bout de leurs levres, pour la degorger seulement et mettre au vent. » Il ne s'épargne pas à lui-même le reproche « d'escorniffler, par cy, des livres, les sentences qui lui plaisent, non pour les garder, car, dit-il, ie n'ay point de gardoire, mais pour les transporter en sa composition. »

Après nous avoir parlé de cette science étrangère, qui ne nous enrichit point, il nous indique aussi les moyens de la faire nôtre, en la rapportant chez nous, pour la digérer, la transformer en nous, de façon « qu'elle nous augmente et nous fortifie. » Il nous met en garde contre cette lâche nonchalance qui fait que « nous nous laissons aller sur les bras d'aultruy, » au lieu de tirer parti de nos propres forces que nous anéantissons par l'inaction. « Je n'aime point, dit-il, cette suffisance relative et mendiee : quand bien nous pourrions estre sçavants du sçavoir d'aultruy ; au moins, sages ne pouvons estre que de nostre propre sagesse. » Et cette œuvre factice qu'il critique, ces richesses empruntées qu'il dédaigne dans notre propre éducation, il les méprise aussi dans l'enseignement de nos enfants qui, « après quinze ou seize ans employez, sont plus sots et plus présomptueux qu'auparavant, et, au lieu d'avoir l'ame pleine, ne l'ont que bouffie. »

« Plutarque dict que grec et escholier estoient « mots de reproche entre les Romains, et de mes- « pris. Depuis, avec l'aage, i'ay trouvé qu'on avoit « une grandissime raison, et que *magis magnos cleri-* « *cos non sunt magis magnos sapientes* (1). Mais d'où « il puisse advenir qu'une ame riche de la cognois- « sance de tant de choses, n'en devienne pas plus « vifve et plus esveillée ; et qu'un esprit grossier « et vulgaire puisse loger en soy, sans s'amender, « les discours et les iugements des plus excellents « esprits que le monde ait porté, i'en suis encores « en doubte. A recevoir tant de cervelles estran- « gieres, et si fortes et si grandes, il est necessaire « (me disoit une fille, la premiere de nos prin- « cesses, parlant de quelqu'un) que la sienne se « foule, se contraigne et rapetisse, pour faire place « aux aultres : ie diroy volontiers que, comme « les plantes s'estouffent de trop d'humeur, et les « lampes de trop d'huile ; aussi faict l'action de « l'esprit, par trop d'estude et de matiere ; lequel, « occupé et embarrassé d'une grande diversité de « choses, perd le moyen de se desmesler, et que « cette charge le tienne courbe et croupy. Mais il « en va aultrement ; car nostre ame s'eslargit « d'autant plus qu'elle se remplit ; et aux exemples

Science indigeste.

L'âme s'élargit à mesure qu'elle se remplit.

(1) Les plus grands clercs ne sont pas les plus sages.

« des vieux temps, il se veoid, tout au rebours, des
« suffisants hommes aux maniements des choses
« publicques, des grands capitaines, et grands con-
« seillers aux affaires d'Estat, avoir esté ensemble
« tres sçavants. (*Du pédantisme*, t. I, p. 257 et 258).

Fausse science.

« A la mode de quoy nous sommes instruicts,
« il n'est pas merveille si ny les escholiers, ny les
« maistres, n'en deviennent pas plus habiles, quoy
« qu'ils s'y facent plus doctes. De vray, le soing
« et la despense de nos pères ne vise qu'à nous

Exercer le jugement au lieu de meubler la tête.

« meubler la teste de science : du iugement et de
« la vertu, peu de nouvelles. Criez d'un passant à
« nostre peuple : « O le sçavant homme ! » Et
« d'un aultre : « O le bon homme ! » il ne fauldra
« pas detourner les yeulx et son respect vers le
« premier. Il y fauldroit un tiers crieur : « O les
« lourdes testes ! » Nous nous enquerons volon-
« tiers : « Sçait-il du grec ou du latin ? Escrit-il en
« vers ou en prose ? » Mais s'il est devenu meil-
« leur ou plus advisé, c'estoit le principal, et c'est
« ce qui demeure derriere. Il falloit s'enquerir qui
« est mieulx sçavant, non qui est plus sçavant.

Ne pas travailler à remplir la mémoire tandis qu'on laisse la conscience vide.

« Nous ne travaillons qu'à remplir la memoire
« et laissons l'entendement et la conscience vuides.
« Tout ainsi que les oyseaux vont quelquesfois à
« la queste du grain, et le portent au bec sans le
« taster pour en faire bechee à leurs petits ; ainsi
« nos pedantes vont pillottants la science dans les
« livres, et ne la logent qu'au bout de leurs levres,
« pour la degorger seulement et mettre au vent.

« C'est merveille combien proprement la sottise
« se loge sur mon exemple : est-ce pas faire de
« mesme ce que ie fois en la plus part de cette
« composition ? Ie m'en vois escornifflant, par cy,
« des livres, les sentences qui me plaisent, non
« pour les garder, car ie n'ay point de gardoire,
« mais pour les transporter en cettuy cy ; où, à
« vray dire, elles ne sont non plus miennes qu'en
« leur place ; nous ne sommes, ce crois ie, sça-
« vants que de la science presente ; non de la
« passee, aussi peu que de la future. Mais, qui pis
« est, leurs escholiers et leurs petits ne s'en nour-
« rissent et alimentent non plus ; ainsi elle passe
« de main en main, pour cette seule fin d'en faire
« parade, d'en entretenir aultruy, et d'en faire des
« contes, comme une vaine monnoye inutile à tout
« aultre usage et emploite qu'à compter et jecter.
« *Apud alios loqui didicerunt non ipsi secum* (1). (Ci-
« ceron, Tusc.). *Non est loquendum sed gubernan-*
« *dum* (2). (Seneq.)......

On est savant de la science présente, non de la passée.

« Nous prenons en garde les opinions et le sça-
« voir d'aultruy, et puis c'est tout : il les fault
« faire nostres. Nous semblons proprement celuy
« qui, ayant besoing de feu, en iroit querir chez
« son voisin, et, y en ayant trouvé un beau et
« grand, s'arresteroit là, à se chauffer, sans plus

Il faut s'assimiler la science d'autrui.

(1) Ils ont appris à parler aux autres, et non pas à eux-mêmes!
(2) Il ne s'agit pas de parler, mais de conduire le vaisseau.

« se souvenir d'en rapporter chez soy. Que nous
« sert-il d'avoir la panse pleine de viande, si elle
« ne se digere, si elle ne se transforme en nous,
« si elle ne nous augmente et fortifie? Pensons-
« nous que Lucullus, que les lettres rendirent et
« formerent si grand capitaine sans l'experience,
« les eust prinses à nostre mode? Nous nous lais-
« sons si fort aller sur les bras d'aultruy, que nous
« aneantissons nos forces : Me veulx je armer
« contre la crainte de la mort ? c'est aux despens
« de Seneca. Veux ie tirer de la consolation pour
« moy ou pour un aultre? ie l'emprunte de Cicero.
« Ie l'eusse prinse en moy mesme, si on m'y eust
« exercé. Ie n'aime point cette suffisance relative
« et mendiee : quand bien nous pourrions estre
« sçavants du sçavoir d'aultruy ; au moins, sages
« ne pouvons estre que de nostre propre sagesse.

« Je hay le sage qui n'est pas sage par soy
« mesme. » (Euripide). *Ex quo Ennius : Nequid-*
« *quam sapere sapientem, qui ipse sibi prodesse non*
« *quiret* (1) :

« *Si cupidus, si*
« *Vanus, et Euganeâ quantumvis mollior agnâ* (2).
(Juvénal)
« *Non enim paranda nobis solum, sed fruenda sa-*
[*pientia est.* (Cicéron) (3).

(1) Aussi Ennius dit-il : vaine est la sagesse, si elle n'est pas utile au sage.

(2) S'il est cupide et vain, s'il est plus mou qu'une toison d'agneau.

(3) Car il ne suffit pas d'acquérir la sagesse, il faut en user.

« Dionysius se mocquoit des grammairiens, qui
« ont soing de s'enquerir des maulx d'Ulysses, et
« ignorent les propres; des musiciens qui accor-
« dent leurs fleutes, et n'accordent pas leurs
« mœurs; des orateurs qui estudient à dire iustice,
« non à la faire. Si nostre ame n'en va un meil-
« leur bransle, si nous n'en avons le iugement
« plus sain, i'aimerais aussi cher que mon escho-
« lier eust passé le temps à iouer à la paulme : au
« moins le corps en seroit plus alaigre. Voyez le
« revenir de là, aprez quinze ou seize ans em-
« ployez; il n'est rien si mal propre à mettre en
« besongne; tout ce que vous y recognoissez da-
« vantage, c'est que son latin et son grec l'ont
« rendu plus sot et plus presumptueux qu'il n'es-
« toit party de la maison. Il en debvoit rapporter
« l'ame pleine, il ne l'en rapporte que bouffie ; et
« l'a seulement enflée, au lieu de la grossir. »
(*Du pédantisme*, t. I, p. 257-268).

L'âme doit être pleine, non bouffie.

§

Montaigne ne veut pas qu'on emprisonne la jeunesse ni que l'on « corrompe son esprit à la tenir
à la géhenne et au travail quatorze ou quinze heures
par iour, comme un portefaix. » Que dirait-il de
nos établissements scolaires, surtout des internats,
où l'on enferme encore un si grand nombre d'enfants ? Privés d'un exercice suffisant en plein air,
ils s'étiolent ; leur corps s'affaiblit et n'atteint pas

son développement naturel, et l'esprit se déforme par la quantité de matières étrangères qu'on y entasse et qui le rapetisse ou l'étouffe. On exige de l'enfant ce qui est difficile à un homme fait, savoir, de soutenir son attention pendant de longues heures. Aussi l'étude est pour lui sans charme, et il n'est pas rare qu'il s'en dégoûte déjà avant l'âge où il serait le plus apte à la poursuivre. Montaigne, dépourvu de préjugés, et surtout de cette ridicule complaisance qui fait tout admirer dans le pays où l'on est né, ne craint pas de dire à ses compatriotes de dures vérités sur leur système d'éducation, si absurde en ce qu'il est si peu conforme à la nature : « La sagesse françoise, dit-il, a esté anciennement en proverbe, pour une sagesse qui prenoit de bonne heure et n'avoit gueres de tenue. A la vérité nous voyons encores qu'il n'est rien si gentil que les petits enfants en France ; mais ordinairement ils trompent l'esperance qu'on en a conceue, et hommes faicts, on n'y veoid aulcuns exceller ; i'ay ouy tenir à gents d'entendement que ces colleges où on les envoye, de quoi ils ont foison, les abrutissent ainsin. »

Nous n'avons pas à examiner ici jusqu'à quel point le système des collèges déforme l'esprit. Nous nous bornons à constater que ce résultat souvent aussi est atteint dans la famille où les parents, impatients de voir briller leurs enfants, excitent leur vanité par de faciles succès, obtenus aux dépens du bon sens et peut-être aussi du déve-

loppement moral. Les enfants prodiges se forment
dans la famille, et il n'est pas étonnant qu'ils ne
sortent pas tels des collèges, après quelques années de séjour qui les ont placés aux rangs qu'ils
méritent. Ce grief serait-il le seul à articuler contre
les collèges, il ne faudrait pas trop s'en plaindre.
Mais nous croyons que c'est à la généralité des
enfants que l'éducation scolaire peut nuire. Si les
riches natures suivent leur voie en dépit d'une
éducation défectueuse, que d'esprits moyens qui
se seraient réveillés et élevés, grâce à une saine
direction, deviennent entièrement victimes de la
routine contre laquelle ils n'ont pas la force de
réagir ! Sous la pression des pesants programmes
qui se succèdent année par année, en se chargeant
de plus en plus, loin de s'alléger, les esprits sont
comprimés, sinon écrasés et même étouffés. Ainsi
toutes leurs issues sont fermées par les entassements extérieurs qui les empêchent de mettre au
jour ce qu'ils ont en eux-mêmes. Sans doute, tout
ce qui s'enseigne dans nos collèges est utile, mais
comme la vie tout entière ne suffirait pas à prendre possession de la science livresque, il s'agit, non
pas d'en meubler l'esprit, mais d'ouvrir l'esprit à
tout ce qui peut contribuer à son développement.

« Je ne veulx pas qu'on emprisonne ce garçon,
« ie ne veulx pas qu'on l'abandonne à la cholere
« et humeur melancholique d'un furieux maistre
« d'eschole ; ie ne veulx pas corrompre son esprit
« à le tenir à la gehenne et au travail, à la mode

Ne pas faire de l'étude un esclavage pour les enfants.

« des aultres, quatorze ou quinze heures par iour,
« comme un portefaix ; ny ne trouverois bon,
« quand, par quelque complexion solitaire et me-
« lancholique, on le verroit adonné d'une appli-
« cation trop indiscrette à l'estude des livres,
« qu'on la luy nourrist : cela les rend ineptes à la
« conversation civile, et les destourne des meil-
« leures occupations ; et combien ay ie veu de
« mon temps d'hommes abestis par temeraire avi-
« dité de science? Carneades s'en trouva si affolé,
« qu'il n'eut plus le loisir de se faire le poil et les
« ongles ; ny ne veulx gaster ses mœurs gene-
« reuses, par l'incivilité et barbarie d'aultruy. La
« sagesse française a esté anciennement un pro-
« verbe, pour une sagesse qui prenoit de bonne
« heure, et n'avoit gueres de tenue. A la verité,
« nous veoyons encores qu'il n'est rien si gentil
« que les petits enfants en France ; mais ordinai-
« rement ils trompent l'esperance qu'on en a con-
« ceue ; et hommes faicts, on n'y veoid aulcune
« excellence ; i'ay ouy tenir à gents d'entende-
« ment, que ces colleges où on les envoye, de
« quoy ils ont foison, les abrutissent ainsin. »
(*Institution des enfants*, t. I, p. 319 et 320.)

§

Tout ce qu'il voit, tout ce qu'il entend, tout ce qu'il sent, fournit à l'enfant l'occasion d'exercer son jugement d'une façon plus efficace que la plupart des choses qu'on lui enseigne. Il est naturellement curieux, et il est bien rare qu'on soit obligé d'exciter sa curiosité. Il suffit le plus souvent de la diriger, afin qu'elle ne s'égare pas sur des choses vaines. Ce sont surtout les personnes avec tout ce qui s'y rapporte, qui l'intéressent le plus ; ceci est naturel puisqu'il ne peut pas encore abstraire ou séparer les idées des faits, c'est cependant à ce résultat qu'on doit l'amener. Aussi faut-il tâcher de tirer le meilleur parti de son esprit d'investigation en lui « faisant sonder la portée d'un chascun, un bouvier, un masson, un passant, il faut tout mettre en besongne et emprunter chascun selon sa marchandise, car tout sert en mesnage ; la sottise même et foiblesse d'aultruy luy sera instruction : à contreroller les graces et façons d'un chascun, il s'engendrera envie des bonnes, et mespris des mauvaises. »

Cependant il faut mettre des bornes à la curiosité de sçavoir. Aussi Montaigne, ainsi que Tacite, loue-t-il la mère d'Agricola « d'avoir bridé en son fils un appetit trop bouillant de science. C'est un bien, dit-il, à le regarder d'yeux fermes, qui a, comme les aultres biens des hommes, beaucoup de vanité et foiblesse propre et naturelle, et d'un cher coust. » Il rapporte l'opinion de Socrate qui estimoit « qu'il ne fault gueres de doctrine pour vivre à nostre ayse, et cette doctrine est en nous, et la maniere de l'y trouver et de s'en ayder. » Nous croyons que Montaigne exagère l'idée de la superfluité de certaine science, et surtout celle de l'inefficacité de l'étude de tel ou tel auteur. Ce n'est certainement pas la lecture des Tusculanes qui nous aide à nous détacher de la vie, s'il n'y a pas en nous-mêmes quelque chose qui corresponde aux arguments de Cicéron sur la mort. Mais ce que nous lisons et ce que nous entendons met en branle nos propres idées, et fortifie nos sentiments. Même un génie comme Montaigne profite beaucoup de ses lectures, ce que nous attestent ses écrits tout nourris des sages de l'antiquité. Et Pascal lui-même n'a-t-il pas fait son aliment de la Bible et des œuvres de Montaigne? Peut-être, grâce à leur haute intelligence, si fertile en conceptions originales, l'un et l'autre se sont-ils servis des livres, « non tant d'instruction que d'exercitation. » Mais tous ceux qui lisent ne sont pas des Montaigne et des Pascal, et ils reçoivent beaucoup des livres, en échange de l'attention qu'ils leur donnent.

La bonne curiosité.

« Il sondera la portée d'un chascun : un bou-
« vier, un masson, un passant, il fault tout mettre
« en besoigne, et emprunter chascun selon sa
« marchandise, car tout sert en mesnage ; la sot-
« tise même et foiblesse d'aultruy luy sera instruc-
« tion : à contrerooller les graces et façons d'un
« chascun, il s'engendrera envie des bonnes et
« mespris des mauvaises.

« Qu'on luy mette en fantasie une honneste
« curiosité de s'enquérir de toutes choses : tout ce

« qu'il y aura de singulier autour de luy, il le
« verra; un bastiment, une fontaine, un homme,
« le lieu d'une bataille ancienne, le passage de
« César ou de Charlemaigne. »

(*Institution des enfants*, t. I, p. 301 et 302.)

« Nous sommes, chascun, plus riches que nous
« ne pensons; mais on nous dresse à l'emprunt et
« à la queste, on nous duict à nous servir plus de
« l'aultruy, que du nostre. En aulcune chose
« l'homme ne sçait s'arrester au poinct de son
« besoing : de volupté, de richesse, de puissance,
« il en embrasse plus qu'il n'en peult estreindre ;
« son avidité est incapable de moderation. Je
« treuve qu'en curiosité de sçavoir, il en est de
« mesme ; il se taille de la besoigne bien plus qu'il
« n'en peut faire, et bien plus qu'il n'en a affaire,
« estendant l'utilité du sçavoir, autant qu'est sa
« matière : et Tacitus a raison de louer la mère
« d'Agricola, d'avoir bridé en son fils un appetit
« trop bouillant de science. C'est un bien, à le re-
« garder d'yeux fermes, qui a, comme les aultres
« biens des hommes, beaucoup de vanité et foi-
« blesse propre et naturelle, et d'un cher coust.
« L'acquisition en est bien plus hazardeuse que
« de toute aultre viande ou boisson ; car, ailleurs,
« ce que nous avons acheté, nous l'emportons au
« logis, en quelque vaisseau, et là, nous avons loy
« d'en examiner la valeur, combien, et à quelle
« heure, nous en prendrons; mais les sciences,
« nous ne les pouvons d'arrivee mettre en aultre

Modération dans l'étude.

Modérer la curiosité de savoir.

Nous avalons la science acquise qui souvent nous empêche et nous charge, au lieu de nous nourrir.

« vaisseau qu'en nostre ame ; nous les avallons en
« les achetant, et sortons du marché ou infects
« desia, ou amendez ; il y en a qui ne font que
« nous empescher et charger, au lieu de nourrir,
« et telles encore, qui, soubs tiltre de nous guarir,
« nous empoisonnent. J'ay prins plaisir de veoir,
« en quelque lieu, des hommes, par devotion,
« faire vœu d'ignorance, comme de chasteté, de
« pauvreté, de penitence : c'est aussi chastrer nos
« appetits desordonnez, d'esmousser cette cupidité
« qui nous espoinçonne à l'estude des livres, et pri-
« ver l'ame de cette complaisance voluptueuse qui
« nous chatouille par l'opinion de science ; et est
« richement accomplir le vœu de pauvreté, d'y
« ioindre encores celle de l'esprit. Il ne nous fault
« gueres de doctrine pour vivre à nostre ayse : et
« Socrates nous apprend qu'elle est en nous, et la
« manière de l'y treuver et de s'en ayder. Toute
« cette nostre suffisance, qui est au delà de la na-
« turelle, est à peu prez vaine et superflue : c'est
« beaucoup si elle ne nous charge et trouble plus
« qu'elle ne nous sert, *paucis opus est litteris ad*
« *mentem bonam* (1) *:* ce sont des excez fiébvreux
« de nostre esprit, instrument brouillon et inquiet.
« Recueillez vous ; vous trouverez en vous les argu-
« ments de la nature contre la mort, vrays, et les
« p'us propres à vous servir à la necessité ; ce sont
« ceulx qui font mourir un païsan, et des peuples

(1) On n'a pas besoin de savoir beaucoup pour être
sage. (SÉNÈQUE).

« entiers, aussi constamment qu'un philosophe.
« Feussé ie mort moins alaigrement avant qu'avoir
« veu les Tusculanes? i'estime que non et, quand
« ie me treuve en propre, ie sens que ma langue
« s'est enrichie ; mon courage, de rien ; il est
« comme nature me le forgea, et se targue pour
« le conflict, non que d'une marche naturelle et
« commune : les livres m'ont servi non tant d'ins-
« truction que d'exercitation. Quoy, si la science,
« essayant de nous armer de nouvelles deffenses
« contre les inconvénients naturels, nous a plus
« imprimé en la fantasie leur grandeur et leur
« poids, qu'elle n'a ses raisons et subtilitez à nous
« en couvrir? »

(*De la physionomie*, t. V, p. 71-73.)

§

Que, dans l'éducation intellectuelle, ainsi que dans l'éducation morale, le maître n'oublie pas qu'il doit apprendre à l'enfant à se diriger lui-même, à faire usage de ses facultés pour les étendre et les perfectionner. Montaigne nous rappelle sans cesse ce devoir primordial de l'éducateur, et il blâme énergiquement le système mécanique qui consiste à répéter la parole d'un maître plus ou moins loquace. « On ne cesse, dit-il, de criailler à nos aureilles, comme qui verseroit dans un entonnoir ; et nostre charge, ce n'est pas redire ce qu'on nous a dict : ie vouldrois que le gouverneur corrigeast cette partie ; et que de belle arrivee, selon la portee de l'ame qu'il a en main, il commenceast à la mettre sur la monstre, luy faisant gouster les choses, les choisir et discerner d'elle-mesme ; quelquefois luy ouvrant chemin, quelquefois le luy laissant ouvrir. Ie ne veulx pas qu'il invente et parle seul ; ie veulx qu'il escoute son disciple parler à son tour. » Sans doute, il est plus facile et plus agréable à l'éducateur de parler lui-même que de lutter contre la paresse naturelle de l'enfant et de l'assister dans ses tâtonnements et à ses balbutiements. Mais il faut qu'il s'oublie lui-même, qu'il s'efface le plus souvent et ne paraisse que pour réveiller, aiguillonner l'intelligence naissante et lui indiquer sa direction. Souvent même il doit lui laisser choisir sa voie et la « faire trotter devant luy pour iuger de son train ; et iuger iusques à quel poinct il se doibt ravaller pour s'accommoder à sa force. » C'est l'amour de l'enfance qui peut seul inspirer cette tendre sollicitude. et cette condescendance simple et délicate pour les faibles et les petits. « C'est l'effect d'une haulte ame et bien forte, dit Montaigne, sçavoir condescendre à ces allures pueriles, et les guider. » Il nous semble que c'est la grandeur suprême de s'abaisser jusqu'aux petits pour les élever. C'est le triomphe de l'amour des âmes, de la charité. Montaigne, qui sent si bien la hauteur de cet amour, ne paraît pas s'en croire capable. « Ie marche plus seur et plus ferme, dit-il, à mont qu'à val. » En effet, on songe à soi en essayant de s'élever, de se perfectionner soi-même; mais on ne songe qu'aux autres en s'accommodant à leur faiblesse pour les rendre forts. C'est dans l'amour et le respect de l'enfance que l'éducateur trouve la patience de diriger ses premiers pas, de supporter ses lenteurs, ses hésitations, ses résistances, ses révoltes même. C'est grâce à la clairvoyance que donne l'amour qu'il peut « regenter plusieurs esprits de si diverses mesures et formes, » avoir égard à la nature de chacun, et employer pour chacun les moyens les plus propres à agir sur sa raison et sa volonté. Ainsi contribuera-t-il à former des êtres libres qui auront pour la liberté d'autrui le même respect dont eux-mêmes ont été l'objet.

« On ne cesse de criailler à nos oreilles, comme
« qui verseroit dans un entonnoir ; et nostre
« charge, ce n'est pas redire ce qu'on nous a dict :
« ie vouldrois que le gouverneur corrigeast cette
« partie ; et que de belle arrivée, selon la partie
« de l'ame qu'il a en main, il commenceast à la
« mettre sur la monstre, luy faisant gouster les
« choses, les choisir, et discerner d'elle-mesme ;
« quelquefois luy ouvrant chemin, quelquefois le
« luy laissant ouvrir. Ie ne veulx pas qu'il invente
« et parle seul ; ie veulx qu'il escoute son disciple
« parler à son tour. Socrates, et depuis Archesilas,
« faisoient premierement parler leurs disciples, et
« puis ils parloient à eulx. *Obest plerumque iis qui*

Exercer les facultés de l'enfant.

« *discere volunt auctoritas eorum qui docent* (1). (Cice-
« ron). Il est bon qu'il le face trotter devant luy,
« pour iuger de son train ; et iuger iusques à quel
« poinct il se doibt ravaller pour s'accommoder à
« sa force. A faulte de cette proportion, nous gas-
« tons tout ; et de la sçavoir choisir et s'y conduire
« bien mesureement, c'est une des plus ardues
« besongnes que ie sçache ; et est l'effect d'une
« haulte ame et bien forte, sçavoir condescendre
« à ces allures pueriles, et les guider. Ie marche
« plus seur et plus ferme à mont qu'à val. Ceulx
« qui, comme porte nostre usage, entreprennent,
« d'une mesme leçon et pareille mesure de con-
« duicte, regenter plusieurs esprits de si diverses
« mesures et formes ; ce n'est pas merveille, si en
« tout un peuple d'enfants ils en rencontrent à
« peine deux ou trois qui rapportent quelque iuste
« fruict de leur discipline. Qu'il ne luy demande
« pas seulement compte des mots de sa leçon,
« mais du sens et de la substance : et qu'il iuge
« du proufit qu'il aura faict, non par le tesmoi-
« gnage de sa memoire, mais de sa vie. Que ce
« qu'il viendra d'apprendre, il le luy face mettre
« en cent visages, et accommoder à autant de di-
« vers subiects, pour veoir s'il l'a encores bien
« prins et bien faict sien : prenant l'instruction de
« son progrez, des paidagogismes de Platon. C'est
« tesmoignage de crudité et indigestion, que de

Faire trotter l'enfant.

Condescendre aux allures de l'enfant.

Assimilation de l'enseignement.

(1) L'autorité de ceux qui enseignent nuit souvent à ceux qui veulent apprendre.

« regorger la viande comme on l'a avallee : l'esto-
« mach n'a pas faict son operation, s'il n'a faict
« changer la façon et la forme à ce qu'on luy avoit
« donné à cuire. Nostre ame ne bransle qu'à cre-
« dit, liee et contraincte à l'appetit des fantasies
« d'aultruy, serve et captivee soubs l'auctorité de
« leur leçon : on nous a tant assubiectis aux chor-
« des, que nous n'avons plus de franches allures;
« nostre vigueur et liberté est esteinte : *nunquam*
« *tutelæ suæ fiunt* (1). » (Sénèque).

(*Institution des enfants*, t. I, p. 290-292).

§

Montaigne veut que l'éducateur laisse à l'enfant la liberté de choisir, de discerner les choses, et qu'il « ne loge rien en sa teste par simple auctorité et à credit. » L'enseignement qui a pour but de perfectionner l'entendement et les mœurs, ne peut avoir cet effet si l'intelligence de l'enfant ne l'a pas compris et ne l'a pas fait sien par la réflexion qui produit la conviction. Ce qui n'est confié qu'à la mémoire lui échappe aisément, sans modifier en rien les idées et les sentiments. Que le maître ait l'esprit assez élevé pour ne pas chercher à imposer ses opinions, et ne pas considérer comme une offense personnelle les doutes et les oppositions qu'il rencontre. « Qu'il lui face tout passer à l'estamine, dit Montaigne, car s'il em-

(1) Ils ne sortent jamais de la tutelle des autres.

brasse les opinions de Xénophon et de Platon par son propre discours, ce ne seront plus les leurs, ce seront les siennes : qui suyt un aultre, il ne suyt rien, il ne treuve rien, voire il ne cherche rien. » Il faut, en un mot, que l'élève s'approprie tout ce qu'il apprend et qu'il le transforme en sa propre substance, ainsi que l'abeille convertit en miel le thym, la marjolaine et toutes les autres fleurs dont elle a recueilli le nectar. Montaigne nous donne à la fois l'exemple et le précepte de cette assimilation de la doctrine d'autrui : les auteurs anciens et modernes dont il extrait la substance, prennent, en passant par son esprit, une saveur toute particulière ; et souvent on a peine à distinguer son acquêt des libéralités de la nature.

Eprouve toute chose.

« Qu'il luy face tout passer par l'estamine, et ne
« loge rien en sa teste par simple auctorité et à
« credit. Les principes d'Aristote ne luy soient
« principes, non plus que ceulx des stoïciens ou
« épicuriens : qu'on luy propose cette diversité de
« iugements, il choisira, s'il peult ; sinon il en
« demeurera en doubte ;

« *Che non men che saver, dubbiar m'aggrata* (1).
(Dante).

« car s'il embrasse les opinions de Xénophon et
« de Platon par son propre discours, ce ne seront
« plus les leurs, ce seront les siennes : qui suyt un
« aultre, il ne suyt rien, il ne treuve rien, voire il

(1) A mon avis, aussi bien que savoir, douter a son mérite.

« ne cherche rien ; *non sumus sub rege ; sibi quisque*
« *se vindicet* (1). (Sénèque). Qu'il sçache qu'il sçait,
« au moins. Il faut qu'il imboive leurs humeurs,
« non qu'il apprenne leurs preceptes ; et qu'il
« oublie hardiement, s'il veult, d'où il les tient,
« mais qu'il se les sçache approprier. La verité et
« la raison sont communes à un chascun, et ne
« sont non plus à qui les a dictes premierement,
« qu'à qui les dict aprez : ce n'est non plus selon
« Platon que selon moy, puisque luy et moy l'en-
« tendons, et veoyons de mesme. Les abeilles
« pillotent deçà delà les fleurs ; mais elles en font
« aprez le miel, qui est tout leur ; ce n'est plus
« thym, ni mariolaine : ainsi les pieces emprun-
« tees d'aultruy, il les transformera et confondra
« pour en faire un ouvrage tout sien, à sçavoir
« son iugement : son institution, son travail et
« estude ne visera qu'à le former. Qu'il cele tout
« ce de quoy il a esté secouru, et ne produise que
« ce qu'il en a faict. Les pilleurs, les emprunteurs,
« mettent en parade leurs bastiments, leurs
« achapts ; non pas ce qu'ils tirent d'aultruy : vous
« ne veoyez pas les espices d'un homme de parle-
« ment ; vous veoyez les alliances qu'il a gaignees
« et honneurs à ses enfants : nul ne met en
« compte publicque sa recette ; chascun y met
« son acquest. »

S'assimiler la substance de tout enseignement.

En faire sa substance.

(*Institution des enfants*, t. I, p. 292-294).

(1) Nous n'avons pas de roi ; que chacun dispose librement de soi-même.

§

Grâce à la liberté des rapports entre le maître et l'élève, à l'indépendance que le maître encourage et à la confiance qu'il fait naître ainsi chez l'enfant, l'étude dépourvue de toute contrainte, est la source de jouissances infinies, de plus en plus élevées et fécondes ; et « le gaing de cette estude, c'est en estre devenu meilleur et plus sage. » Le joug du travail, si pesant pour les élèves assujettis à une règle sévère interprétée et appliquée par un maître rigide, ce joug détesté de ces pauvres esclaves, est doux et facile pour les êtres qu'une sage discipline a affranchis et qui se sont soumis volontairement à une loi si libérale et si salutaire. « La fermeté, la foy, la sincérité, estre la vraye philosophie ; les aultres sciences, et qui visent ailleurs, n'estre que fard. » C'est ainsi que parle Montaigne, d'après Platon, dit-il. Il n'y a, en effet, de fermes convictions que celles qu'on s'est faites de soi-même, par le travail de la réflexion ; il n'y a d'opinions sincères que celles qu'on a librement admises, après les avoir passées au crible de la raison. Les esprits façonnés par la méthode de Montaigne doivent avoir en partage la force, l'indépendance, la droiture, la justesse, la bonne foi et la constance, qualités essentielles auxquelles correspondent autant de qualités morales dignes d'un être libre.

« Le gaing de nostre estude, c'est en estre de-
« venu meilleur et plus sage. C'est, disoit Epi-
« charmus, l'entendement qui veoid et qui oyt;
« c'est l'entendement qui approfite tout, qui dis-
« pose tout, qui agit, qui domine et qui regne ;
« toutes aultres choses sont aveugles, sourdes et
« sans ame. Certes, nous le rendons servile et
« couard, pour ne luy laisser la liberté de rien
« faire de soy. Qui demanda iamais à son disciple
« ce qu'il luy semble de la rhetorique et de la
« grammaire, de telle ou telle sentence de Cicero ?
« on nous les placque en la memoire toutes em-
« pennees, comme des oracles, où les lettres et les
« syllabes sont de la substance de la chose. Sçavoir
« par cœur n'est pas sçavoir ; c'est tenir ce qu'on a
« donné en garde à sa mémoire. Ce qu'on sçait
« droictement, on en dispose, sans regarder au
« patron, sans tourner les yeulx vers son livre.
« Fascheuse suffisance, qu'une suffisance pure
« livresque ! Ie m'attends qu'elle serve d'orne-
« ment, non de fondement ; suyvant l'advis de
« Platon qui dict : « La fermeté, la foy, la since-
« rité, estre la vraye philosophie ; les aultres
« sciences, et qui visent ailleurs, n'estre que
« fard. » Ie vouldrois que le Paluel ou Pompee,
« ces beaux danseurs de mon temps, apprinssent
« des caprioles, à les veoir seulement faire, sans
« nous bouger de nos places ; comme ceulx cy
« veulent instruire nostre entendement, sans l'es-
« branler : ou qu'on nous apprinst à manier un

L'étude doit rendre meilleur et plus sage.

Savoir par cœur n'est pas savoir.

On n'apprend à juger que par l'exercice de l'entendement.

« cheval, ou une picque, ou un luth, ou la voix,
« sans nous y exercer ; comme ceulx icy nous
« veulent apprendre à bien iuger et à bien parler,
« sans nous exercer ny à parler, ny à iuger. Or,
« à cet apprentissage, tout ce qui se presente à nos
« yeulx sert de livre suffisant : la malice d'un
« page, la sottise d'un valet, un propos de table,
« ce sont autant de nouvelles matières. »

(*Institution des enfants*, t. I, p. 294-295).

CHAPITRE V

LES SCIENCES — LE LANGAGE — LA POÉSIE
DIVERS MOYENS DE S'INSTRUIRE

Après avoir parlé de la science en général et de la manière de l'enseigner, Montaigne nomme quelques sciences en particulier, telles que la logique, la physique, la géométrie, la rhétorique. Il ne mentionne l'astronomie que pour affirmer qu'elle est inutile, que l'homme a bien assez à faire d'étudier ce qui se passe sur la terre, et surtout d'apprendre à se connaître lui-même, sans chercher à savoir ce qui se passe dans le ciel dont il est si éloigné. Nous croyons que la prévention de Montaigne contre l'astronomie provient de ce que, de son temps, on la confondait avec l'astrologie, science empirique et mêlée de toutes sortes d'absurdités. Montaigne pense avec raison que l'esprit dont le jugement est déjà formé, viendra bientôt à bout de toute science qu'il choisira. Il veut qu'on instruise l'enfant, « tantost par devis, tantost par livre ; que tantost son gouverneur luy fournisse de l'aucteur mesme, propre à cette fin de son institution ; tantost qu'il luy en donne la moelle et la substance toute maschee. » Pas la moindre routine dans l'éducation de Montaigne ; pas de système arrêté que rien ne puisse changer ; tout est laissé au discernement du maître ou du libre choix de l'élève.

Manière d'enseigner les sciences.

« Aprez qu'on luy aura apprins ce qui sert à le
« faire plus sage et meilleur, on l'entretiendra
« que c'est que logique, physique, geometrie, rhe-
« torique : et la science qu'il choisira, ayant desia
« le iugement formé, il en viendra bientost à
« bout. Sa leçon se fera tantost par devis, tantost
« par livre : tantost son gouverneur luy fournira
« de l'aucteur mesme, propre à cette fin de son
« institution ; tantost il luy en donnera la moelle
« et la substance toute maschee : et si de soy
« mesme il n'est assez familier des livres pour y
« trouver tant de beaux discours qui y sont, pour
« l'effect de son desseing, on lui pourra ioindre
« quelque homme de lettres qui à chasque besoing
« fournisse les munitions qu'il faudra, pour les
« distribuer et dispenser à son nourrisson. Et que
« cette leçon ne soit plus aysee et naturelle que
« celle de Gaza (savant du XVᵉ siècle, auteur d'une
« grammaire grecque confuse), qui y peult faire
« doubte ? Ce sont là preceptes espineux et mal
« plaisants, et des mots vains et decharnez, où il
« n'y a point de prinse, rien qui vous esveille
« l'esprit : en cette cy l'ame treuve où mordre, et
« où se paistre. Ce fruict est plus grand sans com-
« paraison, et si sera plustost meury. »

(*Institution des enfants*, t. I, p. 310 et 311).

§.

Ce que Montaigne voit avant tout dans l'histoire, c'est le moyen « de practiquer les grandes ames des meilleurs siècles. » Ainsi recherche-t-il toujours dans la science la manière dont elle peut contribuer au perfectionnement de l'âme. « C'est un vain estude, qui veult, dit-il; mais qui veult aussi, c'est un estude de fruict inestimable, et le seul estude, comme dict Platon, que les Lacedemoniens eussent reservé à leur part. » L'histoire, pour lui, n'est pas une accumulation de faits plus ou moins intéressants, c'est une école de mœurs où l'enseignement nous est donné par la vie des hommes qui ont attiré l'attention, par leurs actions et leur caractère. Les hommes et les événements, ainsi que les idées, les opinions et les sentiments qui ont influé sur les destinées des nations et des individus, tout ce qui est connu ou supposé est livré à l'appréciation des hommes qui en jugent bien diversement. Chacun s'attache à ce qui l'intéresse le plus, et juge selon son caractère et son esprit. « A d'aulcuns, dit Montaigne, l'histoire est un pur estude grammairien; à d'aultres, l'anatomie de la philosophie, par laquelle les plus abstruses parties de nostre nature se penetrent. » C'est surtout Plutarque que Montaigne a étudié, et la façon dont il parle de cet incomparable historien, ce psychologue si profond, ce moraliste si honnête, prouve combien il l'aimait et s'en nourrissait. Nul ne l'a mieux connu et n'a su découvrir avec plus de pénétration les intentions de l'auteur, là où « il guigne seulement du doigt. » Ce qu'il admire surtout en lui c'est la sobriété des paroles, jointe à la richesse de la matière. Il regrette, à ce propos, pour les lecteurs, « que les gents d'entendement ayment tant la briefveté ; sans doubte, dit-il, leur reputation en vault mieulx, mais nous en valons moins. » Rien ne saurait mieux faire sentir la hauteur et la force de sa morale que cette parole : « Les habitants de l'Asie servoient à un seul, pour ne sçavoir prononcer une seule syllabe qui est « non. » L'œuvre de Plutarque est une école d'indépendance, de fermeté, de courage, d'héroïsme, de simplicité et de sincérité. Quiconque la suit, est un honnête homme, un citoyen fidèle et dévoué.

Utilité de l'histoire.

« Il s'enquerra des mœurs, des moyens et des
« alliances de ce prince, et de celuy là : ce sont
« choses tres plaisantes à apprendre et tres utiles
« à sçavoir. En cette practique des hommes, i'en-
« tends y comprendre, et principalement ceulx
« qui ne vivent qu'en la memoire des livres : il
« practiquera, par le moyen des histoires, ces
« grandes ames des meilleurs siecles. C'est un vain
« estude, qui veult ; mais qui veult aussi, c'est un
« estude de fruict inestimable, et le seul estude,
« comme dict Platon, que les Lacedemoniens eus-
« sent reservé à leur part. Quel proufit ne fera-t-il,

« en cette part-là, à la lecture des vies de nostre
« Plutarque? Mais que mon guide se souvienne
« où vise sa charge; et qu'il n'imprime pas tant
« à son disciple la date de la ruyne de Carthage,
« que les mœurs de Hannibal et de Scipion; ny
« tant où mourut Marcellus, que pourquoy il feut
« indigne de son debvoir qu'il mourust là. Qu'il
« ne luy apprenne pas tant les histoires qu'à en
« iuger. C'est à mon gré, entre toutes, la matière
« à laquelle nos esprits s'appliquent de plus di-
« verse mesure : i'ay leu en Tite-Live cent choses
« que tel n'y a pas leu; Plutarque en y a leu cent,
« oultre ce que i'y ay sceu lire, et à l'adventure
« oultre ce que l'aucteur y avoit mis : à d'aul-
« cuns, c'est un pur estude grammairien; à d'aul-
« tres, l'anatomie de la philosophie, par laquelle
« les plus abstruses parties de nostre nature se
« penetrent. Il y a dans Plutarque beaucoup de
« discours estendus tres dignes d'estre sceus ; car,
« à mon gré, c'est le maistre ouvrier de telle be-
« songne; mais il y en a mille qu'il n'a que tou-
« chez simplement; il guigne seulement du doigt
« par où nous irons, s'il nous plaist ; et se contente
« quelquefois de ne donner qu'une atteinte dans
« le plus vif d'un propos. Il les fault arracher de
« là, et mettre en place marchande : comme ce
« sien mot « que les habitans d'Asie servoient à
« un seul, pour ne sçavoir prononcer une seule
« syllabe, qui est « non, » donna peut estre la
« matiere et l'occasion à la Boëtie de sa *Servi-*

« *tude volontaire*. Cela mesme de veoir Plutarque
« trier une legiere action, en la vie d'un homme,
« ou un mot, qui semble ne porter pas ; cela,
« c'est un discours. C'est dommage que les gents
« d'entendement ayment tant la briefveté : sans
« doubte leur reputation en vault mieulx ; mais
« nous en valons moins. Plutarque aime mieulx
« que nous le vantions de son iugement, que de
« son sçavoir ; il aime mieulx nous laisser desir
« de soy, que satieté ; il sçavoit qu'ez choses bon-
« nes mesme on peult trop dire ; et que Alexan-
« dridas reprocha iustement à celuy qui tenoit
« aux Ephores des bons propos, mais trop longs :
« O estrangier, tu dis ce qu'il fault, aultrement
« qu'il ne fault. » Ceulx qui ont le corps graile, le
« grossissent d'embourrures : ceulx qui ont la ma-
« tiere exile, l'enflent de paroles. »

(*Institution des enfants*, t. I, p. 303 et 304).

§

Montaigne, dont la langue si riche, si originale et si pittoresque, semble être la forme de sa pensée, l'interprète fidèle de son âme libre et fière, ne se préoccupe pas de l'enseignement de la langue et ne songe qu'à pourvoir son disciple de choses. « Les paroles, dit-il, ne suyvront que trop ; il les traisnera, si elles ne veulent suyvre. » Il raille ceux qui prétendent avoir la tête pleine de belles choses qu'ils ne peuvent exprimer, faute d'éloquence; et il attribue cette difficulté d'élocution à la confusion de leurs pensées qu'ils n'ont pas encore pu démêler eux-mêmes. Il croit qu'une forte conviction ou un sentiment sincère trouve de lui-même son expression, et n'est-ce pas là « la vraie éloquence qui se moque de l'éloquence? » « De ma part, dit-il, ie tiens, et Socrate l'ordonne, que qui a dans l'esprit une vifve imagination et claire, il la produira, soit en bergamesque, soit par mines, s'il est muet. ». La pensée de Pascal semble avoir son origine dans celle-ci : « L'éloquence faict iniure aux choses, qui nous destourne à soy. » Montaigne se rit « de la richesse des phrases nouvelles et des mots peu cogneus, qui, selon lui, vient d'une ambition puerile et pedantesque. » La forme lui semble facile à imiter, mais il n'en est pas de même de l'invention. Il recommande la plus grande simplicité de paroles, et lui-même ne voudrait « se servir que des mots qui servent aux hales à Paris. » Il désire bien connaître sa langue et celle de ses voisins, et conseille même d'enseigner aux jeunes enfants les langues étrangères par les voyages. Nous savons combien il appréciait les langues mortes, surtout le latin qu'il parlait comme sa langue maternelle.

« Que nostre disciple soit bien pourveu de cho-
« ses, les paroles ne suyvront que trop ; il les
« traisnera, si elles ne veulent suyvre. I'en oy qui
« s'excusent de ne se pouvoir exprimer, et font
« contenance d'avoir la teste pleine de plusieurs

Donner des idées nettes aux enfants; et ils s'exprimeront clairement.

« belles choses, mais, à faulte d'éloquence, ne les
« pouvoir mettre en evidence : c'est une baye
« (baliverne). Sçavez-vous, à mon advis, que c'est
« que cela? ce sont des ombrages qui leur vien-
« nent de quelques conceptions informes, qu'ils
« ne peuvent desmeler et esclaircir au dedans, ny
« par consequent produire au dehors ; ils ne s'en-
« tendent pas encores eulx mesmes ; et voyez les
« un peu begayer sur le poinct de l'enfanter, vous
« iugez que leur travail n'est point à l'accouche-
« ment, mais à la conception, et qu'ils ne font que
« leicher cette matiere imparfaicte. De ma part, ie
« tiens, et Socrate l'ordonne, que qui a dans l'es-
« prit une vifve imagination et claire, il la pro-
« duira, soit en bergamesque, soit par mines, s'il
« est muet. »

(*Institution des enfants*, t. I, p. 330).

La vérité est simple.

« Toute affectation, nommeement en la gayeté
« et liberté françoise, est mesadvenante au courti-
« san; et en une monarchie, tout gentilhomme
« doibt estre dressé à la façon d'un courtisan :
« parquoy nous faisons bien de gauchir un peu
« sur le naïf et mesprisant. Ie n'ayme point de tis-
« sure où les liaisons et les coustures paroissent :
« tout ainsi qu'en un beau corps il ne fault pas
« qu'on y puisse compter les os et les veines.
« *Quæ veritati operam dat oratio, incomposita sit et*
« *simplex*(1). (Sénèque). *Quis accuratè loquitur, nisi*

(1) La vérité doit parler un langage simple et sans art.

« *qui vult putidè loqui* (1). (Sénèque). L'éloquence
« faict iniure aux choses, qui nous destourne à
« soy. Comme aux accoustrements, c'est pusillani-
« mité de se vouloir marquer par quelque façon
« particulière et inusitee : de mesme au langage,
« la recherche des phrases nouvelles et des mots
« peu cogneus vient d'une ambition puerile et
« pedantesque. Peusse ie ne me servir que de
« ceulx qui servent aux hales à Paris. Aristophanes
« le grammairien n'y entendoit rien, de reprendre
« en Epicurus la simplicité de ses mots, et la fin
« de son art oratoire, qui estoit perspicuité de
« langage seulement. L'imitation du parler, par sa
« facilité, suyt incontinent tout un peuple : l'imi-
« tation du iuger, de l'inventer, ne va pas si viste.
« La pluspart des lecteurs, pour avoir treuvé une
« pareille robbe, pensent tres faulsement tenir un
« pareil corps : la force et les nerfs ne s'em-
« pruntent point ; les atours et le manteau s'em-
« pruntent. La pluspart de ceulx qui me hantent
« parlent de mesme les Essais ; mais ie ne sçay
« s'ils pensent de mesme.

« Les Atheniens, dict Platon, ont pour leur part
« le soing de l'abondance et elegance du parler ;
« les Lacedemoniens, de la briefveté ; et ceulx de
« Crete, de la fecondité des conceptions, plus que
« du langage : ceulx cy sont les meilleurs. Zenon
« disoit qu'il avoit deux sortes de disciples : les

(1) Quiconque parle avec trop d'affectation, est sûr de causer du dégoût et de l'ennui.

« uns, qu'il nommoit φιλολογους, curieux d'ap-
« prendre les choses, qui estoient ses mignons ;
« les aultres λογοφιλους, qui n'avoient soing que
« du langage. Ce n'est pas à dire que ce ne soit
« une belle et bonne chose que le bien dire :
« mais non pas si bonne qu'on la faict; et suis des-
« pit de quoy nostre vie s'embesongne toute à
« cela. Ie vouldrois premierement bien sçavoir ma
« langue, et celle de mes voisins où i'ay plus ordi-
« naire commerce. »

(*Institution des enfants*, t. I, p. 336-338).

§

Montaigne a trop goûté la poésie, dès son enfance, pour qu'il ne soit pas d'avis de la faire cultiver, même dans le premier âge. « Dez ma premiere enfance, dit-il, la poësie a eu cela, de me transpercer et transporter. » Les plus grandes idées et les sentiments les plus héroïques sont accessibles à l'enfant, grâce à la poésie, qui est destinée à charmer l'homme à toutes les époques de sa vie, sous les mille formes diverses qui ont charmé Montaigne : « Premierement une fluidité gaye et ingenieuse; depuis, une subtilité aiguë et relevée; enfin, une force meure et constante ». Avec quel enthousiasme il parle de « la bonne, la supresme, la divine poësie qui est au-dessus des regles et de la raison ! » « Quiconque, dit il, en discerne la beauté d'une veue ferme et rassise, il ne la veoid pas, non plus que la splendeur d'un esclair : elle ne practique pas nostre iugement, elle le ravit et ravage. » Il nous semble qu'une âme ardente et passionnée peut seule avoir un sens si profond des ravissements de la poésie et les exprimer avec une flamme si vive et si intense. Après avoir montré son effet sur l'individu, il rappelle son immense action sur les foules et les nations entières qu'elle anime de toutes les passions du poète inspiré. La poésie a des accents pour tous les âges : ceux de l'enfance sont doux, joyeux, souvent éclatants et pleins de promesses comme la lumière du matin.

« La bonne, la supresme, la divine poësie est
« au-dessus des regles et de la raison. Quiconque
« en discerne la beauté d'une veue ferme et ras-
« sise, il ne la veoid pas, non plus que la splendeur
« d'un esclair : elle ne practique pas nostre iuge-
« ment ; elle le ravit et ravage. La fureur qui
« espoinçonne celuy qui la sçait penetrer fiert
« encores un tiers à la luy ouyr traicter et reciter ;
« comme l'aimant non seulement attire une ai-
« guille, mais infond encores en icelle sa faculté
« d'en attirer d'aultres : et il se veoid plus claire-
« ment aux theatres, que l'inspiration sacrée des
« Muses, ayant premierement agité le poëte à la
« cholere, au deuil, à la hayne, et hors de soy, où
« elles veulent, frappe encores par le poëte l'acteur,
« et par l'acteur consecutivement tout un peuple ;
« c'est l'enfileure de nos aiguilles suspendues l'une

Poésie.

La bonne poësie est au-dessus des règles et de la raison.
Elle ravit l'âme.

« de l'autre. Dez ma premiere enfance, la poësie a
« eu cela, de me transpercer et transporter ; mais
« ce ressentiment bien vif qui est naturellement
« en moy, a esté diversement manié par diversité
« de formes, non tant plus haultes et plus basses
« (car c'estoient tousiours des plus haultes en
« chasque espèce), comme differentes en couleur :
« premierement, une fluidité gaye et ingenieuse ;
« depuis, une subtilité aiguë et relevée ; enfin,
« une force meure et constante. »

(*De Caton jeune*, t. I, p. 456 et 457).

§

Montaigne parle des livres avec la gratitude qu'on témoigne à de vieux amis dont le commerce « le console en la vieillesse et en la solitude, le descharge du poids d'une oisifveté ennuyeuse, le desfaict à toute heure des compaignies qui le faschent, esmousse les poinctures de la douleur, si elle n'est du tout extreme et maistresse. » Nous aimons à trouver dans Montaigne ce dernier trait qui prouve, soit qu'il a connu des douleurs plus profondes que celles de Montesquieu, ou bien que, plus humain que cette âme forte et trop stoïque en quelques endroits, il n'a pas méconnu les poignantes atteintes de la douleur. Pour avoir de si constants, de si fidèles amis, il faut les cultiver avec tendresse, les bien connaître et les chérir. Il est surtout essentiel de les choisir avec soin. Les bons livres seuls sont les vrais amis dont on peut dire : « C'est la meilleure munition que j'aye trouvee à cet humain voyage. » Et : « Le malade n'est pas à plaindre, qui a la guarison en sa manche. » Il y a donc toute une éducation à faire pour le choix des livres. L'hommage si sincère que leur rend Montaigne, n'est pas démenti par cette parole : « Les livres m'ont servi, non tant d'instruction que d'exercitation. » Un ami véritable ne révèle-t-il pas l'homme à lui-même ? Ne fait-il pas sortir du sanctuaire de son âme ce qu'il y a de meilleur et de plus sacré, ce qui est caché à tout autre et resterait peut-être à toujours enseveli, sans ce divin charme de la sympathie qui donne le branle à tout notre être et le pénètre en le réchauffant ? Ainsi que, dans sa gratitude pour son ami, l'homme lui attribue ce qu'il y a de plus excellent en lui, nous attribuons aux livres les bonnes pensées et les nobles sentiments qu'ils réveillent en nous. L'inspiration des bons livres, moins ardente et moins personnelle que celle de l'amitié, n'en est peut-être ni moins pénétrante ni moins intime. Montaigne, qui ne semble pas craindre de trop dépendre de celle-ci, ne veut pas trop devoir à celle-là : « Les livres, dit-il, sont, pour luy, du genre des occupations qui le desbauchent de son estude... Il a de quoy esveiller ses facultez par luy mesme : nature luy a donné, comme à touts, assez de matiere sienne pour son utilité, et des subiects propres assez, où inventer et iuger. » La préoccupation de rester lui-même et d'engager les autres à tirer parti de soi, a peut-être fait dépasser à Montaigne sa pensée. Il est vrai qu'on peut abuser même des bons livres, lorsque au lieu de nous en servir pour stimuler notre pensée, nous suivons trop servilement celle de l'auteur. A ce danger échappent les bons esprits habitués, à l'école de Montaigne, « à imboire les humeurs des grands esprits, au lieu d'apprendre leurs préceptes. »

Les livres.

« Le commerce des livres a pour sa part la
« constance et facilité de son service. Cettuy cy
« costoye tout mon cours, et m'assiste par tout ;
« il me console en la vieillesse et en la solitude ;
« il me descharge du poids d'une oisifveté en-
« nuyeuse, et me desfaict à toute heure des com-

Bienfaits des livres.

« paignies qui me faschent ; il esmousse les poinc-
« tures de la douleur, si elle n'est du tout extreme
« et maistresse. Pour me distraire d'une imagina-
« tion importune, il n'est que de recourir aux
« livres ; ils me destournent facilement à eulx, et
« me la desrobbent : et si ne se mutinent point,
« pour veoir que je ne les recerche qu'au default
« de ces aultres commoditez plus reelles, vifves et
« naturelles ; ils me receoivent tousiours de mesme
« visage..... Le malade n'est pas à plaindre, qui a
« la guarison en sa manche. En l'experience et
« l'usage de cette sentence, qui est tres veritable,
« consiste tout le fruict que ie tire des livres : ie
« m'en sers en effet, quasi non plus que ceulx
« qui ne les cognoissent point ; i'en iouïs, comme

« les avaricieux des tresors, pour sçavoir que i'en
« iouïray quand il me plaira : mon ame se ras-
« sasie et contente de ce droict de possession. Ie
« ne voyage sans livres, ny en paix, ny en guerre :
« toutesfois il se passera plusieurs iours, et des
« mois, sans que ie les emploie ; ce sera tantost,
« feis ie, ou demain, ou quand il me plaira : le
« temps court, et s'en va ce pendant, sans me ble-
« cer ; car il ne se peult dire combien ie me repose
« et seiourne en cette consideration, qu'ils sont à
« mon costé pour me donner du plaisir à mon
« heure : et à recognoistre combien ils portent de
« secours à ma vie. C'est la meilleure munition
« que i'aye trouvee à cet humain voyage ; et plaincls
« extremement les hommes d'entendement qui
« l'ont à dire. I'accepte plustost toute aultre sorte
« d'amusement, pour legier qu'il soit, d'autant
« que cettuy cy ne me peult faillir. »

(*De trois commerces*, t. IV, p. 227 et 228).

« Les livres m'ont servi, non tant d'instruction
« que d'exercitation. »

. . . .

« Les livres sont, pour luy, du genre des occu-
« pations qui le desbauchent de son estude : aux
« premieres pensees qui luy viennent, il s'agite, et
« faict preuve de sa vigueur à touts sens, exerce
« son maniement, tantost vers la force, tantost vers
« l'ordre et la grace ; se renge, modere et fortifie.
« Il a de quoy esveiller ses facultez par luy
« mesme : nature luy a donné, comme à touts,

« assez de matiere sienne pour son utilité, et des
« subiects propres assez, où inventer et iuger. »
(*De trois commerces*, t. IV, p. 210).

§

C'est toujours à la méditation que revient Montaigne : « Le mediter, dit-il, est un puissant estude et plein, à qui sçait se taster et employer vigoureusement : i'aime mieulx forger mon ame, que la meubler. » Mais le méditer qui « est la besogne des dieux, » comme dit Aristote, « de laquelle naist et leur beatitude et la nostre, » n'est possible qu'à une âme déjà fortifiée par l'étude. Il faut savoir se replier sur soi-même pour devenir fort, et on ne le devient que par la pensée. Il est rare que l'éducateur rencontre des âmes méditatives, dès leur jeune âge. Il y a beaucoup plus d'âmes rêveuses, il est vrai ; mais il nous semble que celles-ci cherchent plutôt leur objet en dehors d'elles, au lieu de « se taster et employer vigoureusement. » L'éducateur ne peut-il donc rien pour apprendre à penser ? Nous croyons au contraire que toute sa méthode d'enseignement doit tendre à ce but. L'éducation de Port-Royal l'a atteint : ceux qu'elle a formés se sont distingués par la fermeté de leur esprit et l'autorité de leur caractère due à une forte vie intérieure. A leur école, on apprend « qu'il n'est point d'occupation plus forte que celle d'entretenir ses pensees ; » et l'on reconnaît que « les plus grandes ames en font leur vacation, *vivere est cogitare.* »

Au lieu de laisser la pensée de l'enfant s'égarer sur une multitude d'objets, que l'éducateur essaie de la fixer sur un seul, du moins aussi longtemps que son attention en sera capable. Qu'il profite de toutes les autres études, de toutes les lectures qu'il lui fait faire, pour le ramener à lui-même, et lui faire appliquer à sa vie les observations, les réflexions et les leçons qu'il recueille. Qu'il apprenne à son élève à lire dans « ce grand monde, que les uns multiplient encores comme especes soubs un genre et qui est le mirouer où il nous fault regarder, pour nous cognoistre de bon biais. » « Ie veulx, dit Montaigne, que ce soit le livre de mon escholier. » En se contemplant trop lui-même, l'homme n'acquerrait pas une idée juste de son être, de sa valeur, de ses rapports avec le reste de la création, de la place qu'il y doit occuper et de la destinée qu'il y doit remplir. Il aurait, comme dit Montaigne, « la veue raccourcie à la longueur de son nez. » « Qui se represente comme dans un tableau cette grande image de nostre mere nature en son entiere maiesté ; qui lit en son visage une si generale et constante varieté, qui se remarque là-dedans, et, non soy, mais tout un royaume, comme un trait d'une poincte tres delicate, celuy là seul estime les choses selon leur juste valeur. » Il faut avoir déjà l'esprit bien ferme pour n'être pas trop ébranlé dans nos jugements et nos opinions, en voyant la multitude « d'humeurs, de sectes, de lois et de coutumes » qui divisent le monde et qui toutes ont une apparence de vérité ! Sans doute, cette étude est utile pour nous faire reconnaître notre imperfection et notre faiblesse naturelle ; mais elle serait dangereuse aussi sans un point fixe auquel l'éducation doit toujours ramener.

La méditation est une puissante étude. Vivre c'est penser.

« Le mediter est un puissant estude et plein, à
« qui sçait se taster et employer vigoureusement ;
« i'aime mieulx forger mon ame, que la meubler.
« Il n'est point d'occupation ny plus foible, ny
« plus forte, que celle d'entretenir ses pensees, se-
« lon l'ame que c'est ; les plus grandes en font leur
« vacation, *quibus vivere est cogitare* (1) (Tacite) :
« aussi l'a nature favorisee de ce privilege, qu'il
« n'y a rien que nous puissions faire si long-
« temps, ny action à laquelle nous nous adon-
« nions plus ordinairement et facilement. C'est la
« besongne des dieux, dict Aristote, de laquelle
« naist et leur beatitude et la nostre. La lecture
« me sert specialement à esveiller par divers ob-
« iects mon discours ; à embesongner mon iuge-
« ment, non ma memoire. »

(*De trois commerces*, t. IV, p. 208, 209, 210).

Le monde, le livre de l'écolier.

« Ce grand monde, que les uns multiplient en-
« cores comme especes soubs un genre, c'est le

(1) Pour lesquelles vivre c'est penser.

« mirouer où il nous fault regarder, pour nous
« cognoistre de bon biais. Somme, ie veulx que
« ce soit le livre de mon escholier. Tant d'hom-
« mes, de sectes, de iugements, d'opinions, de
« loix et de coustumes, nous apprennent à iuger
« sainement des nostres, et apprennent nostre
« iugement à recognoistre son imperfection et sa
« naturelle foiblesse ; qui n'est pas un legier
« apprentissage : tant de remuements d'estat et
« changements de fortune publicque nous instrui-
« sent à ne faire pas grand miracle de la nostre :
« tant de noms, tant de victoires et conquestes
« ensepvelies sous l'oubliance, rendent ridicule
« l'esperance d'eterniser nostre nom par la prinse
« de dix argoulets et d'un poullier qui n'est co-
« gneu que de sa cheute : l'orgueil et la fierté de
« tant de pompes estrangieres, la maiesté si enflee
« de tant de courts et de grandeurs, nous fermit et
« asseure la veue à soustenir l'esclat des nostres,
« sans ciller les yeulx : tant de milliasses d'hom-
« mes enterrez avant nous, nous encouragent à ne
« craindre pas d'aller trouver si bonne compaignie
« en l'aultre monde ; ainsi du reste. Nostre vie,
« disoit Pythagore, retire à la grande et populeuse
« assemblee des ieux olympiques : les uns s'y
« exercent le corps, pour en acquerir la gloire des
« ieux ; d'aultres y portent des marchandises à
« vendre, pour le gaing : il en est, et qui ne sont
« pas les pires, lesquels n'y cherchent aultre fruict
« que de regarder comment et pourquoy chasque

« chose se faict, et estre spectateurs de la vie des
« aultres hommes, pour en iuger, et regler la
« leur. »

(*Institution des enfants*, t. I, p. 306 et 307).

« Il se tire une merveilleuse clarté pour le iuge-
« ment humain, de la frequentation du monde :
« nous sommes touts contraincts et amoncelez en
« nous, et avons la veue raccourcie à la longueur
« de nostre nez. On demandoit à Socrates d'où il
« estoit : il ne respondit pas, d'Athenes, mais, du
« monde : luy, qui avoit l'imagination plus pleine
« et plus estendue, embrassoit l'univers comme sa
« ville, iectoit ses cognoissances, sa societé et ses
« affections à tout le genre humain ; non pas
« comme nous, qui ne regardons que soubs nous.

« Qui se represente comme dans un tableau
« cette grande image de nostre mere nature en son
« entiere maiesté ; qui lit en son visage une si
« generale et constante varieté ; qui se remarque
« là-dedans, et, non soy, mais tout un royaume,
« comme un traict d'une poincte tres delicate,
« celuy là seul estime les choses selon leur juste
« grandeur. » (*Idem*, p. 304-306).

§

Montaigne exalte, presque au-dessus des avan-
tages des livres, ceux de la « conference » ou de
la conversation. « Le plus fructueux et naturel
exercice de nostre esprit, dit-il, c'est, à mon gré,

la conference : i'en treuve l'usage plus doulx que d'aulcune aultre action de nostre vie ; et c'est la raison pourquoy, si i'estois asture forcé de choisir, ie consentirois plustost, ce crois ie, de perdre la veue, que l'ouïr ou le parler..... L'estude des livres, c'est un mouvement languissant et foible qui n'eschauffe point : au lieu que la conference apprend et exerce, en un coup. » Sans doute, il jaillit du contact direct de deux âmes une flamme plus vive et plus rapide que celle des pages les plus ardentes et les plus convaincues ; mais c'est ne pas rendre justice aux livres que de dire qu'ils n'échauffent point. Et combien cette chaleur persiste dans l'âme qui l'a éprouvée ! Par ce moyen, elle entre en communication, à travers les siècles et les distances incommensurables, avec l'auteur dont les sentiments sont les siens et dont la pensée a éclairé sa pensée, pour la rendre plus limpide et plus belle. Il se mêle à la conversation tant d'éléments inutiles et souvent tant de vanité et de personnalité, que le calme recueillement d'une bonne lecture nous semble plus favorable au perfectionnement de l'âme. Nous ne trouverions plus de jouissance et de profit que dans une causerie avec un ami, ou peut-être dans l'une de ces joûtes entre deux âmes fortes qui veulent s'instruire et s'excitent mutuellement. Montaigne lui-même fait des réserves sur les bienfaits de la conversation : « I'aime à contester et à discourir, dit-il ; mais c'est avecques peu d'hommes, et pour moy : car de servir de spectacle aux grands, et faire à l'envy parade de son esprit et de son caquet, ie treuve que c'est un mestier tres messeant à un homme d'honneur. » Si la conversation et la discussion ne sont pas souvent pour la jeunesse un moyen d'instruction, elles servent cependant à éveiller l'esprit, à donner plus de vivacité à la pensée, et plus de clarté et d'aisance à la parole. Nous ne parlons pas ici des qualités sociales qu'elle développe, et des rapports de courtoisie qu'elle établit.

Conférence. « Le plus fructueux et naturel exercice de nos-
« tre esprit, c'est, à mon gré, la conference : i'en
« treuve l'usage plus doulx que d'aulcune aultre
« action de nostre vie ; et c'est la raison pourquoy,
« si i'estois asture forcé de choisir, ie consentirois
La conversation est le plus fructueux exercice de notre esprit. « plustost, ce crois ie, de perdre la veue, que
« l'ouïr ou le parler. Les Atheniens, et encores les
« Romains, conservoient en grand honneur cet
« exercice en leurs academies : de nostre temps,
« les Italiens en retiennent quelques vestiges, à
« leur grand proufit, comme il se veoid par la
« comparaison de nos entendements aux leurs.
« L'estude des livres, c'est un mouvement lan-
« guissant et foible qui n'eschauffe point : au lieu
« que la conference apprend, et exerce, en un
« coup. Si ie confere avecques une ame forte et
L'esprit se fortifie par la communication avec « un roide jousteur, il me presse les flancs, me
« picque à gauche et à dextre ; ses imaginations
« eslancent les miennes : la ialousie, la gloire, la

« contention, me poulsent et rehaulsent au dessus
« de moy mesme ; et l'unisson est qualité du tout
« ennuyeuse en la conference. Mais comme nos-
« tre esprit se fortifie par la communication des
« esprits vigoreux et reglez, il ne se peult dire
« combien il perd et s'abastardit par le continuel
« commerce et frequentation que nous avons avec
« les esprits bas et maladifs : il n'est contagion qui
« s'espande comme celle là ; ie sçais par assez
« d'experience combien en vault l'aulne. I'aime à
« contester et à discourir ; mais c'est avecques
« peu d'hommes, et pour moy : car de servir de
« spectacle aux grands, et faire à l'envy parade de
« son esprit et de son caquet, ie treuve que c'est
« un mestier tres messeant à un homme d'hon-
« neur. »

les esprits vigoureux, et s'abâtardit par le continuel commerce des esprits maladifs.

(*De l'art de conferer*, t. IV, p. 421 et 422).

§ .

Ce qui contribue, ainsi que la conversation, à nous affranchir de nos préjugés et à nous faire juger sainement des hommes et des choses, ce sont les voyages. Pour en profiter, il faut avoir l'esprit bien ouvert : s'il n'en est pas ainsi, les meilleurs enseignements sont perdus pour nous. Montaigne raille ceux qui ne remarquent dans les pays étrangers que les choses les plus insignifiantes : c'est que dans leur propre pays, ils ne sont attirés que par les frivolités. Aussi rentrent-ils chez eux sans être ni plus instruits ni plus sages qu'ils n'en étaient partis. Les voyages ne sont pas une occupation pour les esprits bien faits : ils sont pour eux des délassements agréables et utiles. Aussi ne servent-ils de rien aux esprits vides qui promènent partout leur désœuvrement et leur ennui. En dehors des mesquines satisfactions de leur curiosité vulgaire, ils ne trouvent en tous lieux que le reflet de leurs idées étroites ; et tous les grands hommes, toutes les choses remarquables qu'ils voient, ne laissent dans leur petit esprit que des images bien rétrécies. Nous ne serions pas d'avis de promener les enfants dès l'âge le plus tendre, à moins que ce ne fût pour la seule raison de leur apprendre plus facilement les langues étrangères. Il faut une certaine maturité d'esprit pour comprendre « les hommes et les façons des autres nations, » et « pour frotter et limer nostre cervelle contre celle d'aultruy. » Commençons par nous donner une cervelle, en exerçant notre jugement et notre raison, d'abord sur nous-mêmes et sur ce qui nous entoure. Et notre esprit agrandi et fortifié par l'observation intérieure et extérieure, trouvera partout des sujets d'instruction propres à étendre ses idées et à affermir ses convictions.

« A cette cause (apprendre à bien juger), le
« commerce des hommes y est merveilleusement
« propre, et la visite des pays estrangiers : non
« pour en rapporter seulement, à la mode de nos-

…« tre noblesse françoise, combien de pas a Santa
« rotonda, ou la richesse des calessons de la
« signora Livia ; ou, comme d'aultres, combien le
« visage de Neron, de quelque vieille ruyne de là,
« est plus long ou plus large que celuy de quel-
« que pareille medaille ; mais pour en rapporter
« principalement les humeurs de ces nations et
« leurs façons, et pour frotter et limer nostre
« cervelle contre celle d'aultruy. Ie vouldrois
« qu'on commenceast à le promener dez sa tendre
« enfance ; et premierement, pour faire d'une
« pierre deux coups, par les nations voisines où le
« langage est plus esloingné du nostre, et auquel,
« si vous ne la formez de bonne heure, la langue
« ne se peult plier. »

(*Institution des enfants*, t. I, p. 295 et 296).

Utilité des voyages pour frotter et limer la cervelle.

CHAPITRE VI

SUR LA FEMME ET SON ÉDUCATION

On se demande comment un esprit aussi libre de préjugés que l'était celui de Montaigne, n'a pas mieux compris la nature de la femme et l'éducation qui lui convient. Ce n'est pas qu'il ait subi sur ce point l'influence de son temps et de son milieu qu'il dominait de toute la hauteur et de l'indépendance de son âme. L'époque de la Renaissance a vu d'ailleurs bien des femmes unir la vertu à la science ; et d'éminents pédagogues, de bons esprits tels que Vivès et Erasme, ont protesté contre la frivolité à laquelle on condamnait la femme, et réclamé pour elle une éducation sérieuse, qui pût la rendre capable de perfectionner son âme et de remplir les devoirs de la maternité. Nous ne pouvons admettre que le dédain de Montaigne ait eu pour cause l'infériorité des femmes dont il était entouré. L'intelligence et le dévouement de Mlle de Gournay, sa fille d'adoption, n'étaient-ils pas des arguments assez puissants en faveur d'un sexe qu'il croit plus « né à servir et de condition moins libre que l'autre ? » Comment méconnaît-il ainsi pour une moitié du genre humain les droits de toute créature humaine à la liberté et à l'éducation ? On a peine à comprendre que Montaigne, après nous avoir parlé de l'éducation si douce qu'il a donnée à sa fille, ait pu dire qu'il eût été « plus religieux encores en cela envers des masles, moins nays à servir et de condition plus libre ; » et qu'il eût aimé « à leur grossir le cœur d'ingenuité et de franchise. »

Comment lui, dont l'âme indépendante et fière se révolte contre toute subjection, accepte-t-il celle de la femme, comme étant voulue par la nature, et admet-il que, moins libre que l'homme, elle a moins besoin aussi d'ingénuité et de franchise ! Avec de tels principes, avec une éducation morale si inférieure, que peut-on attendre de la future éducatrice des enfants, chargée de veiller sur leurs inclinations, au moins pendant leurs premières années dont le gouvernement, selon Montaigne, est le plus important ? Comment un être qui n'est pas libre pourrait-il élever pour la liberté, et inculquer les principes de moralité qu'on ne l'a pas jugé digne de recevoir lui-même ? Aimerait-elle assez la vérité pour la faire aimer à ses enfants, celle qu'on a habituée à croire qu'étant née pour servir, elle peut avoir moins de droiture et de véracité que les êtres libres ? La conscience se révolte en présence de telles aberrations dans un esprit si droit ; et l'on ne peut se défendre de chercher quelque raison du cœur pour expliquer une opinion si peu rationnelle.

Montaigne a élevé doucement sa fille.

« Leonor, une seule fille qui est eschappee à « cette infortune (de mourir en nourrice), a at- « taint six ans et plus, sans qu'on ayt employé à « sa conduicte, et pour le chastiement de ses faul- « tes pueriles (l'indulgence de sa mere s'y appli- « quant ayseement), aultre chose que paroles, et « bien doulces : et quand mon desir y seroit frus- « tré, il est assez d'aultres causes, auxquelles nous « prendre, sans entrer en reproche avec ma disci- « pline, que ie sçais estre juste et naturelle. *J'eusse*

La femme plus née à servir et de condition moins libre.

« *esté beaucoup plus religieux encores en cela envers* « *des masles, moins nays à servir, et de condition plus* « *libre ; j'eusse aimé à leur grossir le cœur d'ingénuité* « *et de franchise*. Ie n'ay veu aultre effect aux ver- « ges, sinon de rendre les ames plus lasches, ou « plus malicieusement opiniastres. »

(*De l'affection des pères pour les enfants*, t. II, p. 304).

§

Puisque Montaigne considère la femme comme un être moralement inférieur, on ne saurait s'étonner qu'il la juge trop faible pour mettre à sa disposition « le glaive dangereux du sçavoir, qui empesche et offense son maistre, s'il est en main faible et qui n'en sçache l'usage. » Et s'il ne nous communique pas ses impressions sur le ravissement qu'excite en François, duc de Bretagne, fils de Jean V, l'ignorance de sa femme Isabeau d'Ecosse, la manière dont il nous rapporte ce fait, nous prouve qu'il comprend et partage peut-être le sentiment de ce mari à qui Molière aurait dit :

> Comment voulez-vous, après tout, qu'une bête
> Puisse jamais savoir ce que c'est qu'être honnête ?
> Une femme d'esprit peut trahir son devoir,
> Mais il faut pour le moins qu'elle ose le vouloir ;
> Et la stupide au sien peut manquer d'ordinaire,
> Sans en avoir l'envie, et sans penser le faire.
> *Ecole des Femmes*, Acte I, Scène I.

Et encore :

> Il est assez ennuyeux, que je crois,
> D'avoir toute sa vie une bête avec soi.

« Le sçavoir est un dangereux glaive, et qui empesche et offense son maistre, s'il est en main faible, et qui n'en sçache l'usage.

La femme trop faible pour la science.

« A l'adventure, est-ce la cause que et nous et la theologie ne requerons pas beaucoup de science aux femmes, et que François, duc de Bretaigne, fils de Jean V, comme on luy parla de son mariage avec Isabeau, fille d'Escosse, et qu'on luy adiousta qu'elle avoit esté nourrie simplement et sans aulcune instruction de lettres, respondit, « qu'il l'en aimoit mieulx ; et qu'une femme estoit assez sçavante quand elle sçavait mettre difference entre la chemise et le pourpoinct de son mary. »

(*Du pédantisme*, t. I, p. 272).

Montaigne, dont la parole a la force, la clarté, la logique du bon sens même, quand il pose les principes de l'éducation en général, semble fort peu d'accord avec lui-même quand il parle de celle des femmes. Il hésite, il se contredit ; tantôt il refuse toute instruction sérieuse, tantôt il l'accorde aussi pleine que possible. Evidemment, il n'a pas conservé sur cette question l'impartialité de son jugement. D'abord, il s'adresse à la vanité des femmes pour les détourner de l'étude par la crainte de perdre quelque chose de leur beauté et de leur charme. « Si les bien nees me croient, dit-il, elles se contenteront de faire valoir leurs propres et naturelles richesses..... C'est qu'elles ne se cognoissent point assez : le monde n'a rien de plus beau ; c'est à elles d'honnorer les arts, et de farder le fard. » Est-ce là un hommage sincère rendu aux grâces naturelles des femmes bien nées ; un conseil amical destiné à les prémunir contre les richesses empruntées à la science vraie ou fausse ? Ou plutôt le langage frivole de la fausse galanterie qui n'admet pas que la femme soit au monde pour autre chose que pour plaire ? Si le but de Montaigne est de les mettre en garde contre la fausse science et le pédantisme, tous les esprits sensés se rangeront de son côté et diront avec lui qu'en affectant « une façon de parler et d'escrire nouvelle et sçavante, en alleguant à tout propos Platon et sainct Thomas, elles n'ont de la science que la mine et n'en ont pas retenu la substance : la doctrine qui ne leur a peu arriver en l'ame, leur est demeuree en la langue. » Mais cet avertissement s'adresse à tous les pédants qui « étouffent la clarté naturelle de leur esprit sous une lumière empruntee. » Il est vrai, la pédanterie est d'autant plus ridicule chez les femmes. Mais en cherchant à les préserver de la fausse science, Montaigne les engage à « faire valoir leurs propres et naturelles richesses. » Jusqu'à quel point le leur permet-il ? « Il ne fault, dit-il, qu'esveiller un peu et reschauffer les facultez qui sont en elles. » C'est précisément en n'éveillant qu'un peu les facultés que l'on forme les pédants des deux sexes. Une culture saine, forte et complète, empêche ce travers d'esprit, bien souvent lié à un défaut du cœur, à un orgueil excessif qui, dans les petits esprits, devient une vanité ridicule. Avec si peu de discernement et de jugement, comment les femmes seront-elles capables « d'honnorer les arts ? » Quelle idée Montaigne se fait-il des arts et des qualités requises pour les comprendre, les apprécier et les admirer ? Le sentiment seul n'y suffit pas : il faut qu'il soit éclairé, cultivé et perfectionné. Que veut dire Montaigne par « farder le fard ? » Est-ce renchérir sur la vaine ostentation, le désir de paraître, d'éblouir par de faux ornements ? Est-ce répondre à la feinte et à la dissimulation par une feinte et une dissimulation plus grandes encore ? « Que leur fault-il, que vivre aimees et honnorees ? elles n'ont, et ne sçavent, que trop pour cela. » Ce langage est digne d'une cour d'amour; et s'il ne s'y mêlait de la raillerie, nous dirions qu'il porte plus de préjudice à Montaigne qu'aux femmes, qu'il prétend honorer.

Les femmes et la science.

« Ils (les sçavants) en ont en ce temps entonné
« si fort les cabinets et aureilles des dames, que
« si elles n'en ont retenu la substance, au moins
« elles en ont la mine : à toute sorte de propos
« et matiere, pour basse et populaire qu'elle soit,
« elles se servent d'une façon de parler et d'escrire
« nouvelle et sçavante; et alleguent Platon et
« sainct Thomas, aux choses ausquelles le pre-
« mier rencontré serviroit aussi bien de tesmoing :
« la doctrine qui ne leur a peu arriver en l'ame,
« leur est demeuree en la langue. Si les bien nees
« me croient, elles se contenteront de faire valoir
« leurs propres et naturelles richesses : elles ca-
« chent et couvrent leurs beautez soubs des beau-
« tez estrangieres; c'est grande simplesse d'es-
« touffer sa clarté, pour luire d'une lumiere
« empruntee ; elles sont enterrees et ensepvelies
« sous l'art, *de capsula totæ*. (Sénèque). C'est
« qu'elles ne se cognoissent point assez : le monde
« n'a rien de plus beau ; c'est à elles d'honnorer
« les arts, et de farder le fard. Que leur fault-il,
« que vivre aimees et honnorees? elle n'ont, et
« ne sçavent, que trop pour cela :' il ne fault
« qu'esveiller un peu et rechauffer les facultez qui
« sont en elles. Quand ie les veois attachees à la

« rhetorique, à la iudiciaire, à la logique, et sem-
« blables drogueries si vaines, et inutiles à leur
« besoing, i'entre en crainte que les hommes qui
« le leur conseillent, le facent pour avoir loy de
« les regenter soubs ce tiltre : car quelle aultre
« excuse leur trouverois ie ? Baste, qu'elles peu-
« vent sans nous, renger la grace de leurs yeulx à
« la gayeté, à la severité et à la doulceur, assai-
« sonner un nenny, de rudesse, de doubte et de
« faveur, et qu'elles ne cherchent point d'interprete
« aux discours qu'on faict pour leur service : avec-
« ques cette science, elles commandent à baguette,
« et regentent les regents et l'eschole. Si toutes-
« fois il leur fasche de nous ceder en quoy que ce
« soit, et veulent par curiosité avoir part aux livres,
« la poësie est un amusement propre à leur besoing :
« c'est un art folastre et subtil, desguisé, parlier,
« tout en plaisir, tout en montre, comme elles.
« Elles tireront aussi diverses commoditez de l'his-
« toire. En la philosophie, de la part qui sert à la
« vie, elles prendront les discours qui les dressent
« à iuger de nos humeurs et conditions, à se def-
« fendre de nos trahisons, à regler la temerité de
« leurs propres desirs, à mesnager leur liberté,
« allonger les plaisirs de la vie, et à porter humai-
« nement l'inconstance d'un serviteur, la rudesse
« d'un mary, et l'importunité des ans et des rides,
« et choses semblables. Voylà, pour le plus, la
« part que ie leur assignerois aux sciences. »

(*De trois commerces*, t. IV, p. 217 et 218).

Après leur avoir dit qu'elles ont assez de science pour « regenter les regents et l'eschole, » il semble encore leur concéder la poésie, « si toutesfois il leur fasche de nous ceder en quoy que ce soit, et veulent par curiosité avoir part aux livres. » Mais ce n'est pas « la bonne, la supresme, la divine poësie » dont il nous parle ailleurs avec un enthousiasme si vrai et si éloquent. « C'est un amusement propre à leur besoing, un art folastre et subtil, desguisé, parlier, tout en plaisir, tout en montre, comme elles. » C'est là que devrait se terminer la théorie de l'éducation de ces êtres frivoles, car il semble qu'il n'y ait plus rien à ajouter à ce dernier trait : « tout en montre, comme elles. » Si Montaigne s'est proposé de mettre en évidence les effets de tels principes ou plutôt de l'absence de principes dans l'éducation des femmes, il ne pouvait à coup sûr mieux réussir : rien ne manque au portrait de la femme, telle que la fait une société raffinée et frivole qui lui refuse toute éducation pour la mieux transformer à son image. On se demande pourquoi Montaigne parle ensuite de l'histoire et de la philosophie. Est-ce dans la conclusion de ce morceau qu'il faut chercher sa vraie pensée ? Veut-il y donner le contrepoison après avoir si habilement insinué le poison ? Quel enseignement cet être « desguisé, parlier, tout en plaisir, tout en montre, » retirera-t-il de l'histoire ? Par quelle initiation a-t-il été préparé « à entrer en communication avec les grandes ames des meilleurs siècles ? » Avec quels sentiments la femme écoutera-t-elle les leçons de la philosophie qui doit lui apprendre « à iuger de nos humeurs et conditions, à se deffendre des trahisons, à regler la temerité de ses propres desirs, à mesnager sa liberté, allonger les plaisirs de la vie, et à porter humainement l'inconstance d'un serviteur, la rudesse d'un mary, et l'importunité des ans et des rides, et choses semblables. » Tout l'art de vivre est là : se connaître soi-même et connaitre les autres ; juger sainement des hommes et des choses ; se posséder soi-même pour gouverner ses désirs et ne se servir de la liberté que pour le bien ; rendre la vie heureuse autant qu'il dépend de nous par la modération et la tempérance ; supporter avec patience les infirmités d'autrui et se résigner sans irritation et sans colère aux épreuves inévitables. C'est là toute la vertu que Montaigne attend d'un être né pour servir, trop faible pour que la science ne lui soit pas dangereuse, bon à farder le fard, déguisé et tout en montre. Que demandera-t-il de plus à ceux qu'une éducation privilégiée forme pour « l'honneur et la liberté ? »

FIN

TABLE DES MATIÈRES

Préface.................................... 1

MONTAIGNE MORALISTE

Chapitre Ier : *Connaissance de soi*............ 5

Connaissance de soi, 7.

Moyens de se connaître, 8. — L'homme est reconduit à lui-même par le moyen des choses. Il arrive à lui-même par l'échelle des choses, et de lui à Dieu, 10.

Connaître son devoir et le faire, 12. — Devoir. Connaître son devoir et le faire sont deux, 13. — Contraindre au devoir, c'est priver du libre arbitre. Le bonheur et la perfection de l'homme dépendent de l'emploi de son intelligence et de sa volonté, 14.

La connaissance de soi produit l'humilité, 15. — La connaissance de soi produit la modestie, 16. — Se connaître soi-même c'est connaître les autres, 17.

L'inconstance humaine, 18. — Imperfection de l'homme. La vertu humaine la plus parfaite est mêlée, 23. — Inconstance de l'homme. Il y a de beaux traits dans la vie humaine mais peu de vertus constantes, 24. — Instabilité de l'homme. L'instabilité des mœurs et des opinions des hommes empêche de les bien juger, 26. — Contradictions qui font supposer que l'homme a deux âmes ou qu'il y a en lui deux puissances, 27. — C'est l'habitude du bien qui constitue la vertu, non des actes isolés, 28.

Repentir, 31.

Vigilance, 33. — Défiance de soi. Vigilance, 34. — Il faut éviter les tentations. On se flatte de gouverner ses passions parce qu'on ne remonte pas jusqu'au principe, 35. — Arrêter dès le premier branle les émotions coupables, 36.

CHAPITRE II : *Empire sur soi. Vertu*.......... 38

Les stoïciens n'exigent pas que leur sage soit insensible aux passions ; ils veulent que son opinion et son discours n'en soient pas altérés, 39.

Se pencher à l'opposite des inclinations trop fortes, 41.

Equanimité. Amour et détachement de la vie, 44.

Empire sur soi. Modération. L'âme peut voir et sentir toutes choses, mais ne se paître que de soi, 46. — Régler et limiter nos désirs pour échapper aux coups de la fortune, 47.

Activité réfléchie. L'esprit inoccupé devient la proie du mal, 48.

Prudence. Prévoyance. Modération dans l'activité. Il faut commencer froidement et garder ses vigoureux élans au fort de la besogne. Guider les affaires et ne pas se laisser guider par elles, 51. — Entreprendre froidement et poursuivre chaudement, 52.

Colère. Empire sur soi. La colère de toutes les passions ébranle le plus la sincérité du jugement. Celui qui veut user du châtiment ne doit avoir ni faim ni soif, 54. — Se gouverner ce n'est pas ménager l'extérieur et se ronger intérieurement, 55. — Cacher la colère c'est l'incorporer, 56.

Vertu, 58. — On n'est point vertueux par complexion mais par effort et combat, 59. — Vertu. Souffrir et combattre avec fermeté, sans aller au-devant des épreuves. Epicure mal compris, 60. — Vertu de Socrate. La vertu de Socrate si maîtresse chez lui qu'elle semble naturelle. La vertu parfaite se connaît à combattre, 61. — Vertu de Socrate et Caton. En Socrate et Caton, parfaite habitude de la vertu qui est devenue le train naturel de l'âme. Effet d'un long exercice des préceptes de la philosophie, 62. — Une nature facile et débonnaire rend l'homme innocent, non vertueux, 63.

Vertu désintéressée. Constance. Intention, mobile, 65.

Ostentation. Eviter le bruit et l'agitation. Rechercher les qualités paisibles, obscures, 67. — Renoncement. C'est nous déshonorer que de rechercher avidement la renommée et l'honneur. Les actions qui ont le plus de grâce sont celles qui échappent nonchalamment de la main de l'ouvrier. Vertu obscure, 68. — La passion de la gloire efface le mérite de la vertu. Bien faire par devoir. L'âme doit jouer son rôle chez nous, 69. — Le chemin droit est encore le plus heureux et le plus utile, 70. — Être droit, advienne que pourra, 71.

Aspirer à la pureté intérieure. Avoir un idéal

intérieur, 74. — Pureté intérieure, 75. — Devoirs plus âpres dans la vie retirée. La gloire soutient dans les actions éminentes. La grandeur de l'âme s'exerce en la médiocrité, 76.

Simplicité, 79. — Sagesse simple de Socrate. Socrate a rendu un grand service à la nature humaine en lui montrant ce qu'elle peut. Sa patience contre la calomnie, la tyrannie, la mort et la tête de sa femme, 80.

Dans la vertu est le plaisir. Le plaisir est notre but. La volupté de la vertu est plus robuste et virile que toute autre, 83. — Dans la vertu est le plaisir. Les difficultés de la vertu ennoblissent et rehaussent son plaisir divin et parfait, 84.

Chapitre III : *Sincérité. Véracité. Droiture. Loyauté*................................. 86

Sincérité dans l'étude de soi-même. Etre discret dans l'action, non dans la confession. S'obliger à tout dire pour s'obliger à ne rien faire qu'on soit contraint de taire, 88. — Droiture. Lâcheté de la dissimulation et de la feinte, 89. — Droiture. Véracité première et fondamentale partie de la vertu, 90. — Droiture. Liberté de Montaigne avec les grands. Embarras de la feinte, 92.

Véracité, 95. — Bannissement de la vérité, premier trait de la corruption des mœurs, 96. — Lâcheté du mensonge qui détruit toutes les relations sociales, 97.

Bonne foi. Amour de la vérité, 99. — Celui qui aime à être repris, a aussi le courage de corriger, 100. — Fuir la louange. Sincérité. Haine de la flatterie, 101. — Sobriété des paroles, 102.

Sincérité. Ne pas désavouer sa pensée pour de lâches excuses, 104.

Honnêteté. La loi d'honnêteté plus pressante que la contrainte civile. La parole lie la conscience, 107.

Confiance. La confiance sincère dans autrui est un excellent moyen de gagner le cœur et la volonté. La confiance dans autrui est un témoignage non léger de la bonté propre, 109.

Chapitre IV : *Justice. Equité. Impartialité*.... 111

Présomption dans nos jugements. C'est présomption de juger les autres d'après nous-mêmes et de nous prendre pour exemple, 114. — Justice dans les jugements. Ne pas juger les autres d'après soi. Ne pas abaisser dans notre jugement les âmes héroïques : nous élever jusqu'à elles, 115. — Justice dans les jugements. L'essence de la vertu c'est d'être par elle et pour elle seule. Interprétation vile des belles actions des anciens. Justice dans les jugements, admiration, 117. — Admiration sincère des grandes âmes, 118.

Impartialité. Equité. Reconnaître le bien, même dans nos ennemis, 120.

Impartialité. Etre au-dessus de ses intérêts personnels en jugeant les autres. Reconnaître les qualités louables de nos adversaires, 124. — Ne pas faire intervenir nos passions particulières dans les affaires publiques. Epouser un parti, mais n'être l'ennemi d'aucun autre, outre la raison, 125. — Aveuglement de parti, 126.

CHAPITRE V : *Affections naturelles. Affections électives. Amour de l'humanité et vertus qui s'y rattachent* 126

Affection désintéressée, 128. — On s'attache à autrui par le bien qu'on lui fait. La raison doit guider nos inclinations, 129. — Amour paternel. Amour filial. Un père doit se faire aimer de ses enfants par sa bonté, 130.

Amitié. Les âmes se mêlent et se confondent dans la vraie amitié, 135. — La vraie amitié confond deux vies, 136. — Les mots bienfait, obligation, reconnaissance, disparaissent dans l'amitié, 137. — Celui qui reçoit en amitié oblige davantage. La vraie amitié est indivisible, 138. — Confiance absolue. 139.

On est plus heureux du bien qui arrive à notre ami qu'à celui qui nous arrive. La faim insatiable de la présence corporelle accuse un peu la faiblesse, 141.

Humanité. Bienveillance pour tous les hommes, conforme à la nature, 143. — Nos distinctions sont artificielles, 144.

Support. Modestie, 147. — Se défier de soi plutôt que de juger témérairement autrui. Nul n'est bien sûr de la sanité de son esprit, 148. — Nous condamnons et détestons chez les autres les défauts qui sont plus clairement en nous-mêmes, 149.

Epaminondas. Douceur et force. Modèle parfait unissant la force et la douceur, 152. — Perfection de La Boétie, 153.

CHAPITRE VI : *Religion. Foi. Piété* 154

Religion. Nature. Bible. Le livre de la nature, créé le premier, est formé d'une grande multitude de créatures. Le livre de la nature ne peut se falsifier. La Bible peut être mal interprétée, 157. — Existence de Dieu. Si Dieu n'existait pas, il n'y aurait pas de bien infini, 158. — L'intelligence grandit par la croyance en Dieu, 159.

Religion. L'homme appartient à Dieu. Nature supérieure de l'homme par laquelle il diffère des autres créatures et sert Dieu, 161. — Dieu est esprit, 162. — Dieu esprit ne peut être compris que par l'intelligence. Dieu répond parfaitement à l'âme humaine, 163. — Dieu rémunérateur de l'homme. Rétribution future, 165.

Foi, 168. — On ne peut parvenir à la vérité par les moyens humains. La foi seule embrasse les mystères de la religion, 169. — Si notre foi était vive, les occasions humaines n'auraient pas le pouvoir de nous ébranler, 170. — La foi devrait nous rendre justes, charitables et bons, 171.

Fausse dévotion. La vraie dévotion est dans le cœur, non dans la bouche, 174. — Nous prêtons à la dévotion les offices qui flattent nos passions, 176.

La foi lie l'homme au Créateur. La grâce de Dieu doit s'ajouter aux discours humains pour former la vraie foi, 179. — Prière. Prier Dieu d'une âme pure. Ne pas prier par usage et coutume, 184. — Ne pas abuser du nom de Dieu, 185. — Pour appeler Dieu à son assistance, il faut avoir la conscience pure. Dieu ne veut pas de la prière des méchants, 186.

Humilité, 188. — Nous sommes en disette de beauté, sagesse et vertu qui ne se trouvent qu'en Dieu, 189.

Soumission à Dieu. Nous sommes ici par la volonté de Dieu. Il y a plus de constance à user sa chaîne qu'à la rompre, 191. — Résignation. Se soumettre aux maux qui nous sont nécessaires, 192.

Amour de Dieu, 193. — L'homme doit à Dieu tout son amour pour la décharge de son obligation, 194.

MONTAIGNE PÉDAGOGUE

Chapitre Ier : *But de l'éducation. Devoirs et vertus de l'éducateur* 195

Difficulté de l'éducation. Inclination des enfants obscures, variables, 198.

Importance de la première éducation. Surveiller les inclinations de l'enfant, 202. — Ne pas souffrir la finesse ni la tricherie dans les jeux enfantins, 203.

Les parents élèvent leurs enfants trop mollement, 206. — Il faut raidir les muscles, 207.

Importance du choix d'un gouverneur. Mœurs et entendement plus que science, 210.

Culture de l'âme. Dans toute âme même chétive et brutale, il y a quelques facultés particulières que l'éducation développe. Effets de l'éducation. Les inclinations naturelles se fortifient par l'éducation, 213.

Chapitre II : *La confiance. La liberté et l'amour dans l'éducation. Effets de ce système et du système contraire*.......................... 214

Confiance dans autrui, 217. — Liberté, affection et confiance dans l'éducation. La verge rend les enfants plus lâches ou plus opiniâtres, 218.

Elever l'âme en douceur et liberté. Liberté et affection dans l'éducation, 223. — Les pères doivent plus se faire aimer que se faire craindre, 224.

Bannir de l'éducation la sévérité excessive, 226.

Justice. Distinction entre les fautes par malice et par ignorance, 231. — Obéissance. Châtiments. Le châtiment corrige celui qui en est témoin, 232. — Inutilité des pénalités. Les supplices aiguisent les vices plutôt qu'ils ne les amortissent. Certains peuples vivent sans verge et sans bâton, 233.

Empire sur soi. Ne pas châtier en colère, 236.

Chapitre III : *Ce qu'il faut enseigner. Moyen de l'enseigner. Persuader à la vertu par le précepte et l'exemple*................................. 238

Enseigner de bons préceptes, plutôt que l'artifice de faire de bons syllogismes. Apprendre à bien vivre, 240. — Les préceptes doivent passer dans la vie, 243.

La vraie philosophie est accessible aux enfants, gaie, gaillarde, enjouée, etc., 247. — Il faut enseigner la philosophie à l'enfance, 248. — La philosophie se mêle à tout, 249. — La joie et la sérénité, marques de la vraie philosophie, de la sagesse, 251.

Education, 253. — Les Perses apprenaient la vertu à leurs enfants, 254.

Les Spartiates donnaient à la jeunesse des

maîtres de vaillance, de prudence et de justice, 255. — A Sparte on apprenait à bien faire, 256.

La vertu facile à acquérir, source des vrais plaisirs, 260.

Enseigner la modestie à la jeunesse, 263. — Amour de la vérité, 265. — Courage d'avouer l'erreur ou la faute, 266.

Chapitre IV : *La science selon Montaigne. Manière de l'enseigner à l'enfant et de développer ses facultés*................................ 267

Toutes les sciences dommageables sans la science de la bonté. La science doit régler l'âme, 269. — Incorporer la science à l'âme, 270.

Science indigeste. L'âme s'élargit à mesure qu'elle se remplit, 273. — Fausse science. Exercer le jugement au lieu de meubler la tête. Ne pas travailler à remplir la mémoire tandis qu'on laisse la conscience vide, 274. — On est savant de la science présente, non de la passée. Il faut s'assimiler la science d'autrui, 275. — L'âme doit être pleine, non bouffie, 277.

Ne pas faire de l'étude un esclavage pour les enfants, 279.

La bonne curiosité, 282. — Modération dans l'étude. Modérer la curiosité de savoir. Nous avalons la science acquise qui souvent nous empêche et nous charge, au lieu de nous nourrir, 283.

Exercer les facultés de l'enfant, 287. — Faire trotter l'enfant. Condescendre aux allures de l'enfant. Assimilation de l'enseignement, 288.

Eprouver toute chose, 290. — S'assimiler la substance de tout enseignement. En faire sa substance, 291.

L'étude doit rendre meilleur et plus sage. Savoir par cœur n'est pas savoir. On n'apprend à juger que par l'exercice de l'entendement, 293.

CHAPITRE V : *Les sciences. Le langage. La poésie. Divers moyens de s'instruire*............. 295

Manière d'enseigner les sciences, 296.

Utilité de l'histoire, 298.

Donner des idées nettes aux enfants et ils s'exprimeront clairement, 301. — La vérité est simple, 302.

Poésie. La bonne poésie est au-dessus des règles et de la raison. Elle ravit l'âme, 395.

Les livres. Bienfaits des livres, 308.

La méditation est une puissante étude. Vivre c'est penser. Le monde, le livre de l'écolier, 312.

Conférence. La conversation est le plus fructueux exercice de notre esprit, 316. — L'esprit se fortifie par la communication avec les esprits vigoureux, et s'abâtardit par le continuel commerce des esprits maladifs, 317.

Utilité des voyages pour frotter et limer la cervelle, 319.

CHAPITRE VI : *Sur la femme et son éducation*.... 320

Montaigne a élevé doucement sa fille. La femme plus née à servir et de condition moins libre, 322.

La femme trop faible pour la science, 323. — Les femmes et la science, 326.

DOLE. — TYP. CH. BLIND.

www.ingramcontent.com/pod-product-compliance
Lightning Source LLC
Chambersburg PA
CBHW072016150426
43194CB00008B/1127